A hora e a história

Demétrio Magnoli

# A hora e a história

Copyright © 2015 Três Estrelas – selo editorial da Publifolha Editora Ltda.

Todos os direitos reservados. Nenhuma parte desta obra pode ser reproduzida, arquivada ou transmitida de nenhuma forma ou por nenhum meio sem a permissão expressa e por escrito da Publifolha Editora Ltda., detentora do selo editorial Três Estrelas.

Agradecimentos
Três Estrelas agradece a *O Estado de S.Paulo, Folha de S.Paulo* e *O Globo* por autorizarem a reprodução de textos de Demétrio Magnoli originalmente publicados nesses jornais.

EDITOR  Alcino Leite Neto
EDITOR-ASSISTENTE  Bruno Zeni
COORDENAÇÃO DE PRODUÇÃO GRÁFICA  Mariana Metidieri
PRODUÇÃO GRÁFICA  Iris Polachini
CAPA  Mateus Valadares
PROJETO GRÁFICO DO MIOLO  Mayumi Okuyama
EDITORAÇÃO ELETRÔNICA  Jussara Fino
PREPARAÇÃO  Rachel Botelho
REVISÃO  Beatriz de Freitas Moreira e Carmen T. S. Costa
ÍNDICE REMISSIVO  Alvaro Machado

Dados Internacionais de Catalogação na Publicação (CIP)
(Câmara Brasileira do Livro, SP, Brasil)

Magnoli, Demétrio
  A hora e a história / Demétrio Magnoli. – São Paulo:
Três Estrelas, 2015.

  Bibliografia
  ISBN 978-85-68493-12-0

  1. Brasil - Política 2. Jornalismo 3. Política internacional
4. Política mundial 5. Política – História
6. Relações internacionais I. Título.

15-04371                                        CDD-320

Índice para catálogo sistemático:
1. História política                              320

Este livro segue as regras do Acordo Ortográfico da Língua Portuguesa (1990), em vigor desde 1º de janeiro de 2009.

TRÊS
ESTRELAS

Al. Barão de Limeira, 401, 6º andar
CEP 01202-900, São Paulo, SP
Tel.: (11) 3224-2186/2187/2197
editora3estrelas@editora3estrelas.com.br
www.editora3estrelas.com.br

# Sumário

11  **Introdução**  *Fora da ilha mental*

17  A nação segundo Lula

19  Estadunidenses

21  Siga o dinheiro

23  O caudilho da corporação

25  À sombra de Guantánamo

27  Ministério da Classificação Racial

29  Preto no branco

31  Falência da nova esquerda

33  A Europa no espelho

35  Em território inimigo

37  O véu e a república

39  O impeachment que não houve

41  Todos os homens do presidente

43  A abolição da Abolição

45  Lehman Brothers, Marx & Sons

48  A manchete errada

51  Cidade das metáforas

54  Joana d'Arc e Petrobras

| | |
|---|---|
| 57 | Barack contra a jihad |
| 60 | Leviatã |
| 63 | Uma estátua equestre para Lula |
| 66 | O terceiro Chávez |
| 69 | Tréplica a Alan Woods |
| 72 | Fotografias de Havana |
| 75 | Lula celebra Geisel em Belo Monte |
| 78 | Os vinte anos de um editorial |
| 81 | Os caçadores e o elefante |
| 84 | Herói sem nenhum caráter |
| 87 | Dilma, interrompida |
| 90 | Iguais a nós |
| 93 | Na tenda de Kadafi |
| 96 | A maldição do pré-sal |
| 99 | Palestina mutilada |
| 102 | Quanto vale a Europa? |
| 105 | Havel, cebolas e cenouras |
| 108 | O julgamento da história |
| 111 | A cor do gato |
| 114 | Niemeyer, a arquitetura da destruição |
| 117 | Nosso amigo, o usurpador |
| 120 | Não se preocupe, embaixador |
| 123 | Protesto |
| 126 | A Copa de Lula |
| 129 | A mensagem da "segunda Tahrir" |
| 132 | Da arte de iludir |

- 135 Direita e esquerda
- 137 O Pensador Coletivo
- 139 Fim de ciclo
- 141 Bom dia, tristeza
- 143 De volta ao Araguaia
- 145 Os limites da Europa
- 148 Partidobras s. a.
- 151 A dupla identidade de E. Snowden
- 153 Inventores de guerras
- 155 A guerra do gentio
- 158 O arco, a flecha e o avião
- 160 Declínio do declinismo
- 163 De Damasco a Kiev
- 165 Dilma, a penitente
- 168 #VaiTerCopa
- 170 "Morte aos gays!"
- 172 A cena que Garcia viu
- 174 Estado de exceção
- 177 O mundo de Putin
- 179 Vocês que amam tanto as estatais
- 181 A maldição da linguagem racial
- 184 Os idos de março (e o 1º de abril)
- 186 Eu sei o que você escreveu ontem
- 188 Controle-se, Mino!
- 190 Um por todos, todos por um
- 193 Dilma é Lula?

| | |
|---|---|
| 195 | "Nós temos que fazer distinções" |
| 197 | Raízes do Boko Haram |
| 199 | A "imagem do Brasil" |
| 201 | Quarenta garotos |
| 204 | Supercorporativismo |
| 206 | O califado de Mossul |
| 208 | A lista do PT |
| 211 | Pátria e partido |
| 213 | A narrativa ausente |
| 216 | Anão diplomático |
| 219 | O sofisma antissemita |
| 221 | "Coisas estúpidas" |
| 224 | Ruptura da ruptura |
| 226 | Fogueiras da Razão |
| 228 | Os perdedores |
| 230 | Eduardo e umas bolachas |
| 232 | A bolsa e a vida |
| 234 | Heróis da resistência |
| 236 | A era da restauração |
| 238 | "Bolivariano", você disse? |
| 240 | Cinzas de Iguala |
| 242 | Quinhentos anos de corrupção |
| 244 | Idade da Pedra |
| 246 | Página virada |
| 248 | O gambito de Brandt |
| 250 | Petrobras em três tempos |

252  Raqqa, aqui
254  Ocidentalismo
256  Corpo de delito
258  A democracia contra o ajuste fiscal
260  A hora e a história
262  Os fundamentalistas
264  Chefe de facção
266  A segunda fundação do PT
271  A estrela fica

273  **Fontes dos textos**
277  **Índice remissivo**

# Introdução

# Fora da ilha mental

Leio, agora, uma carta publicada no "Painel do Leitor" da *Folha de S.Paulo* [em 9/4/2015]. O missivista qualifica uma coluna minha como "por demais filosófica" – e pergunta: "Por quem ele advoga?". Quem advoga é advogado, político, militante, lobista ou pregador. Não advogo. Faço análise e crítica. Aqui, nas páginas seguintes, estão textos que escrevi ao longo de uma década, ou pouco mais, entre 2004 e 2015. São interpretações de um tempo da política, da cultura política e da história.

A pergunta do leitor é um sintoma, entre tantos, dos tempos que correm. Ele quer me enquadrar, me classificar, me rotular. Procura uma marca política ou ideológica segura: uma certeza. Sou "aliado" ou "inimigo", afinal? Uma coluna "por demais filosófica" desfaz o chão conhecido, descortina o abismo das incertezas, solicita a reflexão sobre os argumentos. Já uma resposta nítida à pergunta do leitor proporciona os atalhos fáceis da adesão ou da rejeição antes da leitura. Preguiça intelectual – essa doença brasileira.

Preguiça intelectual talvez seja um traço antigo, indelével, na formação nacional. Desconfio, contudo, que ela se sedimentou mais recentemente, há umas três décadas, junto com a adesão em massa dos intelectuais de esquerda ao projeto petista. Os partidos tradicionais de esquerda, social-democratas e comunistas, tinham um forte apego pela teoria política. Mas o PT é um partido de esquerda pós-utópico, nascido à sombra da desmoralização do "socialismo real". Na sua origem, encontra-se um gesto implícito de renúncia à teoria, expresso como celebração do líder sindical e dos movimentos sociais. "Quando Lula fala, tudo se ilumina", disse certa vez Marilena Chaui. É a miséria da filosofia.

Direita e esquerda – eis os termos da polêmica maniqueísta que nos consome. Eles são, porém, menos óbvios do que parecem, especialmente se atentamos para um deslocamento geográfico pleno de implicações conceituais: América Latina não é Europa.

A polarização direita/esquerda surgiu na Europa da Revolução Francesa, para indicar a tensão entre os princípios da liberdade e da igualdade. A família de partidos de direita (conservadores e democratas cristãos) inclina-se para o primeiro, enquanto os partidos de esquerda (social-democratas e trabalhistas) inclinam-se para o segundo. Na direita, uma ruptura autoritária gerou partidos totalitários ultranacionalistas (os fascistas e os nazistas). Na esquerda, a cisão provocada pela Revolução Russa produziu partidos totalitários internacionalistas (os comunistas). A gramática política europeia não se aplica adequadamente, porém, à paisagem latino-americana.

Na América Latina, as principais correntes de esquerda não são cosmopolitas e internacionalistas, como na Europa. Sob a influência da doutrina anti-imperialista, elas são antiamericanas e nacionalistas. Além disso, sob o influxo do caudilhismo e do populismo, a referência central da esquerda latino-americana não é a classe social (os trabalhadores), mas uma entidade altamente abstrata: o povo. O PT oscilou, inicialmente, entre a esquerda europeia e a latino-americana, até optar pela segunda. No poder, Lula trocou de linguagem, substituindo o conflito de classe (empresários versus trabalhadores) por outro, que o conecta à tradição varguista (elite versus povo). Daí à "elite branca" o debate público brasileiro retrocedeu um pouco mais. O grito, a palavra de ordem, o chavão e o insulto abafaram o intercâmbio de ideias. Em 2011, a revista *Estudos Avançados*, do Instituto de Estudos Avançados da USP (IEA-USP), editada à época por Alfredo Bosi, publicou uma edição especial dedicada a Cuba (v. 25, nº 72, maio-agosto). No editorial, o agradecimento dirige-se à Casa de las Américas, que "nos franqueou, generosamente, o acesso aos estudiosos cubanos aqui publicados". O dossiê que vem em seguida, com exceção de artigos de Frei Betto e de Luiz Carlos Bresser-Pereira, é composto de quinze ensaios dos "estudiosos cubanos generosamente franqueados" pela Casa de las Américas, uma instituição cultural controlada pelo Estado cubano – ou seja, pelo Partido Comunista Cubano. Nada, nenhuma voz não oficial. O IEA-USP operou como agência de propaganda de um regime totalitário que classifica a divergência política como traição à pátria. O que fariam nossos intelectuais de esquerda se pudessem governar o Brasil?

A esquerda europeia aprendeu uma lição histórica sobre o valor da liberdade na hora da instauração do totalitarismo na URSS. As invasões soviéticas da Hungria (1956) e da Tchecoslováquia (1968) suprimiram as dúvidas que ainda persistiam. Quando ruiu o Muro de Berlim (1989), a social-democracia já estava convencida, há décadas, de que as "leis da história" invocadas pelo comunismo deviam ser ignoradas, ou subvertidas, pelos defensores do direito à divergência. Na América Latina, contudo, a luz distante do fracasso da URSS foi ofuscada pelo clarão mítico da Revolução Cubana. O culto a Fidel Castro e Che Guevara, que se desdobrou como farsa na atração anacrônica pela "revolução bolivariana", congelou a história da esquerda latino-americana.

Fui trotskista nos anos de faculdade, quase quatro décadas atrás. O grupo do qual participava tinha seus textos sagrados, o *Manifesto comunista*, de Marx e Engels, e o *Programa de transição*, de Trótski, mas celebrou o levante polonês do Solidariedade (1980) e colhia assinaturas pela libertação de dissidentes na URSS e no Leste Europeu. O PT, que apareceu junto com o Solidariedade, parecia destinado a limpar a esquerda brasileira de sua pesada herança stalinista. No lugar disso, assistimos ao espetáculo grotesco dos aplausos de um embaixador indicado por Lula aos fuzilamentos e prisões da "Primavera Negra" de Havana, em 2003, seguido pelo da ordem do ministro Tarso Genro de deportação dos boxeadores cubanos, nos Jogos Pan-Americanos de 2007. Andamos em círculos na ilha mental da América Latina.

Golbery do Couto e Silva, o guru dos dois últimos generais-presidentes, profetizou que Lula seria o coveiro da esquerda brasileira. Acertou e errou. O acerto: no Planalto, o PT teceu alianças com o alto empresariado, irrigando-o com financiamentos subsidiados do BNDES, e com as oligarquias políticas tradicionais, abraçando-se a José Sarney, Renan Calheiros, Fernando Collor, Jader Barbalho e Paulo Maluf. O erro: no poder, o PT guiou as correntes de esquerda nele abrigadas por atalhos que as livraram de uma acareação com o passado, restaurando a narrativa histórica do populismo.

"Por quem ele advoga?", insiste o leitor. Admito, afinal, que "advogo" por alguma coisa. Em 1974, numa célebre polêmica com o historiador comunista Edward Thompson, o filósofo polonês Leszek Kolakowski cutucou a ferida aberta da duplicidade moral: "De fato, você não pode condenar a tortura em bases políticas, porque na maioria dos casos ela é perfeitamente eficiente e os torturadores obtêm aquilo que querem. Você pode condená-la apenas em bases morais – e, então necessariamente, em todos os lugares do mesmo modo: na Cuba de Batista e na Cuba de Castro, no Vietnã do Norte e no Vietnã do Sul".

Eu "advogo", contrariando os governos lulopetistas, que Augusto Pinochet e Fidel Castro são igualmente condenáveis.

Refletindo, no calor da hora, sobre as revoluções de 1989, o historiador britânico Timothy Garton Ash interpretou-as como uma irônica confirmação de um dos pilares do pensamento marxista: "Marx [...] nivelou deliberadamente as duas 'cidades' da modernidade, os frutos das Revoluções Industrial e Francesa, o burguês e o cidadão. [...] O que a maior parte dos movimentos de oposição na Europa Central [...] está realmente dizendo é: sim, Marx tem razão, as duas coisas estão intimamente ligadas – e nós queremos as duas! Direitos civis e direitos de propriedade, liberdade econômica e liberdade política, independência financeira e independência intelectual, cada um desses termos apoia o outro".

Isso eu "advogo".

Fui colunista da *Folha de S.Paulo* entre 2004 e 2006. Depois, por quase sete anos, assinei colunas em O *Estado de S. Paulo* (e em O *Globo*, onde continuo a escrever). Voltei a produzir textos semanais para a *Folha* em outubro de 2013. O clima intelectual do país mudara, para pior, como efeito do longo período de poder lulopetista. No retorno, fui recepcionado por uma vilania da então ombudsman, Suzana Singer, que me qualificou como "crítico entusiasmado do PT", como quem alerta sobre a presença de um advogado militante no salão impoluto do equilíbrio ideológico.

De um lado, a ombudsman reduzia meu trabalho a um de seus aspectos, ignorando tantos outros (que o leitor pode conferir neste livro). De outro, encarnando a *persona* de censora de opinião, revelava um curioso desconforto com um dever dos que exercem o ofício intelectual: a crítica do poder. O PT ocupava o Planalto havia mais de uma década e não era difícil prever que a "era do lulopetismo" se estenderia por dezesseis anos, mais que a "era Vargas", entre 1930 e 1945. Como evitar a crítica persistente a um governo tão perene e, ao mesmo tempo, tão convencido de que inaugurava uma nova nação? Suzana Singer errava no princípio, mas também no acessório: não critico o PT com entusiasmo, mas com uma mistura de tédio e tristeza.

O PT tem a sua relevância, especialmente para a hora atual do Brasil, mas não se deve exagerá-la. A hora não é a história – e o Brasil não é o mundo. Todas as colunas aqui reunidas têm a pretensão, talvez excessiva, de incitar a reflexão sobre a cultura política. Cito, em uma delas, o ensaio "A arte de ter razão", escrito por Schopenhauer no longínquo 1831. Nele, o filósofo descreve, em tom um tanto galhofeiro, a coleção de técnicas polêmicas vulgares que produzem algum efeito retórico sem nada esclarecerem. A pergunta do missivista da *Folha* evidencia o quanto estamos encalhados na areia dessas vulgaridades. Convido os eventuais leitores a formularem outras indagações, mais substanciais.

Demétrio Magnoli
*Abril de 2015*

# A nação segundo Lula

No passado recente, a direita anacrônica não escondia seu desdém por Lula, um líder destituído de diplomas e títulos, "despreparado" e "semianalfabeto". Hoje, essa gente compartilha a mesa de jantar de Lula, negocia cargos nos altos escalões da república e enaltece a "história de vida" do metalúrgico que virou presidente. Enquanto isso, o velho cantochão ressurge no lugar mais inesperado, por meio das vozes de uma esquerda que se equilibra precariamente nas vertentes da montanha do poder.

O líder do MST João Paulo Rodrigues qualificou Lula de "amigo histórico da causa" e "aliado" dos sem-terra, lançando a culpa pela lentidão dos assentamentos no ministro Antonio Palocci e no presidente do Banco Central, Henrique Meirelles, que "retiram verbas do social". O demitido Carlos Lessa, um neonacionalista e neopopulista, segundo seu curioso autorretrato, descobriu repentinamente que "Lula está sendo enganado pela elite brasileira e pela elite mundial", numa "manobra astuciosa para frustrar os sonhos populares". Eis a nova versão do antigo preconceito, que agora narra a história do herói popular iludido, nobre de coração, vazio de ideias.

Lula, contudo, tem uma concepção de nação e de futuro. No núcleo do seu pensamento político encontra-se a ideia da nação como unidade orgânica, sentimental e hierárquica, que se traduz pela metáfora da família, repetida amiúde nos improvisos presidenciais. Nessa moldura, a dissensão é um desvio infantil tolerável: o presidente trata o povo, especialmente "os mais pobres", como seus próprios filhos. A nação-família não comporta partidos ideológicos. Lula sonha, como declarou, com a unificação entre PT e PSDB e, desde já, monta uma "coalizão" fisiológica com PMDB, PTB, PP e o clã Sarney.

A nação-família persegue o "bem comum" e opera por meio do consenso. Empresários, sindicatos e Estado negociam num foro tripartite as reformas sindical e trabalhista. Pela via das acalentadas Parcerias Público-

-Privadas, Estado e empresários investirão juntos nas obras de infraestrutura, erguendo uma nova casa para o Brasil. Os protestos das classes médias e dos trabalhadores organizados evidenciam egoísmo e irritam o presidente. A miséria é outra coisa: uma fonte de perigosas tensões sociais e uma nódoa na imagem da nação. A cura desse mal está no Fome Zero, um guarda-chuva de políticas assistenciais, uma marca publicitária de gênio e uma plataforma de política externa.

O Brasil sempre foi o país do futuro. O Brasil de Lula é uma mudança na "história da humanidade": a nação que desperta de um longo sono, "muda a geografia do mundo" e antecipa o futuro. A nova potência quer o comércio que traz riqueza, mas, sobretudo, almeja um lugar ao sol na comunidade das nações. A campanha frenética pela cadeira no Conselho de Segurança da ONU é uma jornada em busca de respeito e prestígio. Isso, na visão de Lula, bem que vale a sustentação militar de um regime ilegal e violento no Haiti.

O pensamento político de Lula não é original. Seu substrato é salvacionista. Suas raízes repousam no patrimonialismo brasileiro tradicional. Seus conceitos recombinam, no caldo de uma orientação econômica ultraliberal, fragmentos do corporativismo de Vargas, do desenvolvimentismo conservador de JK e do projeto de potência dos militares. Uma coisa é certa: Lula não é um fantoche e governa com seu próprio programa.

2.12.2004

# Estadunidenses

Eles eram americanos, foram rebaixados a norte-americanos e hoje não passam de estadunidenses. Os arautos do antiamericanismo querem extirpar a América do nome dos EUA, reduzindo-os à descrição anódina do seu sistema federal. A privação do nome próprio equivale a uma eliminação simbólica do inimigo e funciona como prelúdio ideológico do extermínio prático, que permanece como ideal.

América, ao contrário do que pensam os antiamericanos, é o nome legítimo dos Estados Unidos. A Revolução Americana instaurou a primeira república contemporânea e antecipou a Revolução Francesa. O princípio da igualdade política dos cidadãos, realizado na América, contrastava com o Antigo Regime vigente na Europa das dinastias. A "revolução bolivariana" veio mais tarde e tomou como seu modelo a república norte-americana. Os "Pais Fundadores" enxergavam os Estados Unidos como portadores da missão de difundir a liberdade. Esse conceito contém as sementes do espírito cruzadista que ainda anima a política externa americana, mas não deixa de refletir a grande ruptura com o mundo dos privilégios de sangue que inaugurou a nossa era. De certo modo, somos todos americanos.

Uma das fontes do antiamericanismo é a degeneração do pensamento de esquerda. Sob Stálin, a esquerda abjurou a sua própria tradição cosmopolita e iluminista, aprendeu o catecismo nacionalista e decorou a cartilha da rejeição à democracia. A Revolução Americana foi lançada à lata de lixo da história, enquanto se celebrava a União Soviética, a China, o Camboja, Cuba e as ditaduras nacionalistas do Terceiro Mundo.

A outra fonte, mais recente, é a contraposição caricatural entre União Europeia e Estados Unidos. Segundo o neoconservador americano Robert Kaplan, os americanos "são de Marte" e os europeus, "de Vênus". Num registro paralelo, mas de sinal invertido, o filósofo alemão Jürgen Habermas interpretou a "constelação pós-nacional" europeia como uma fortaleza da liberdade e do direito erguida contra o belicismo hobbesiano dos Estados Unidos.

O antiamericanismo é o argumento dos embusteiros. A França justifica seu apoio militar a ditadores africanos pela missão de conter o avanço da influência anglo-saxônica. O Brasil explica sua operação de sustentação do governo haitiano inventado pela Casa Branca pela necessidade de ocupar um espaço que seria preenchido por tropas americanas!

Na prova de geografia da primeira fase do vestibular da Fuvest, a banca examinadora colou o selo da USP sobre um mapa colhido na internet que representaria a "visão de mundo americana". Desse mapa vulgar emerge a imagem de uma potência militar agressiva, bárbara e simplória, engajada unicamente na captura de recursos naturais e econômicos espalhados pelo mundo. O antiamericanismo difunde-se incontrolavelmente nesses tempos sombrios da Doutrina Bush, fornecendo um discurso político para o charlatanismo intelectual e uma ideologia substituta para os órfãos do "socialismo real".

Os Estados Unidos são uma "república imperial" dilacerada pela tensão entre as instituições democráticas da república e a dinâmica expansionista do império. Essa tensão, que impôs a retirada do Vietnã, manifestou-se há pouco na decisão da Corte Suprema de reconhecer o direito dos presos de Guantánamo à revisão judicial de seu estatuto jurídico. É ela que começa a corroer as engrenagens da rede internacional de tortura construída pela Casa Branca no quadro da "guerra ao terror". Os antiamericanos são incapazes de entender isso.

13.1.2005

# Siga o dinheiro

O que a Anistia Internacional tem em comum com o Greenpeace? As duas organizações, como pressuposto de sua independência política, recusam dinheiro de governos. Isso as coloca entre as exceções na paisagem global do "terceiro setor", como as ONGS (Organizações Não Governamentais) se autodefinem. A maioria absoluta das ONGS é financiada por instituições públicas multilaterais e pelos governos nacionais.

O Banco Mundial descobriu, há quinze anos, as virtudes da estratégia de cooptação de ONGS. Nesse período, desembolsou quase 4 bilhões de dólares em fundos que financiam atividades de organizações espalhadas por sessenta países. Romano Prodi, ex-presidente da Comissão Europeia, gabou-se em 2000 de direcionar mais de 1 bilhão de euros por ano a projetos de ONGS. Um relatório da OCDE (Organização para Cooperação e Desenvolvimento Econômico), de 2003, informa que os governos dos países industrializados devotam, todos os anos, cerca de 1 bilhão de dólares às ONGS.

Esse é o pano de fundo do fenômeno da multiplicação incontrolável de ONGS. A ONU recenseou, há dez anos, quase 29 mil ONGS com ação internacional. Há incontáveis ONGS "nacionais". Nos Estados Unidos, seu número é estimado em 2 milhões. Na Rússia, de 1992 para cá formaram-se mais de 65 mil. No Quênia, elas crescem a um ritmo de 240 por ano. Elas atuam numa infinidade de campos: pobreza, refugiados, Aids, meio ambiente, direitos humanos, educação, saúde, mídia, racismo etc. O Fórum Social Mundial reuniu cerca de 150 mil participantes em Porto Alegre. É muito? Não para um congresso internacional de ONGS financiado basicamente por verbas públicas.

O Banco Mundial mantém parceria oficial e permanente com 24 ONGS. Quatro delas (Oxfam, Amigos da Terra, Bankwatch Network e Social Watch) participam do Conselho Internacional do Fórum Social Mundial, que denuncia a globalização. As redes de financiamento se entrelaçam em teias complexas: a Oxfam, que forneceu antigos diretores para o governo britânico e também para o Ministério das Finanças de Uganda, é uma das "apoiadoras" da Abong (Associação Brasileira de ONGs), um "sindicato patronal" dessas organizações no Brasil. A Abong, que também ocupa lugar destacado na direção do Fórum Social Mundial, publica um Manual de Fundos Públicos cuja finalidade é ensinar suas filiadas a se candidatarem à obtenção de recursos governamentais.

Nas palavras de Oded Grajew, ex-assessor especial de Lula e presidente do Instituto Ethos, uma ONG de empresários, "a ideia de terceiro setor faz parte de um processo de mudança da democracia representativa para a participativa". Essa síntese do argumento das instituições multilaterais e dos governos para financiar as ONGs oculta retoricamente o problema da confusão entre as esferas pública e privada.

As ONGs são grupos privados de interesses. Mas o seu poder de pressão se expressa como capacidade especial de desviar recursos públicos para uma agenda política que não foi definida pelos cidadãos e que escapa ao controle dos mecanismos institucionais da democracia. No fundo, a elite organizada nas ONGs compete vantajosamente com os setores desorganizados da população pela captura de parte da riqueza social. Não se pode pedir às ONGs que coloquem o princípio da independência política acima do vil metal. Mas é razoável exigir dos governos que tratem as ONGs como o que elas dizem ser: organizações não governamentais.

17.2.2005

# O caudilho da corporação

Há quase um quarto de século, professores, estudantes e funcionários da USP promoveram uma eleição direta para reitor, na qual uma ampla maioria escolheu o candidato Dalmo Dallari. Contudo, o Conselho Universitário nem sequer colocou Dallari na lista tríplice enviada ao governador do Estado, que tinha a prerrogativa da nomeação. Hoje, o anteprojeto de reforma universitária elaborado pelo MEC dispõe que as universidades federais passem a escolher reitores por meio de eleições diretas com participação de professores, estudantes e funcionários. Uma vitória do princípio da democracia?

Um projétil cruzando o ar não é, em si mesmo, condenável ou elogiável. Quem o disparou? Por quê? Qual é o seu alvo? Tudo depende do contexto. No longínquo 1981, quando o Brasil ainda vivia sob ditadura, a eleição direta de Dallari expressava o repúdio da USP ao regime militar e uma interpretação da autonomia universitária como liberdade de pensamento e expressão. Em 2005, a proposta de eleições diretas para reitores tinge a reforma universitária com as cores da demagogia populista e do corporativismo. Sobretudo, ela revela trágica confusão sobre a função social da universidade.

A universidade pública é um investimento estratégico, financiado por toda a sociedade, em ciência, tecnologia e cultura. O critério de julgamento do valor social desse investimento só pode ser a eficiência na produção e na difusão de conhecimento e, por isso, a estrutura de poder na universidade ancora-se no princípio do mérito acadêmico, não na vontade da maioria. A universidade pública existe para atender às necessidades da nação, não para beneficiar seus professores, alunos ou funcionários. Por que conceder a eles o privilégio de escolher, sem interferência externa, os dirigentes universitários?

A autonomia não é um privilégio da comunidade universitária, mas um seguro da sociedade contra o abuso de poder do governo. O princípio da autonomia universitária, expresso na composição dos órgãos colegiados de direção, garante que os rumos da pesquisa e do ensino permaneçam sob o controle dos cientistas e pensadores, mesmo quando seus resultados não são do agrado do presidente de plantão. Mas, na democracia, a autonomia não pode significar o insulamento político-administrativo da universidade.

Na eleição "subversiva" de 1981, Dallari recebeu os votos da maioria porque sua candidatura identificava-se com as bandeiras das liberdades públicas. Hoje, quando as liberdades públicas estão consagradas na lei, candidatos a reitor dedicados a atrair votos tendem a se identificar não com os interesses gerais da sociedade, mas com os interesses singulares da comunidade universitária. Transfigurados pela reforma universitária em caudilhos da corporação, os reitores comprometeriam seus mandatos com a defesa das reivindicações de associações de docentes, diretórios estudantis e sindicatos de funcionários. No fim, a autonomia universitária terá sofrido uma reinterpretação radical, tornando-se instrumento de proteção de privilégios corporativos.

A UNE, controlada pelo PCdoB e reduzida ao papel de DJ do governo Lula, aplaude o anteprojeto do MEC traduzindo a autonomia como "autogoverno democrático" da universidade. Já é hora de a universidade reagir e, em nome da ciência e da cultura, afirmar que a Albânia não é aqui.

24.2.2005

# À sombra de Guantánamo

Uma carta de cerca de duzentos intelectuais solicita que os governos dos países integrantes da Comissão de Direitos Humanos da ONU rejeitem qualquer resolução de condenação a Cuba. Entre os signatários estão os brasileiros Oscar Niemeyer, Frei Betto e Leonardo Boff, o português José Saramago, o argentino Pérez Esquivel e a guatemalteca Rigoberta Menchú. O documento afirma que a comissão manipula politicamente o tema dos direitos humanos e que os Estados Unidos não têm autoridade moral para criticar Cuba, em vista dos escândalos em Abu Ghraib, no Iraque, e no enclave militar de Guantánamo.

Os intelectuais avaliam corretamente o comportamento da comissão, mas isso é irrelevante, pois eles jamais assinaram uma carta solicitando respeito aos direitos humanos e a libertação dos presos de consciência na ilha de Fidel. Niemeyer viveu o suficiente para prestar solidariedade ao ditador soviético Stálin, que disputa com Hitler a condição de maior carniceiro do século passado. Todos compartilham com a comissão que criticam a noção de que as estratégias políticas têm prioridade sobre os direitos humanos.

No ensaio "A busca do ideal", o filósofo Isaiah Berlin evidenciou a filiação das ideologias políticas do século XX ao racionalismo que emergiu da revolução científica. As ciências naturais pareciam mostrar que todas as perguntas legítimas têm apenas uma resposta verdadeira, que pode ser identificada e forma um todo harmonioso com as séries de respostas verdadeiras a outras indagações pertinentes. Se assim é, por que não aplicar a razão à sociedade, extirpando-a da superstição e do erro e, no fim, inaugurando um mundo feliz, livre e virtuoso? O marxismo que se intitulou "científico" é o fruto mais sofisticado dessa árvore histórica.

Os signatários da carta sobre Cuba são herdeiros dos intelectuais que defenderam os Processos de Moscou dos anos 1930, as ondas de repressão da Revolução Cultural na China e o extermínio em massa promovido pelo regime de Pol Pot no Camboja. Isaiah Berlin explicou a moral política de fundo: "Como conheço o único caminho verdadeiro até a solução definitiva dos problemas da sociedade, sei como conduzir a caravana humana; e já que você ignora o que sei, não lhe é permitido ter a liberdade de escolha, mesmo dentro dos limites mais estritos... Que escolha temos nós, que detemos o conhecimento, a não ser nos mostrarmos dispostos a sacrificar todas essas pessoas?".

A queda do Muro de Berlim desferiu um golpe fatal nessa moral política e, efetivamente, afetou a bússola dos intelectuais que se julgam detentores das chaves do futuro histórico. Há dois anos, Saramago protestou contra as execuções sumárias de Fidel, declarando que separava seu caminho daquele seguido por Cuba. Mas a Doutrina Bush, com seu corolário de justificação das prisões arbitrárias e do método da tortura, ofereceu um imperativo moral sucedâneo.

Os signatários da carta não levantam suas vozes para promover a condenação da rede internacional de tortura que opera sob o comando do Pentágono. Eles precisam de Abu Ghraib e Guantánamo, pois são esses os fios com os quais tecem a sua argumentação. Num certo sentido, são intelectuais que dependem de George Bush, Donald Rumsfeld, Alberto González e dos interrogadores depravados dos serviços americanos de inteligência.

17.3.2005

# Ministério da Classificação Racial

"Você vai responder que eu sou amarelinha, né, pai?" Foi essa a reação de minha filha ao formulário enviado pelo MEC a todas as escolas do país solicitando a declaração nominal de "cor/raça" de cada um dos seus alunos. Às vésperas de comemorar o nono aniversário, ela não "aprendeu" a escolher a resposta "certa" entre as cinco opções apresentadas (branca, preta, parda, amarela e indígena). Tarso Genro, investido na função de ministro da Classificação Racial, está empenhado em suprir a lacuna de aprendizado: a partir de agora, por sua decisão, as escolas ficam obrigadas a incluir nas fichas de matrícula a informação sobre "cor/raça" dos alunos. Essa informação associará a cada nome uma "raça" e não está sujeita à regra do sigilo estatístico que cerca as pesquisas do IBGE.

"Eu sou amarelinha, né, pai?" A resposta "certa" exige a competência de sublimar a percepção sensorial, substituindo-a pelos critérios classificatórios abstratos inventados pelo "racismo científico" do século XIX. O "racismo científico" serviu como instrumento de justificação do imperialismo europeu na África e na Ásia, contornando o princípio iluminista de que os seres humanos nascem livres e iguais. A genética desmoralizou o "racismo científico", provando que a espécie humana não se divide em raças. Para preencher o formulário do ministro da Classificação Racial, os pais devem ignorar a ciência e eleger o preconceito como guia.

"Eu sou amarelinha?" A noção de que a humanidade se divide em raças ou etnias não é um fato objetivo da cultura ou um mito imemorial inscrito na história dos povos, mas uma construção política relativamente recente. Engajados no empreendimento do nacionalismo ou da expansão imperial, os Estados fabricaram identidades raciais e étnicas, por meio de classificações oficiais que definiram o lugar de cada grupo perante as instituições públicas. As novas fichas de matrícula escolar no Brasil atualizam essa tradição, envolvendo-a no manto roto das políticas sociais compensatórias. Elas irrigam as mudinhas da árvore envenenada do ódio racial.

"Você vai responder que eu sou amarelinha, né, pai?" Os professores e os pais esclarecidos ensinam às crianças que as pessoas se distinguem por seu caráter, não pelo tom da pele, o formato do rosto ou o desenho dos olhos. Nas aulas de biologia, as crianças aprendem a reconhecer a inconsistência científica do "racismo científico" do século XIX. Nas aulas de história e geografia, elas descobrem as funções políticas desempenhadas pelo racismo e aprendem a desprezar as operações estatais de engenharia racial.

Mas o ministro da Classificação Racial, usando o poder burocrático do aparelho de Estado, resolveu invadir todas as escolas do país e ministrar sua própria aula. Tarso Genro, esse herdeiro inesperado do pensamento social racista de Nina Rodrigues (1862-1906) e Oliveira Vianna (1883-1951), está ensinando as crianças a definirem suas identidades segundo o critério da raça. Ele está dizendo às crianças que o Estado divide os cidadãos em cinco grupos raciais. Com seus formulários e fichas de matrícula, está explicando à minha filha que ela não é amarelinha, rosadinha ou marronzinha. Que é branca, como seus "irmãos de raça". E que seus outros colegas formam irmandades diferentes, pois são pretos, pardos, amarelos ou indígenas. Todos iguais, talvez. Mas separados.

14.4.2005

# Preto no branco

Nos Estados Unidos, as políticas de ação afirmativa de cunho racial começaram na década de 1970. No decênio anterior, a parcela de negros abaixo da linha de pobreza havia se reduzido de 47% para 30%. Na "década das cotas", a redução atingiu apenas um ponto percentual. Na África do Sul, o fim do regime do apartheid, em 1994, deu lugar a um programa ambicioso de ação afirmativa. Contudo, entre 1995 e 2000, a renda média das famílias negras reduziu-se em 19%, uma ínfima elite negra associou-se à elite branca e a desigualdade nacional de renda aumentou. O arcebispo Desmond Tutu, líder histórico antiapartheid, acusou o programa de "beneficiar não a maioria, mas uma elite que tende a se reciclar".

Ação afirmativa e aprofundamento das desigualdades sociais andam juntos, pois a primeira é um elemento das políticas compensatórias implantadas por governos que adotam orientações econômicas ultraliberais. Sob essas orientações, os fundos públicos destinados a assegurar direitos universais (educação, saúde, transporte etc.) são desviados para subsidiar a acumulação privada de capital, enquanto as políticas compensatórias funcionam como instrumentos de legitimação dos governos e cooptação dos movimentos sociais.

O programa de cotas raciais surgiu nos EUA como reação conservadora ao movimento pelos direitos civis e se propagou, entre ativistas negros, sob o patrocínio de instituições do establishment como a Fundação Ford. A ruptura do movimento negro americano com a plataforma antirracial de Martin Luther King adquiriu dimensões internacionais na Conferência da ONU contra o Racismo (Durban, 2001). As resoluções de Durban expressam o acordo entre o pensamento ultraliberal americano e a "elite que tende a se reciclar" da África do Sul. Elas tornaram-se doutrina oficial do governo Lula, implementada pela Secretaria da Igualdade Racial e pelo MEC.

O Prouni (Programa Universidade para Todos) evidencia a função das políticas de ação afirmativa. A compra das vagas ociosas representa vasto subsídio público ao ensino superior privado, sob a forma de isenções tributárias. O programa não abre uma única vaga nova nas universidades públicas, mas funciona como meio de cooptação política de entidades estudantis (UNE) e ONGs do movimento negro (Educafro), que hoje atuam quase como tentáculos do Estado.

A operação de cooptação estatal de ONGs do movimento negro tem seu núcleo no programa de cotas "raciais" nas universidades públicas. Em torno dele, elabora-se um discurso racista de desprezo ao princípio da igualdade política dos cidadãos, que é apresentado como farsa destinada a congelar as desigualdades sociais. O apelo racial desse discurso contorna a falácia argumentativa pelo recurso à acusação de que os opositores representam um "olhar branco" ou os interesses de uma "raça branca".

A cooptação funciona, pois as cotas raciais atendem aos interesses imediatos das ONGs do movimento negro, mesmo se nada significam para os negros da base da pirâmide social. A nova agenda política dessas ONGs não prioriza os interesses da maioria dos negros, como a reconstrução da educação pública ou a restauração do poder de Estado nas favelas do Rio de Janeiro. É uma agenda conservadora de natureza clientelista, que pede privilégios para poucos e acomoda-se à expansão das desigualdades sociais.

28.4.2005

# Falência da nova esquerda

No dia dos atentados em Londres, Tariq Ali escreveu que os londrinos "pagaram o preço pela reeleição de Blair e pela continuação da guerra". É quase como exclamar: "Bem feito!". A frase não é uma síntese completa do comentário do escritor e ensaísta paquistanês, educado em Oxford, editor da *New Left Review* e ícone do movimento antiglobalização. No artigo, reproduzido na *Folha* no dia 8 de julho, ele lamenta a tragédia e registra que a maioria dos londrinos se opôs à guerra no Iraque. Tariq Ali não deve ser confundido com os intelectuais degenerados que, por ocasião do 11 de setembro de 2001, saudaram os terroristas e interpretaram seus atos bárbaros como um golpe de morte desferido contra o coração do "Império". Mas sua frase, acompanhada pelo diagnóstico de que "a causa desses atentados" encontra-se no "apoio político e militar incansável que o Novo Trabalhismo e seu premiê oferecem às guerras americanas", reflete a falência da nova esquerda.

No fim das contas, Tariq Ali recusa-se a oferecer uma condenação incondicional dos terroristas. Seu artigo é fundamentalmente imoral, pois ele dissocia-se moralmente do terror, mas oculta o sentido político dos atentados. Sua argumentação equivale a uma negação da própria existência política das organizações da jihad global. Deliberadamente, ele cunha a expressão "anarquistas islâmicos" para caracterizar a rede do terror: a mensagem implícita é que os autores dos atentados são seres irracionais, inimputáveis, movidos pelo desespero. Tariq Ali não diz que a causa dos atentados é o ódio que as organizações jihadistas devotam à liberdade e que Blair e o Iraque funcionam apenas como argamassa de um discurso oportuno, dirigido aos povos muçulmanos. Essa omissão é crucial, mas não fortuita.

Os jihadistas, unidos sob a bandeira da restauração de um império islâmico mítico, odeiam a liberdade na sua dupla acepção: as liberdades econômicas (ou seja, os privilégios do capital, dos investidores, das empresas) e as liberdades políticas (ou seja, os direitos dos cidadãos). A nova esquerda, no curso do seu combate à globalização, revela-se incapaz de distinguir as segundas das primeiras, isto é, as "liberdades da contestação" das "liberdades da ordem", e despreza as duas. Segundo a sua lógica, se os cidadãos de Londres tiveram a audácia de reeleger Blair, então são culpados pela guerra no Iraque e "pagaram o preço" correspondente às suas escolhas.

A Londres atingida pela barbárie terrorista não foi a da City, mas a dos cidadãos comuns, de todos os credos religiosos e de todas as cores, que compartilham uma metrópole mundial. As bombas que explodiram no metrô, há uma semana, são argumentos poderosos no discurso dos que querem, em nome da segurança, restringir as "liberdades da contestação" e dividir os londrinos segundo o credo religioso e a cor da pele. Esse programa, em plena aplicação nos Estados Unidos, mas ainda embrionário na Europa, ajusta-se às estratégias de "guerra de civilizações" conduzidas por George Bush e Osama Bin Laden. Quando Tariq Ali esconde o significado do terror dos jihadistas, a nova esquerda está dizendo que nada que mereça ser defendido existe em Londres. É um sinal de falência moral e política.

14.7.2005

# A Europa no espelho

"A União Europeia (UE) terá que provar que não é um clube cristão." Com esse repto, o ministro do Exterior turco, Abdullah Gul, forçou a retirada do veto austríaco para o início das negociações de admissão da Turquia na UE. A candidatura turca foi posta na mesa há mais de quarenta anos, pouco depois da formação da Comunidade Europeia (CE). As negociações podem durar até dez anos. Para incorporar um país muçulmano de 70 milhões de habitantes, a UE deve reinterpretar a identidade da Europa.

Num gesto de natureza simbólica, os arquitetos da Europa do pós-guerra reuniram-se em Roma, não em Paris ou Bruxelas, para assinar o tratado da CE, em 1957. Eles estavam dizendo que o seu projeto era uma restauração, não uma invenção, e reivindicavam uma legitimidade de vinte séculos. A "nova Europa" surgia à sombra de um conceito de unidade com raízes no Império Romano e na tradição cristã.

O sonho da restauração de Roma atormentou a Europa medieval e moderna, coagulando-se no império de Carlos Magno, no Sacro Império Germânico e na expansão imperial Habsburgo. Na Europa contemporânea, fragmentada em Estados, o sonho da unidade inspirou os projetos imperiais de Napoleão Bonaparte e Hitler. A Comunidade Europeia nasceu, depois de duas guerras devastadoras, para conciliar os princípios antagônicos do Estado e do império. A unidade pelo consenso, como alternativa à unidade pela força: eis a nova fórmula da restauração de Roma experimentada pelos líderes europeus do pós-guerra.

Roma desabou sob o impacto das invasões bárbaras, mas o princípio imperial da expansão do cristianismo jamais foi suprimido. Os reis medievais eram sagrados pelos papas. As Cruzadas contra os infiéis, a Santa Inquisição e os decretos dos Reis Católicos de Espanha, de expulsão dos judeus e dos mouros, confirmaram a identidade europeia pelo cancelamento da alteridade. No

Novo Mundo, os conquistadores e colonos europeus marcharam sob as bandeiras do Antigo ou do Novo Testamento. Toda a história da Europa pode ser narrada como uma "limpeza étnica" multissecular, que conecta por um fio profundo as fogueiras inquisitoriais, os *pogroms* antijudaicos, os campos de extermínio nazistas e os massacres de muçulmanos da Bósnia. Essa narrativa está concentrada nos lemas e estandartes dos partidos de extrema direita, que pregam a expulsão dos imigrantes.

A identidade europeia está fincada na imaginação popular. O apoio à admissão da Turquia gira em torno de 32% na Grã-Bretanha, 15% na Alemanha e 11% na França. Segundo Joschka Fischer, o ministro do Exterior alemão, os opositores da adesão turca "surfam na onda do racismo". A Turquia é uma ponte entre a Europa, a Ásia Central e o Oriente Médio. Ancara, a sua capital política, situa-se no Oriente Próximo. Istambul, a antiga Constantinopla, sua capital histórica, situa-se na extremidade da Europa. Abdullah Gul definiu a adesão turca à UE como a oportunidade para uma "aliança entre civilizações", no momento em que a "guerra ao terror" de Washington e o exército jihadista do terror realizam a profecia sinistra do "choque de civilizações".

A conquista de Constantinopla pelos turco-otomanos, em 1453, explodiu a ponte entre a Europa e o mundo muçulmano. Mais de meio milênio depois, os europeus têm a chance de reconstruir essa passagem.

6.10.2005

# Em território inimigo

"É uma estratégia sensacional e inovadora, que coloca o Rio na vanguarda", proclamou eufórico o comandante da PM, coronel Hudson Miranda, no início de julho. Ele se referia à aquisição de um helicóptero, para desembarcar policiais de elite no alto dos morros, e à instalação de uma torre de vinte metros de altura no Complexo da Maré, para visualizar as favelas a partir de uma posição elevada.

O conceito implícito é que as favelas configuram um território inimigo e um teatro de batalha, não uma parte da cidade do Rio de Janeiro. O primeiro corolário é que os habitantes das favelas são estrangeiros, não cidadãos brasileiros. O segundo, que entre eles oculta-se uma força militar hostil, não a teia complexa formada pelo crime organizado e pela delinquência comum, com incontáveis ramificações no morro, no asfalto e na própria polícia. O "marechal" Miranda substituiu o Iraque ou o Haiti, que não estão à mão, pelo pedaço da cidade na qual seus superiores do governo estadual lhe permitem entreter-se com jogos de guerra enquanto desfraldam a bandeira branca de um falso desarmamento.

A torre do Complexo da Maré, na ilha dos Macacos, será uma estrutura blindada, rodeada por um muro de dois metros de altura e guarnecida por policiais com binóculos de longo alcance e visor noturno. O "marechal" promete que ela servirá de teste para a implantação de estruturas similares ao longo do fronte de guerra. No dia 6 de julho, 24 horas depois da proclamação estratégica, as aulas foram suspensas na favela do Lixão, em Duque de Caxias, por imposição dos traficantes, que também determinaram um toque de recolher. Um morador, pai de alunos sem aulas, explicou: "Os bandidos ordenam e as pessoas obedecem. Todo mundo sabe: quem manda na favela é o chefe".

A governadora Rosinha Garotinho sabe o que "todo mundo sabe". Mas não está interessada. Ela não ordenou que seu "marechal" de araque interrompesse os jogos de guerra e usasse o dinheiro do helicóptero e os materiais da torre na construção de delegacias no meio das favelas, ao lado das escolas. Ela não tomou providências para assegurar a vigência permanente do direito de ir e vir dos adultos e do direito à escola das crianças nas favelas. Preferiu lançar cruzes de isopor na lagoa Rodrigo de Freitas e confraternizar com as ONGs do "sim" na precária segurança do asfalto.

O ministro da Justiça, Márcio Thomaz Bastos, também sabe o que "todo mundo sabe". Mas está entediado. Ele oferece sagazes conselhos jurídicos a um poderoso ex-ministro em apuros e deflagra uma campanha de confusão que rima referendo com desarmamento. Só não usa as prerrogativas que tem para, por cima de Garotinhos e Mirandas, reformar a polícia, desarmar os criminosos dos morros e restaurar o "direito das gentes". Afinal, o ministro "é da paz"...

Anderson Felipe, nove anos, e seu irmão Alison, de cinco, ficaram sem aulas pelo tempo que os traficantes decidiram. Mas, nas horas de aulas perdidas, aprenderam uma lição: eles agora sabem com certeza quem manda na favela. Desgraçadamente, podem concluir que, onde vivem, não existem direitos, mas apenas privilégios derivados da posse das armas. É meio caminho andado para aderir ao "exército" de crianças dos generais-traficantes. Bandeiras brancas. Paz. Viva Rio. Alguém falou em direitos?

20.10.2005

# O véu e a república

A Constituição francesa de 1793 durou poucos meses, mas permanece como o principal documento legal emanado da Revolução. Ela concedeu a cidadania aos estrangeiros domiciliados na França por um ano e, também, a "qualquer estrangeiro considerado pelo corpo legislativo como necessitado de tratamento humano". A "lei do véu", que entrou em vigor em agosto do ano passado e proíbe o uso de símbolos religiosos ostensivos nas escolas públicas francesas, é um fruto tardio dessa tradição. A França é um contrato entre cidadãos que não se distinguem perante a lei pela sua origem ou cultura. Nas escolas públicas da república, os jovens não são cristãos, muçulmanos ou judeus: são estudantes.

"Seria contrário à liberdade apagar os símbolos que representam crenças pessoais." Com essas palavras, o papa João Paulo II expressou sua oposição à "lei do véu", perfilando-se a religiosos islâmicos de vários países. Os Estados Unidos, por meio de um relatório oficial sobre liberdade religiosa, também criticaram a lei francesa. "Acreditamos que as muçulmanas têm total direito de usarem o véu", afirmou John Hanford, do Departamento de Estado.

O fogo contra a "lei do véu" reuniu integristas e libertários. Os primeiros, islâmicos ou cristãos, usam a bandeira da liberdade religiosa para atacar o princípio de separação entre Estado e religião. No fundo, é a própria noção de escola pública que lhes é estranha. Os libertários dividem-se em duas correntes: os ultraliberais, que fazem da liberdade individual um valor absoluto, e os multiculturalistas, que enxergam a sociedade sob o prisma de identidades culturais de grupos. Ambos resistem, pela direita ou pela esquerda, ao princípio da igualdade política dos cidadãos.

Ao contrário do que se previa, as jovens muçulmanas não se insurgiram contra a "lei do véu". As garotas, em geral, interpretaram a proibição como a conquista de uma liberdade. Ao descobrir a cabeça compulsoriamente à entrada da escola e encarar de igual para igual seus colegas do sexo masculino, realizam a sua própria vontade, que é negada no ambiente familiar e nos círculos públicos dos subúrbios onde moram.

Os atuais distúrbios na França provocaram o reencontro intelectual de integristas, ultraliberais e multiculturalistas do mundo inteiro. Contra todas as evidências factuais, eles encontraram na sedição dos subúrbios o levante muçulmano profetizado por suas próprias convicções ideológicas. Quase em uníssono, diagnosticaram a falência do "modelo francês" (isto é, do princípio da igualdade política dos cidadãos) e receitaram o coquetel "anglo-saxão" (e brasileiro?) de políticas compensatórias, ações afirmativas e cotas universitárias. Eles sugerem registrar na lei as desigualdades sociais, cancelando de uma vez por todas a promessa de igualdade de 1789.

Encerrados no véu do seu dogma, eles não podem ver o paradoxo da sedição dos subúrbios. Os jovens amotinados não querem o sopão dos pobres que vem junto com os rótulos de "muçulmanos" ou "afrodescendentes", mas sim ser tão franceses como os demais, que vivem na parte luminosa da cidade. Querem tornar verdadeira a mensagem que lhes enviou Jacques Chirac: "Seja qual for sua origem, vocês são todos filhas e filhos da república". Não pode existir prova maior da vitalidade do "modelo francês".

17.11.2005

# O impeachment que não houve

O senador tucano Arthur Virgílio classificou a cassação de José Dirceu como "a cassação moral do governo Lula", e completou: "não adianta o presidente dizer que não tem nada com a história". Lula, realmente, tem tudo a ver com a história. É por isso que a oposição deve explicar à sociedade por que não apresentou um pedido de impeachment.

As CPIs acumularam evidências da existência de uma quadrilha que, agindo no núcleo do poder, dedicava-se à corrupção de parlamentares com as finalidades de estabilizar uma maioria no Congresso e soldar uma coalizão política em torno do governo Lula. A quadrilha associava operadores na direção do PT, com livre circulação na Casa Civil, publicitários sob contrato com o governo, diretores de bancos públicos e privados e, provavelmente, ministros com influência sobre contas de publicidade e fundos de pensão. No centro da rede operacional encontrava-se Delúbio Soares, um "homem de Lula". A coordenação geral, segundo entendimento do Congresso, subordinava-se a José Dirceu, que declarou que jamais agiu sem "o conhecimento e o consentimento" do presidente.

A participação passiva de Lula no sistema de corrupção está demonstrada pelos fatos de que ele dependia da ação coordenada de altas figuras do governo e de que o presidente foi informado por Roberto Jefferson da corrupção de parlamentares e não tomou providências efetivas. Mas, além disso, é fácil provar a participação ativa de Lula na proteção da quadrilha e na obstrução das investigações.

O presidente tentou impedir a instalação da CPI dos Correios, patrocinou a versão fantasiosa do caixa dois de campanha adotada pelos operadores, qualificou as investigações parlamentares como um "complô das elites", não solicitou por atos de ofício um processo do Banco Central contra o banco que forjou empréstimos destinados a esquentar o dinheiro da corrupção. Hoje, enquanto o partido do presidente financia a defesa judicial de Delúbio Soares, o presidente paga, com cargos no Ministério dos Transportes, o silêncio de deputados envolvidos no "mensalão" que renunciaram para escapar à cassação.

Tudo isso está descrito na legislação como crime de responsabilidade. Mas a oposição recusou-se a formular a acusação e a solicitar o impeachment. Ela não abdicou da sua responsabilidade por temor da exposição de seu envolvimento em ilícitos de caixa dois, embora isso pese entre alguns setores oposicionistas. A abdicação decorreu, antes de tudo, do medo de confrontar um presidente que conserva apoio de organizações de massa caudatárias do governo e da população menos informada, dependente dos programas sociais.

Democracia não é apenas eleição. É o produto de uma teia de instituições e leis que limitam o poder dos governantes, escrutinam os atos do poder, resguardam os direitos dos cidadãos e protegem a expressão da minoria. Ao trocar o seu dever republicano de solicitar o impeachment pela chicana das acusações midiáticas na campanha eleitoral, a oposição imagina produzir o milagre da conversão da sua covardia em esperteza. Essa é uma forma complacente de autoilusão. Na verdade, a oposição estabelece um precedente histórico, cancelando a vitória democrática representada pelo impeachment de Collor. De agora em diante, os presidentes adquirem o direito tácito de corromper.

8.12.2005

# Todos os homens do presidente

"Todo o episódio foi como uma facada nas minhas costas." Em entrevista ao programa *Fantástico*, Lula definiu assim o escândalo do "mensalão", reiterando o tema do traidor oculto que alterna com o do complô das elites para compor a narrativa política vulgar oferecida há meses aos cidadãos. O presidente não nomeia os "traidores" nem identifica as "elites", pois está condenado ao jogo da prestidigitação. Ele precisa enganar o povo e, simultaneamente, pagar as prestações do silêncio dos operadores.

Delúbio Soares, o "homem de Lula", foi selecionado como ovelha de sacrifício. Na sua defesa, lida perante o Diretório Nacional do PT, Delúbio acusou os que o expulsavam de pretender começar "uma nova história" com base "numa mentira": a versão de que agiu à revelia da direção do partido. Suas conclusões, dirigidas a Lula, incluíram uma ameaça velada ("não traí") e uma garantia ("não sou um delator"). Como, nesse meio, toda garantia é condicional, a direção do partido continua a financiar uma famosa banca de advogados dedicada à defesa do militante expulso.

Valdemar Costa Neto, o presidente do PL, tornou-se um dos homens do presidente quando foi selada a aliança eleitoral pela qual José Alencar aceitou o cargo de vice na chapa de Lula. Na ocasião, não se discutiram ideias, apenas dinheiro. Costa Neto, o interlocutor da direção petista no negócio, acabaria flagrado como destinatário de volumosos recursos do "mensalão" e renunciou para fugir à cassação. Ele sabe demais e não é fiel a Lula. O custo de seu silêncio é amortizado por meio de nomeações de protegidos para o DNIT, o órgão do Ministério dos Transportes que controla as rodovias.

O publicitário Duda Mendonça, um homem do presidente desde a campanha eleitoral, confessou na CPI operar uma *offshore* em paraíso fiscal, que funcionou como destino de recursos intermediados por Marcos Valério. As transações contêm os indícios típicos de crimes de sonegação fiscal, evasão de divisas e, talvez, lavagem de dinheiro. Duda Mendonça perdeu a conta publicitária da Presidência, mas seu contrato milionário com a Petrobras foi renovado por mais um ano. O voto de silêncio não consta da letra do contrato, mas há coisas que não precisam ser escritas.

O governo Lula adotou a prática inédita de centralizar a supervisão de toda a publicidade oficial num único homem. Luiz Gushiken, o chefão da Secom, figura como a peça-chave dos contratos, com evidências clamorosas de superfaturamento, firmados pelo governo e pelas estatais com as agências de publicidade. Segundo o ex-diretor do Banco do Brasil Henrique Pizzolato, suas digitais estão impressas na transferência fraudulenta de dinheiro público para Marcos Valério. Gushiken perdeu a Secom, mas continua no Planalto, como assessor presidencial, e conserva sua influência sobre os diretores de bilionários fundos de pensão. Ele não falará.

A grande incógnita é José Dirceu, o ministro plenipotenciário que não agia "sem o conhecimento e o consentimento" do presidente. Ele aceitou como inevitáveis a perda da Casa Civil e até a do mandato. Mas Lula brinca com fogo desde que decidiu subtrair-lhe o controle sobre a máquina do PT, enviando uma cavalaria de ministros para tomar o partido de assalto. O limite de José Dirceu é o desterro da política.

5.1.2006

# A abolição da Abolição

Celebra-se a queda do Império no Quinze de Novembro, a data da proclamação da República, em 1889. Mas, de fato, o Império faleceu um ano e meio antes, no Treze de Maio de 1888, e seu atestado de óbito foi a Lei Áurea, assinada pela princesa Isabel. O Treze de Maio deveria ser comemorado nas ruas, como uma festa popular em homenagem aos personagens públicos e aos milhares de heróis anônimos que conduziram a primeira grande luta social de âmbito nacional no Brasil e derrotaram a dinastia e a elite escravista. É uma tragédia que essa data tenha sido praticamente enterrada sob a narrativa revisionista fabricada na linha de montagem da "história dos vencidos".

Celebrou-se em 1971, pela primeira vez, o 20 de novembro, dia do assassinato de Zumbi dos Palmares, no longínquo 1695. Zumbi foi um Espártaco da América portuguesa e teria sido uma boa ideia juntar o Dia da Consciência Negra ao Treze de Maio, numa dupla celebração anual. Em vez disso, procedeu-se à difamação da Abolição. Os revisionistas escrevem, em síntese, que a Lei Áurea foi a conclusão de um programa das elites, pontuado pelas leis do Ventre Livre e dos Sexagenários, para a plena implantação do capitalismo no Brasil.

A interpretação combina, pateticamente, um vulgar determinismo econômico com a reativação da narrativa imperial que atribuiu a Lei Áurea a um impulso humanitário da princesa. Mas a sua finalidade é apagar do registro histórico os artigos e discursos de Joaquim Nabuco, José do Patrocínio, Antônio Bento, Silva Jardim, o ex-escravo Luís Gama e tantos outros. É obliterar os nomes das sociedades abolicionistas, com seus jornais e heroicos estratagemas que permitiram fugas de milhares de escravos das fazendas.

Os revisionistas passam a borracha na saudação de Raul Pompéia aos escravos rebelados: "A ideia de insurreição indica que a natureza humana vive. A maior tristeza dos abolicionistas é que estas violências não sejam frequentes e a conflagração não seja geral". Eles condenam ao limbo os jangadeiros cearenses que se recusaram a transportar aos navios os escravos vendidos para outras províncias, os tipógrafos que não imprimiram panfletos antiabolicionistas, os ferroviários que escondiam os negros fugidos em vagões ou estações de trem.

A Abolição foi uma luta popular moderna compartilhada por brasileiros de todos os tons de pele. A sua simbologia incita à revolta contra as humilhações impostas por traficantes e policiais às comunidades das favelas e inspira a exigência de que todos tenham direito a escolas e hospitais públicos de qualidade. Mas não sustenta as políticas neorracistas que pretendem classificar e separar as pessoas pela cor da pele, dissolvendo no seu ácido os conceitos de cidadania e direitos universais.

Zumbi não viveu no Brasil, mas na formação social de um enclave colonial-mercantil português. Na luta gloriosa e desesperada que liderou, não existia a alternativa de mudar o mundo, mas apenas a de segregar os seus num outro mundo, que foi Palmares. Os revisionistas que fingem celebrar a memória de Zumbi praticam um sequestro intelectual, despindo a narrativa de seu contexto histórico para fazer do quilombo uma metáfora do seu programa atual de separação política e jurídica das "raças". Esse é o motivo pelo qual decidiram abolir a Abolição.

11.5.2006

# Lehman Brothers, Marx & Sons

Quando o Lehman Brothers entrou em bancarrota, provocando a implosão de Wall Street, os filhos órfãos de Karl Marx começaram a disseminar uma narrativa ideológica da crise que é tão desonesta quanto reacionária. Essencialmente, eles dizem que o neoliberalismo faliu e que a causa da catástrofe é a desregulamentação do mercado financeiro. Nesse mantra, convertido em senso comum, uma mentira factual fica protegida atrás da paliçada conceitual de uma fraude.

O neoliberalismo não faliu porque não existe. A fraude conceitual ampara-se no ocultamento dos dados empíricos. Nos anos 1920, tempos do liberalismo, os gastos públicos sociais nos EUA (pensões, educação, saúde e *welfare*) não alcançavam 5% do PIB. Depois, com o *New Deal* e os "30 anos gloriosos" do pós-guerra, criou-se o Estado de Bem-Estar e os gastos sociais cresceram até perto da linha de 20% do PIB. Segundo o teorema histórico que emoldura a noção de neoliberalismo, o Estado de Bem-Estar ruiu sob os golpes hayekianos de Ronald Reagan. Mas – surpresa! – os números contam outra história. A "Era Reagan" não provocou contração dos gastos sociais, conseguindo apenas estabilizá-los temporariamente. Hoje, eles ultrapassam os 20% do PIB.

O Estado de Bem-Estar é um fruto da democracia de massas. O neoliberalismo só poderia existir com a restauração da democracia restrita dos tempos do liberalismo, quando o direito de voto era um privilégio de uma minoria. Os filhos de Marx não entendem isso porque hostilizam o princípio democrático, que imaginam representar uma invenção "burguesa". Eis o motivo pelo qual suas análises econômicas se chocam com os dados empíricos.

Na hipótese de desabamento de um viaduto condenado por erros de engenharia, deve-se culpar a lei da gravidade? É algo assim que fazem os filhos de Marx quando atribuem o colapso financeiro a uma combinação de ganância com livre mercado. A referência à "ganância" nada diz sobre essa crise específica, pois o imperativo do lucro é um traço estrutural da modernidade capitalista, mas diz muito acerca de um pensamento econômico contaminado pelos dogmas do cristianismo medieval. Quanto à desregulamentação, ela só existe no mundo imaginário dos ideólogos.

O economista Steven Horwitz escreveu uma carta aberta "a meus amigos da esquerda" identificando as diversas regulamentações políticas que incentivaram o tsunami especulativo no mercado imobiliário. Ele prova factualmente que o mercado no qual se armou a tragédia nada tem de liberal, articulando-se sobre uma teia de regras, emanadas do Executivo e do Congresso, que pavimentaram o caminho rumo à concessão de empréstimos cada vez mais arriscados. Fannie Mae e Freddie Mac são corporações hipotecárias tecnicamente privadas, mas patrocinadas pelo poder público, que operavam sob garantia de resgate estatal em caso de falência. As agências reguladoras as autorizaram, em 1995, a entrar no mercado de *subprime* e exigiram dos bancos privados um aumento dos empréstimos imobiliários para devedores com poucos recursos. A "ganância" fez o resto, mas no ambiente de liquidez abundante, propício à especulação, gerado pela política monetária do banco central americano e pela política fiscal do governo Bush.

Para salvar sua narrativa ideológica sobre os mercados desregulamentados, os filhos de Marx erguem um muro de Berlim metodológico entre as esferas da economia e da política. O conservador Horwitz é mais honesto, evidenciando a presença ubíqua da "mão visível" do Estado no financiamento privado do mercado imobiliário americano. Mas a sua honestidade tem limites, definidos por uma perspectiva ideológica. A utopia inviável de Horwitz é um retorno à idade de ouro liberal e ele prefere criticar a "mão visível" democrata à republicana. Por esse motivo, menciona só de passagem a política econômica da "Era Bush" e, sobretudo, não a vincula à guerra no Iraque.

Pela primeira vez na história, uma guerra de grandes proporções foi conduzida por um governo que não conclamou os cidadãos a fazerem sacrifícios, mas, explicitamente, a "irem às compras". A mistura tóxica de juros baixos e cortes de impostos com um déficit orçamentário crescente formou o pano de fundo da ciranda especulativa num mercado intensamente regulamentado.

A implosão das altas finanças nos EUA, contagiando os mercados internacionais e anunciando a recessão global, não é obra exclusiva do governo Bush, mas tem as digitais de uma "mão visível" disposta a tudo para assegurar apoio interno à política externa cruzadista dos neoconservadores. A análise econômica reacionária dos filhos de Marx oculta tudo isso.

Neoliberalismo é um signo que adquiriu diferentes significados desde o seu uso inicial, no fim do século XIX. A partir das "revoluções" de Reagan e Margaret Thatcher, contudo, sua utilização se disseminou e seu significado deslizou rumo a um colapso. Depois da queda do Muro de Berlim, o neoliberalismo sofreu um processo de redução fetichista, convertendo-se em senha de identificação coletiva de uma confraria dos derrotados – algo como um lenço de lapela pelo qual um nostálgico do "socialismo real" reconhece seus iguais. Não há problema nisso, com a condição de que a nostalgia de uma minoria não destrua a capacidade pública de decifrar o sentido das coisas.

Marx podia estar fundamentalmente errado, mas nunca deixou de buscar as articulações entre economia e política. Seus órfãos, traindo-o, inventaram uma economia "neoliberal" desregulamentada e denunciam uma "contradição" fatal quando os governos "neoliberais" preparam-se para estatizar o núcleo do sistema financeiro. Eles não percebem que um padrão de regulamentação está sendo substituído por outro. Nem que a "mão visível" da política está presente nos dois.

16.10.2008

# A manchete errada

"Eleito o primeiro presidente negro na história dos EUA." Fora um evento dramático, Barack Obama vencerá as eleições da próxima terça-feira e os jornais – nos Estados Unidos, aqui, no mundo – estamparão variações desse tema nas suas manchetes de capa. A manchete óbvia é, contudo, a manchete errada. Obama não será um "presidente negro" e não seria nunca o "primeiro", título que pertence ao branco Bill Clinton, conferido a ele pela escritora negra Toni Morrison.

Semanas atrás, imaginando que o microfone estivesse desligado, o líder negro democrata Jesse Jackson confessou numa entrevista sua vontade de "capar" o candidato de seu partido. Jackson emergiu na cena política como discípulo de Martin Luther King, ao lado de quem estava no fatídico 4 de abril de 1968. Depois do assassinato do homem que tinha um sonho, o possível sucessor substituiu o discurso da igualdade pelo da diferença e converteu-se no polo de articulação das políticas de discriminação reversa no Partido Democrata. Seu desejo de extirpar a masculinidade de Obama deriva do que escreveu o senador de Illinois: "Eu não acredito em políticas baseadas na raça".

Não foi Jackson, nem o Partido Democrata, que deflagrou as modernas "políticas baseadas na raça" nos Estados Unidos, mas o presidente republicano Richard Nixon, por meio de uma série de ordens executivas emitidas entre 1969 e 1971. Aquelas diretivas usaram, pela primeira vez, a expressão "ação afirmativa" com o significado de discriminação reversa. Elas desdobraram o discurso do *black capitalism*, de outubro de 1968, no qual Nixon anunciou um programa de preferências raciais na contratação de empresas pelo governo federal. Dali em diante, as políticas raciais transformaram-se em algo como um consenso bipartidário e numa ferramenta de acesso ao eleitorado negro.

Clinton, o "primeiro presidente negro", sustentou as preferências raciais diante de veredictos da Corte Suprema e de um movimento crescente de opinião pública contrários à doutrina de que as pessoas devem ser avaliadas pela cor da sua pele. Obama representa uma ruptura com essa doutrina e uma retomada do fio perdido desde o assassinato de Martin Luther King. Ele só é negro se descontarmos a sua posição política – ou se acreditarmos no mito da raça até o ponto extremo de descartar a identidade que ele mesmo proclama.

Obama declara-se um mestiço. "Eu sou filho de um homem negro do Quênia e de uma mulher branca do Kansas. Fui criado com a ajuda de um avô branco que sobreviveu à Depressão para servir no Exército de Patton e de uma avó branca que trabalhou numa linha de montagem de bombardeiros no Forte Leavenworth. Sou casado com uma americana negra que carrega nela o sangue de escravos e proprietários de escravos – uma herança que transmitimos a nossas duas preciosas filhas. Tenho irmãos, irmãs, sobrinhos, tios e primos, de todas as raças e tons de pele, espalhados por três continentes." Identidade é opção, não destino biológico. Obama poderia ter escolhido uma identidade "afro-americana", selecionando os ancestrais relevantes para aquela opção. Mas decidiu selecionar todos os ancestrais e, fazendo-o, desafia o mito da raça, que recobre como uma cinta de aço a sociedade americana.

Não há correspondência rigorosa para a palavra "mestiço" na língua inglesa. Nos Estados Unidos, até o fim da Guerra Civil, censos estaduais identificavam "mulatos", mas as leis antimiscigenação, passadas quando as elites sulistas restauravam seu poder, cancelaram por completo o registro da mestiçagem. O modelo daquelas leis, formulado na Virgínia, determinava que seriam "negros" todos os que tivessem um único ancestral negro. A chamada regra da gota de sangue única dividiu os americanos em "raças puras" (um ideal, aliás, perseguido no Brasil do século XXI pelos nossos fanáticos da raça). Ao se identificar como mestiço, Obama explode um dogma enraizado na história dos EUA. A sua vitória na Virgínia, sugerida pelas pesquisas, valerá 1 milhão de palavras.

Obama apresentou-se não como um candidato negro, mas como um candidato pós-racial. A mesma regra da gota de sangue única que, durante noventa anos, funcionou como alicerce lógico da segregação racial foi adotada pelos promotores das políticas de discriminação reversa no final da década de 1960. Para distribuir cotas raciais nos contratos públicos, no mercado de trabalho e nas universidades, é eficiente colar um rótulo de raça em cada cidadão. Obama não falou de raça, mas de pobreza, mudança, coesão social e oportunidade. Impor a ele uma etiqueta racial configura uma tentativa de salvar a moribunda regra da gota de sangue única.

"Ele é diferente de nós" – a insinuação racista pairou como um espectro sobre Obama durante as primárias e a campanha presidencial. A entrada em cena de Sarah Palin marcou o início de uma nova linha de ataque: à ideia do "estrangeiro racial", somaram-se as do "estrangeiro religioso" (o "muçulmano" Barack Hussein Obama) e do "estrangeiro político" (um radical que circula entre terroristas). Quando Colin Powell, enojado pelo odor da intolerância, rompeu com seu partido para declarar apoio a Obama, Rush Limbaugh, o radialista da direita fanática, atribuiu o gesto à solidariedade de raça. Essa gente mataria, se ainda pudesse.

Jesse Jackson candidatou-se duas vezes às primárias democratas como representante dos "afro-americanos". Obama candidatou-se como um americano, simplesmente. Se as sondagens não estão equivocadas de um modo trágico, a aplastante maioria do eleitorado ignorará a cor da pele na hora de votar, sufragando o democrata ou o republicano em virtude de um julgamento exclusivamente político. Essa será a novidade verdadeira de um 4 de novembro que, por isso, ficará inscrito para sempre na história americana. A manchete errada esvaziará o sentido do evento, refletindo a sedução doentia do mito da raça, que os eleitores remeteram ao passado.

*30.10.2008*

# Cidade das metáforas

A guerra de cem anos entre judeus e árabes na Palestina existe em duas dimensões distintas: a histórica e a ideológica. A primeira, com suas verdades precárias e suas múltiplas sombras, desenrola-se como um drama de dois nacionalismos conflitantes, embebidos por signos religiosos e situados no terreno de disputas geopolíticas entre as potências mundiais. A segunda, iluminada por certezas intensas, implacáveis como o sol do deserto, tolda a compreensão da primeira.

Cada uma das explosões de violência da guerra sem fim amplifica o ruído produzido pelos ideólogos e estreita um pouco mais o espaço de análise histórica do conflito. A guerra real converte-se em pretexto para a mobilização das forças de outra guerra, travada na esfera das narrativas, que bombardeia a todos com os obuses do maniqueísmo. Jerusalém, a cidade, torna-se Jerusalém, a metáfora.

Na perspectiva dos ideólogos pró-Israel, Jerusalém é a metáfora de um posto avançado do Ocidente na terra dos bárbaros. Toda a narrativa da guerra reflete um confronto épico entre a ordem democrática e o terror. Segundo seu cânone, Israel é uma democracia – a única do Oriente Médio – e essa condição lhe confere uma legitimidade especial, que abrange inclusive o direito de ocupar os territórios palestinos e continuar a expandir assentamentos israelenses em meio a processos de paz.

Os árabes da Palestina, dos beduínos errantes figurados pela mitologia sionista, passaram a constituir uma nação de terroristas, o que se atesta pelo fato de seus dirigentes políticos serem, invariavelmente, apresentados como líderes de organizações terroristas. Ontem, Yasser Arafat foi designado como interlocutor inviável, por colaborar com o terror. Hoje, o Hamas é apontado como interlocutor ainda mais inaceitável, por funcionar como o ventre do qual emerge o terror. A democracia tem um direito ilimitado de reagir ao terrorismo, mesmo à custa das vidas de centenas de civis palestinos, e a crítica moral aos atos de Israel equivale a uma cooperação tácita com as forças ocultas do terror.

Como o cinema, a narrativa ideológica emerge do truque da montagem. Israel, efetivamente, é uma democracia – e nos jornais israelenses se encontra a mais dura crítica moral à guerra em Gaza. Mas é uma estranha democracia, tisnada pelo fundamentalismo judaico, pelo impulso expansionista do sionismo e pela prática sistemática da tortura em prisões comandadas pelo serviço secreto. O terror é, de fato, um expediente que exige condenação incondicional e quase todas as principais organizações palestinas praticaram atos de terror. Contudo, o expediente abominável foi utilizado, sempre com efeitos contraproducentes, pelos mais distintos movimentos nacionalistas, inclusive pelos judeus que se estabeleciam no mandato britânico da Palestina.

A decisão de David Ben-Gurion de afundar um navio carregado de armas que se destinavam a uma organização terrorista sionista representou a verdadeira inauguração do Estado de Israel, um mês depois da independência formal. No seu dia, o Estado Palestino terá de passar pelo mesmo teste de fogo, pois o monopólio da violência legítima é o atributo mais crucial da soberania. Mas os terroristas provavelmente se tornarão líderes políticos respeitados e, como aconteceu com o israelense Menachem Begin, algum deles talvez venha a ocupar a chefia de governo.

Sob a perspectiva dos ideólogos pró-palestinos, Jerusalém é a metáfora da resistência à opressão imperialista: o lugar do heroico martírio de um povo submetido ao tacão combinado dos judeus e dos Estados Unidos. Aqui, a narrativa da guerra funciona como uma represa onde se misturam as águas sujas do antissemitismo clássico e do antiamericanismo contemporâneo. No fim das contas, essa narrativa celebra a aliança entre os regimes árabe-muçulmanos autoritários e uma esquerda decomposta que nada aprendeu e nada esqueceu.

De acordo com ela, Israel não é o fruto de um movimento nacionalista e do holocausto promovido pelo nazismo, mas um enxerto artificial na terra árabe e, além disso, um peão dos Estados Unidos no Oriente Médio petrolífero. A despossessão dos palestinos não é o resultado das estratégias fracassadas conduzidas pelos regimes árabes, mas o fruto inevitável de uma conspiração judaico-americana. O Estado judeu mimetiza e perpetua o nazismo, engajando-se em massacres gratuitos de civis e, mais amplamente, no genocídio do povo palestino. Uma nota oficial do PT sobre a guerra em Gaza articula-se em torno dessas linhas – as mesmas que orientam os discursos oficiais do Irã e da Síria.

A narrativa ideológica emana de uma manipulação seletiva da história. Os sionistas originais eram socialistas que almejavam construir uma nação igualitária numa imaginada terra sem povo. Moscou foi o destino da visita oficial inaugural de Golda Meir, a primeira chanceler de Israel. A URSS deu apoio a Israel nos difíceis anos iniciais, quando os Estados Unidos mantinham uma posição de neutralidade. O nacionalismo palestino é um fenômeno ainda mais recente que o Estado de Israel – e só se consolidou como reação à ocupação israelense da Cisjordânia, Gaza e Jerusalém Leste. Sob o Fatah ou sob o Hamas, os palestinos não terão democracia nem liberdade, mas unicamente as opções de um regime autoritário, corrupto e violento ou de uma teocracia islâmica na qual a lei derivará de uma interpretação literal dos textos sagrados.

A guerra ideológica nutre incessantemente a guerra real travada na Palestina. A falência sucessiva dos projetos de paz não decorre de divergências práticas sobre o traçado das fronteiras, mas do impasse de fundo gerado pelas duas metáforas sobre Jerusalém. Cada uma delas representa uma condenação histórica da outra nação e condensa uma vontade quase explícita de aniquilação. A paz na Terra Santa depende, antes de tudo, da denúncia das metáforas exterministas inventadas pelos ideólogos.

*22.1.2009*

# Joana d'Arc e Petrobras

Ernest Lavisse escreveu o *Petit Lavisse,* a coleção clássica de manuais de história para o ensino básico francês do final do século XIX. Numa das edições de suas cartilhas patrióticas, ele evoca Joana d'Arc falando ao rei Carlos VII de São Luís e Carlos Magno: "Aquela moça do povo sabia que a França existia há muito tempo e que seu passado estava repleto de grandes lembranças". O lugar da mítica camponesa guerreira na articulação do nacionalismo francês é ocupado no Brasil pela Petrobras.

"Num momento de crise internacional, levantar uma CPI contra a Petrobras é ser pouco patriota." Lula deu o tom da reação oficial à CPI instalada no Senado com uma frase curta que contém três elementos cruciais: o perigo externo ("crise internacional"), o ataque à estatal criada por Getúlio Vargas ("contra a Petrobras") e a traição à pátria ("pouco patriota"). Sob a batuta do maestro, ministros tocaram a melodia ensaiada. Guido Mantega acusou a oposição de "atrapalhar a empresa e provocar volatilidade no mercado". Paulo Bernardo afirmou que o objetivo seria "desmoralizar a Petrobras" para privatizá-la no futuro. Carlos Lupi concluiu que a CPI é "contra o Brasil".

No Brasil de Lula, o governo estende-se muito além dos ministérios. A CUT e a UNE, como tantas outras entidades, tornaram-se tentáculos de um aparelho político oficial e recebem verbas do Estado e de empresas estatais, especialmente da própria Petrobras. Seguindo um comando do Planalto, as duas entidades, ao lado do sindicato dos petroleiros, promoveram um ato público contra a CPI. O manifesto sindical de convocação conclamava à defesa da "soberania nacional" e ao repúdio a "essa manobra antinacionalista dos tucanos".

O jogo político tem suas regras. CPIs são instrumentos das minorias. Governos não gostam de inquéritos parlamentares, mesmo se não temem investigações. O furor retórico em curso é um indício óbvio do temor suscitado pela hipótese do desvendamento da teia de relações que conecta a bilionária estatal à rede política do presidente e de sua base de sustentação. Mas, no caso, há algo mais que isso. Em todos os tempos e países, o crime de traição à pátria constitui a abominação extrema, punida com as penas mais severas: a prisão perpétua, o degredo, o fuzilamento. A acusação lançada contra a oposição implode as regras do jogo político normal da democracia. A sua fonte profunda não é uma estratégia voltada para as próximas eleições presidenciais, mas a degradação nacionalista do pensamento de esquerda.

Originalmente, tanto os liberais quanto os socialistas ignoraram o nacionalismo. Karl Marx interpretou o nacionalismo como uma falsa consciência, que ofuscava os interesses de classe do proletariado. Os nacionalistas cunharam um dístico clássico: "certo ou errado, é o meu país". Os marxistas o substituíram por outro, que exprimia o sentido de sua lealdade incondicional: "certo ou errado, é o meu partido". Na crise geral que se estendeu desde a eclosão da guerra de 1914 até o encerramento da Segunda Guerra Mundial, o nacionalismo converteu-se na marca política da extrema direita. Hoje, apropriadamente, o estandarte de Joana d'Arc abre as manifestações da Frente Nacional francesa, do fascista tardio Jean-Marie Le Pen.

O conceito de imperialismo conectou a esquerda ao nacionalismo. Lênin tomou-o emprestado de John A. Hobson e tentou adaptá-lo ao marxismo, preservando a noção de luta de classes. Não obteve sucesso. O conceito, teimosamente, refluiu para o seu significado original, de dominação de uma nação sobre outra, sedimentando-se como pretexto para as alianças entre a esquerda e frações da classe dirigente nacional contra o "inimigo estrangeiro". Na era da globalização, a deriva teórica atingiu o zênite e, sob o nome de imperialismo, uma esquerda sem rumo abraçou a rejeição ao cosmopolitismo que tipifica o pensamento de direita. Não é outra a razão pela qual o antiamericanismo de Hugo Chávez convive tão bem com o antissemitismo de Mahmoud Ahmadinejad.

Capitalismo de Estado é a alternativa imaginada por Hitler e Mussolini ao capitalismo liberal, que odiavam por associá-lo à dominação anglo-saxônica e à conspiração judaica mundial. O "socialismo do século XXI", pregado pelo sociólogo Heinz Dieterich, um dos gurus de Chávez, representa uma restauração explícita da ideia de capitalismo de Estado. No lugar do socialismo clássico, ou como longa transição até aquela meta, o Estado dirigiria uma economia capitalista nucleada por empresas estatais e grandes conglomerados nacionais privados. De acordo com essa lógica, a Petrobras não é apenas uma empresa estatal, que deve ser avaliada pela sua eficiência e está obrigada a prestar contas aos cidadãos e a seus acionistas, mas uma ferramenta privilegiada de um programa político. Eis o motivo pelo qual seus segredos precisam permanecer submersos.

No *Petit Lavisse*, como assinalou Pierre Nora, a verdade histórica confunde-se com um imperativo moral: a unidade. Esse é o imperativo do nacionalismo, que está sempre a um passo da rejeição da democracia, o regime da diversidade política e da discórdia organizada. No discurso dos nacionalistas, pende sobre a oposição a acusação permanente de representar a quinta-coluna: os elementos infiltrados que veiculam interesses estrangeiros. Lula não compartilha o credo nacionalista de seu partido, mas não se curva a limites éticos e conhece as vantagens práticas de empregar o ardil maniqueísta nas horas decisivas.

Em 2006, Geraldo Alckmin rendeu-se à chantagem quando, confrontado com a falsa acusação de pretender privatizar a Petrobras, apresentou-se para o segundo turno como um patético cabide de broches de empresas estatais. Se a oposição nada aprendeu daquele episódio humilhante, entrará em falência. Uma coisa é perder nas urnas. Outra, bem distinta, é renunciar à defesa dos princípios democráticos.

28.5.2009

# Barack contra a jihad

Há 45 anos, no Cairo, veio à luz o manifesto da jihad contemporânea. Escrito no cárcere, por Sayyid Qutb, líder da Irmandade Muçulmana, *Milestones* profetizava: "A liderança do homem ocidental no mundo humano está em declínio, não porque a civilização ocidental esteja em bancarrota material ou tenha perdido sua força econômica ou militar, mas porque a ordem ocidental já cumpriu sua parte, e não mais possui aquele acervo de valores que lhe deu sua predominância. Chegou a vez do Islã". Há uma semana, no mesmo Cairo, Barack Obama contestou Qutb, não por meio de uma contraposição entre o Ocidente e o Islã, mas pela evocação de valores universais, que são patrimônios humanos. O discurso presidencial enfureceu tanto os arautos jihadistas do terror global quanto os intelectuais neoconservadores que moldaram a política mundial de George W. Bush.

Qutb morreu na forca em 1966, injustamente condenado pelo regime nacionalista de Gamal Abdel Nasser, mas seu irmão Muhammad exilou-se na Arábia Saudita e, com outros líderes egípcios foragidos, difundiu a bandeira do jihadismo entre a elite saudita. Em 1979, 1.500 militantes jihadistas tomaram a Mesquita de Meca, deflagrando a guerra civil que prossegue até hoje no mundo do Islã. Obama falou para os muçulmanos, concitando-os a voltar as costas para os fanáticos e a resgatar o Islã das mãos dos apóstatas. A sua "guerra ao terror" é travada com palavras, mais que com mísseis.

"Enquanto a nossa relação for definida por nossas diferenças, entregaremos o poder àqueles que semeiam o ódio ao invés da paz e promovem o conflito no lugar da cooperação [...]. Esse ciclo de suspeita e discórdia precisa terminar." A Al-Qaeda emanou da dissidência jihadista do Islã, que assumiu os contornos de um exército de fiéis nos campos de batalha do Afeganistão durante a guerra contra a ocupação soviética. Os herdeiros de Qutb, reunidos na rede de Osama Bin Laden, almejam a restauração do califado islâmico e a imposição da Lei do Livro sobre todos os muçulmanos. Obama está dizendo que essa invocação do Islã literal não é apenas uma negação da modernidade, mas uma negação do próprio Islã.

O presidente americano falou na Universidade do Cairo, fundada pelo califado fatimíada no século X, associada à mesquita Al-Azhar e consagrada à propagação da cultura islâmica. Obama exaltou a civilização islâmica, "que carregou a tocha do conhecimento, pavimentando o caminho para a Renascença europeia e as Luzes", pela sua capacidade de inovação nos campos da álgebra, dos instrumentos de navegação, da tipografia, da medicina, da arquitetura. Ele reconheceu os "conflitos e guerras religiosas" entre o Ocidente e o Islã, mas rejeitou a imagem de dois monolitos contraditórios, acocorados nos casulos de dogmas inconciliáveis. O Islã está no Ocidente e o Ocidente está no Islã – eis a mensagem do discurso programático que explode como uma bomba nas fortalezas ideológicas encravadas nos dois lados de uma fronteira ilusória.

"Os Estados Unidos e o Islã não são excludentes e não precisam ser rivais. Em vez disso, eles se intersectam e partilham princípios comuns – princípios de justiça e progresso, tolerância e dignidade de todos os seres humanos." Obama falou para os muçulmanos, mas também para os ocidentais, mirando especialmente os orientalistas que formularam a doutrina da guerra de civilizações. Bernard Lewis, o príncipe dos orientalistas, definiu cedo um ponto de vista inegociável: investigando os arquivos otomanos, convenceu-se de que a cultura muçulmana contém um pecado original, expresso como resistência irremovível à mudança. Depois, fiel à chave interpretativa, cunhou a expressão "choque de civilizações" e sustentou que Islã e Ocidente colidem desde o século VII, quando se ergueu o primeiro califado. Na sua perspectiva, Islã e Ocidente definem-se por culturas inapelavelmente separadas – e a salvação do primeiro depende da eventual negação de sua "essência", pela adoção dos valores do segundo. Recusando as categorias fixas de Lewis, Obama liberta os Estados Unidos da armadilha cruzadista que desnorteou sua política mundial depois do 11 de setembro de 2001.

Terror é um termo abrangente, que funcionou como sucedâneo para fundamentalismo islâmico na "guerra ao terror" de Bush. A história da grande perturbação dos espíritos aberta no Islã pelo manifesto de Qutb é mais complexa e matizada. A Irmandade Muçulmana cindiu-se em 1987. A minoria juntou-se a Osama Bin Laden, originando a rede da jihad global. A maioria renunciou à violência, escolheu o caminho da luta política contra a ditadura pró-ocidental egípcia e enfrenta até hoje uma repressão implacável. Da costela da Irmandade surgiu o Hamas palestino, um partido fundamentalista de massas que se engajou no terror contra Israel. Contudo, por mais ignóbeis que sejam seus atentados, o Hamas rejeitou associar-se à Al-Qaeda e à doutrina da restauração do califado. Sob o influxo de Lewis, Bush reuniu sob um rótulo único as distintas expressões do fundamentalismo islâmico. Obama decidiu separá-las.

No Cairo, o presidente reiterou que o elo entre os Estados Unidos e Israel é "inquebrável", condenou o antissemitismo e crismou como "odiosa" a negação do Holocausto. Mas reconheceu a dor dos palestinos, as "humilhações cotidianas" infligidas pela ocupação e a "aspiração legítima" a um Estado soberano. Num mesmo trecho, exigiu o congelamento dos assentamentos israelenses e a renúncia dos palestinos à violência, pois "lançar foguetes sobre crianças que dormem não é sinal de coragem nem de poder". Desafiando um tabu, dirigiu-se ao Hamas como um componente da nação palestina, para conclamá-lo a reconhecer o direito de Israel existir. Trata-se de um programa intolerável para o jihadismo muçulmano, os neoconservadores americanos e o atual governo israelense. Não é um discurso protocolar, mas um novo começo para a política mundial dos EUA.

11.6.2009

# Leviatã

Jornalismo se faz no calor da hora; história, só depois que os eventos adormeceram no leito do passado. No ano louco de 1989, Timothy Garton Ash conseguiu a façanha de juntar os dois, no livro *Nós, o povo* (Companhia das Letras, 1990). Escrevendo pouco antes da queda do Muro de Berlim, ele traduziu o sentido mais amplo das revoluções que destruíram o "socialismo real": "Karl Marx jogou com a ambiguidade da expressão alemã *burgeliche Gesellschaft*, que tanto podia ser traduzida como sociedade civil quanto como sociedade burguesa. Marx [...] nivelou deliberadamente as duas 'cidades' da modernidade, os frutos das Revoluções Industrial e Francesa, o burguês e o cidadão. [...] O que a maior parte dos movimentos de oposição por toda a Europa Central e grande parte do povo que os apoia está realmente dizendo é: 'Sim, Marx tem razão, as duas coisas estão intimamente ligadas – e nós queremos as duas! Direitos civis e direitos de propriedade, liberdade econômica e liberdade política, independência financeira e independência intelectual, cada um desses termos apoia o outro. De maneira que, sim, queremos ser cidadãos, mas também queremos ser de classe média, no mesmo sentido que a maioria dos cidadãos da metade mais afortunada da Europa é de classe média'".

A vaga de triunfalismo que se seguiu à queda do Muro exprimiu-se no discurso da "Nova Ordem Mundial", de George H. Bush, e no quase simultâneo, logo célebre, artigo de Francis Fukuyama. A tese do "fim da história" anunciava o "ponto-final da evolução ideológica da humanidade" e a "universalização da democracia liberal ocidental". Fukuyama cometia um erro de diagnóstico. Hoje sabemos que também cometeu um erro de prognóstico.

O primeiro erro: o triunfo não foi do "capitalismo liberal", mas de um sistema mais complexo, que denominarei "capitalismo de mercado". No modelo liberal clássico, o Estado cumpre apenas as funções de sentinela da soberania externa, da ordem interna e da santidade da moeda. O capitalismo de mercado é algo bem diverso, que se desenvolveu sob os signos da democracia de massas e do *Welfare State*. Nos anos 1920, os gastos públicos sociais nos EUA não atingiam 5% do PIB. Hoje, tais gastos superam a marca de 20% do PIB – e isso no país que é o ícone do "liberalismo". Como colar o rótulo do liberalismo sobre um sistema no qual os liberais não se reconhecem?

A modernidade é o fruto combinado dos princípios complementares, mas contraditórios, da liberdade e da igualdade. O capitalismo de mercado foi gestado pela concorrência entre o "partido dos liberais" e o "partido dos social-democratas", que se alternam no poder nas democracias de massas. Sob o impacto do movimento operário, os direitos políticos se universalizaram e inventaram-se os direitos sociais. Tudo isso aconteceu do lado de cá da Cortina de Ferro, pois do outro lado da fronteira geopolítica o sistema soviético proibiu os partidos políticos e estatizou as organizações sindicais.

A fusão do modelo liberal com o programa social-democrata produziu um sistema original, expresso diferenciadamente nos países da Europa Ocidental e da América do Norte. No *Manifesto comunista*, Karl Marx concitou à revolução os trabalhadores que "nada têm a perder, exceto os seus grilhões". O capitalismo de mercado outorgou cidadania política e econômica aos trabalhadores, frustrando a conclamação revolucionária. Ele triunfou em 1989 porque não mais era "liberal" – e os trabalhadores tinham um mundo a perder.

O segundo erro: a história não terminou, pois o espectro do Leviatã ergue-se mais uma vez, sob a forma do capitalismo de Estado, e desafia a hegemonia do capitalismo de mercado. A China do poder burocrático de partido único é a expressão mais insinuante do capitalismo de Estado, mas o modelo aparece nas distintas roupagens da Rússia autoritária pós-comunista, da autocracia teocrática do Irã e do regime caudilhista da Venezuela de Chávez. Em torno desse projeto regressivo, rearticula-se uma esquerda nostálgica do "socialismo real", mas despojada da bandeira da revolução.

No capitalismo de mercado, uma nítida linha divisória separa as esferas da economia e da política. O capitalismo de Estado reúne as duas esferas, subordinando a elite econômica à elite política e fazendo uma classe privilegiada de grandes empresários orbitar em torno de um Estado que tudo pode. Nada há de verdadeiramente novo nisso: o Japão Meiji, a Itália fascista, a Alemanha nazista e a África do Sul do apartheid estão entre os precursores dos sistemas atuais de capitalismo estatal.

Nacionalismo e autoritarismo são feições inerentes ao capitalismo de Estado. A elite política extrai sua legitimidade de um pacto imaginário com o destino grandioso da nação. A promessa de potência serve-lhe de ferramenta para calar ou eliminar a oposição, que é figurada como representação do interesse estrangeiro. A vida política impregna-se de um ácido corrosivo, que consiste na identificação da voz dissonante com a quinta-coluna. Como a liberdade não pode ser fracionada, o capitalismo de Estado opera pela restrição tanto dos direitos econômicos quanto dos direitos políticos.

Há pouco, nessa página, Fernando Henrique Cardoso ofereceu um esboço do bloco de poder organizado em torno do lulismo. No seu desenho, destaca-se o tripé constituído por um Estado esvaziado de sentido público, empresas estatais capturadas por uma máquina partidária e empresas semiprivadas geridas por alianças entre grandes empresários e fundos de pensão sob controle de sindicalistas. Eis aí o estágio embrionário de um capitalismo de Estado brasileiro.

Nas eleições de 2006, Geraldo Alckmin foi desafiado a defender o capitalismo de mercado. Ele se fez de desentendido e, no lugar do confronto de ideias, ofereceu uma rendição sem combate ao discurso do capitalismo de Estado. Lula e sua candidata reeditarão o desafio em 2010.

12.11.2009

# Uma estátua equestre para Lula

Tirando a espuma, o filme *Lula, o filho do Brasil* não passa de mais uma versão da fábula do indivíduo virtuoso que, arrostando a adversidade extrema, luta, persevera e triunfa montado apenas nos seus próprios esforços. Como cada um encontra aquilo que procura, o fiel extrai dessa fábula uma lição singela sobre a intervenção misteriosa da Providência, enquanto o doutrinário liberal nela encontra o argumento clássico em defesa do princípio do mérito individual. Nenhuma das interpretações amolda-se ao pensamento de esquerda, que se articula ao redor das noções de circunstância histórica e sujeito social. *Lula, o filho do Brasil* é uma narrativa avessa ao programa do PT.

A espuma é vital. O livro homônimo de Denise Paraná, inspiração original do filme, apresenta Lula como personificação de um ator coletivo que é a classe trabalhadora. A obra mais cara da história do cinema brasileiro rejeita a metáfora esquerdista, substituindo-a por outra, nacionalista. Lula é o Brasil do futuro, que emerge purificado do pântano do sofrimento – eis a mensagem de *Lula, o filho do Brasil*. Já se escreveu abundantemente sobre as óbvias finalidades eleitorais da hagiografia produzida pela família Barreto. Mas passou-se ao largo do seu sentido político profundo: o filme condena o PT à vassalagem.

No Palácio de Versalhes, uma imagem que simboliza a França abençoa o leito real de Luís XIV. As monarquias absolutas foram modernas no seu tempo, pois produziram um imaginário nacional. O maior dos soberanos da dinastia Bourbon completou a tarefa de subordinação da nobreza ao poder central, suprimindo os privilégios políticos dos senhores e convertendo-os em cortesãos. Quando se curvavam diante do rei, os nobres domesticados estavam reverenciando a França. *Lula, o filho do Brasil* funciona como instrumento de domesticação do PT, impondo a seus dirigentes e militantes a obrigação de se curvar diante de Lula. Não há, porém, nada de moderno nisso.

A república é a nação sem a figura do soberano, cujo lugar passa a ser ocupado pelo povo. As tiranias republicanas, nas suas modalidades fascistas, comunistas ou caudilhistas, desviam-se patologicamente desse modelo despersonificado da nação. Elas têm um pendor irresistível a erguer estátuas de líderes vivos, que cumprem o papel de lugares de culto. *Lula, o filho do Brasil* é a coisa mais parecida com uma estátua equestre de Lula que se pode produzir no Brasil do século XXI. Mas, como as instituições políticas da democracia estão de pé, o culto ao líder vivo não se espraia além de um círculo restrito formado essencialmente pelo partido que dele depende.

O PT original viu-se a si mesmo como um projeto coletivo de transformação do Brasil. Lula seria apenas uma face, relevante mas circunstancial, da caminhada redentora do povo trabalhador. O livro de Denise Paraná inscreve-se nessa visão e, não por acaso, termina com a prisão de Lula em 1980: depois dela, começaria uma outra história, que é a do PT. Na ala esquerda petista, enxergou-se Lula como um inconveniente inevitável, mas passageiro, na senda da revolução socialista. No outro extremo do partido, num passado não tão distante, dirigentes como José Genoino e Antonio Palocci procuraram alternativas mais "presidenciais" à figura rombuda do sindicalista do ABC. Todos eles fracassaram, nos planos prático e simbólico. *Lula, o filho do Brasil* salta diretamente da prisão de Lula para a festa da posse na presidência, colocando entre parênteses a história inteira do PT. O filme chegará ao público junto com a homologação da candidatura de Dilma Rousseff, ungida por Lula na base do *dedazo*, nome que os mexicanos deram à indicação presidencial dos sucessores nos tempos da hegemonia do PRI.

Na vida real, o "filho do Brasil" nutriu desprezo completo pelos partidos e correntes de esquerda, algo bem documentado em depoimentos e entrevistas. Indignado com a mistificação cinematográfica dos Barreto, César Benjamin relatou, em artigo publicado pela *Folha de S.Paulo*, que Lula gabou-se durante a campanha presidencial de 1994 de ter tentado currar um "menino do MEP", preso político com quem dividiu uma cela no Deops (Departamento Estadual de Ordem Política e Social). O filme é uma curra consumada: a violação da narrativa canônica do PT e sua substituição por uma história de cartolina na qual a redenção se identifica à trajetória do líder providencial.

*Lula, o filho do Brasil* tem todos os traços de cinema oficial. A obra foi financiada por empresas com vultosos contratos públicos e sua versão final acolheu sugestões provenientes da *entourage* presidencial. Segundo os que o viram, é um mau filme, mesmo se analisado nos seus próprios termos. Ele não provoca uma empatia firme nem desata turbilhões emocionais. Dificilmente terá impacto eleitoral significativo. Mas, antes ainda da estreia formal, cumpre a função mais sutil de domesticação simbólica dos petistas.

Na corte de Luís XIV, um sistema sofisticado de regras de precedência e de etiqueta regulava as relações entre o soberano e os nobres cortesãos. No seu conjunto, aquelas regras tinham a finalidade de atestar continuamente a fidelidade à figura real, que personificava a França. A primeira pré-estreia de *Lula, o filho do Brasil*, destinada a ministros, diretores de fundos de pensão e altos dirigentes petistas, obedeceu a um improvisado sistema similar. Programam-se sessões especiais para intelectuais, artistas, sindicalistas e militantes, já convocados a "prestigiar" o filme. Todos, cada um a seu momento, devem fazer a genuflexão diante da nova ordem da história.

Golbery do Couto e Silva, o "mago" da ditadura militar e da abertura política, profetizou certa vez que Lula cumpriria a missão histórica de destruir a esquerda no Brasil. Se vivo, ele daria um jeito de assistir escondido ao espetáculo proporcionado pelo público de uma dessas pré-estreias voltadas para a corte petista.

10.12.2009

# O terceiro Chávez

Karl Marx criou a Primeira Internacional, Friedrich Engels participou da fundação da Segunda, Lênin estabeleceu a Terceira, Leon Trótski fundou a Quarta e Hugo Chávez acaba de erguer o estandarte da Quinta. "Eu assumo a responsabilidade perante o mundo; penso que é tempo de reunir a Quinta Internacional e ouso fazer o chamado", declarou num discurso de cinco horas, na sessão inaugural do congresso extraordinário do Partido Socialista Unido da Venezuela (PSUV), sob aplausos de 772 delegados em camisetas vermelhas.

O congresso aconteceu em novembro. Depois, Chávez impôs o racionamento energético no país, desvalorizou a moeda e implantou um câmbio duplo, estatizou uma rede de supermercados, suspendeu emissoras de TV a cabo e desencadeou sangrenta repressão contra os protestos estudantis. A Internacional chavista nascerá numa conferência mundial em Caracas, em abril, e as eleições parlamentares venezuelanas estão marcadas para setembro. Mas o futuro do homem que pretende suceder Marx, Lênin e Trótski será moldado por um evento totalmente estranho à sua influência: a eleição presidencial brasileira de novembro.

Chávez vive a sua terceira encarnação, que é também a última. O primeiro Chávez emergiu depois do golpe frustrado de 1992, nas roupagens do caudilho nacionalista e antiamericano hipnotizado pela imagem de um Simón Bolívar imaginário. Sob a influência do sociólogo argentino Norberto Ceresole, aquele chavismo original flertava com o antissemitismo e sonhava com a implantação de um Estado autoritário, de corte fascista, que reunificaria Venezuela, Colômbia e Equador numa Grã-Colômbia restaurada.

Um segundo Chávez delineou-se na primavera do primeiro mandato, em 1999, a partir da ruptura com Ceresole e da aproximação do caudilho com o alemão Heinz Dieterich, o professor de sociologia no México que deixou a obscuridade ao formular o conceito do "socialismo do século XXI". O chavismo reinventado adquiriu colorações esquerdistas, firmou uma aliança com Cuba e engajou-se no projeto de edificação de um capitalismo de Estado que figuraria como longa transição rumo a um socialismo não maculado pela herança soviética.

Brandindo um exemplar de *O Estado e a revolução*, de Lênin, o Chávez do congresso extraordinário do PSUV anunciou sua conversão ao programa de destruição do "Estado burguês" e construção de um "Estado revolucionário". Esse terceiro Chávez insinuou-se em 2004, quando o caudilho conheceu o trotskista britânico Alan Woods, e configurou-se plenamente no momento da derrota no referendo de dezembro de 2007, pouco depois da ruptura com Dieterich. O PSUV é fruto do chavismo de terceira água, assim como a proclamação da Quinta Internacional.

O termo "palimpsesto" origina-se das palavras gregas *palin* (de novo) e *psao* (raspar ou borrar). Palimpsesto é o manuscrito reescrito várias vezes, pela superposição de camadas sucessivas de texto, no qual as camadas antigas não desaparecem por completo e mantêm relações complexas com a escritura mais recente. Para horror do sofisticado Woods, o chavismo é uma doutrina de palimpsesto que mescla de maneiras bizarras a Pátria Grande bolivariana, a aliança estratégica com o Irã, os impulsos bárbaros do caudilhismo e o difícil aprendizado da linguagem do marxismo. Contudo, o texto mais novo tem precedência sobre os antigos e indica o rumo da "revolução bolivariana". Chávez reage à crise provocada por seu próprio regime apertando os parafusos da ditadura e lançando-se desenfreadamente às expropriações.

O chavismo é um regime revolucionário, não um governo populista tradicional nem um mero fenômeno caudilhesco. O PSUV tem, no papel, 7 milhões de filiados, dos quais 2,5 milhões apresentaram-se para eleger os delegados ao congresso extraordinário. O declínio de Chávez, agravado pela crise econômica em curso, sustenta a profecia de sua derrota eleitoral em setembro, mas regimes revolucionários não são apeados do poder pelo voto. "Não admitirei que minha liderança seja contestada, porque eu sou o povo, caramba!", rugiu semanas atrás o caudilho de Caracas. Esse homem não permitirá que o povo o desminta nas urnas. O ocaso inexorável do chavismo será amargo, dramático, talvez cruento. Mas sua duração dependerá, essencialmente, do sentido da política externa do novo governo brasileiro.

Várias vezes, o Brasil estendeu uma rede sob Chávez. Lula e Celso Amorim protegeram o venezuelano na hora do fechamento da RCTV, no referendo constitucional frustrado, na crise dos reféns colombianos, na polêmica sobre as bases americanas e na aventura fracassada do retorno de Manuel Zelaya a Honduras. Em nome dos interesses do chavismo, o presidente brasileiro desperdiçou a oferta de cooperação estratégica com Barack Obama.

No ciclo de estabilização da "revolução bolivariana", o Brasil isolou regionalmente a oposição venezuelana, ajudando a consolidar o regime de Chávez. Agora, iniciou-se o ciclo de desmontagem das bases políticas e sociais do chavismo. No novo cenário, o Brasil tornou-se imprescindível: só a potência sul-americana possui os meios e a influência para carregar por mais alguns quilômetros o esquife do iracundo caudilho.

A maioria governista no Senado aprovou o ingresso da Venezuela no Mercosul, sob o cínico argumento de que a democracia no país vizinho ficará mais preservada pela virtual supressão da cláusula democrática do Mercosul. Na OEA, a diplomacia brasileira manobra para evitar uma nítida condenação da ofensiva chavista contra os estudantes e a liberdade de imprensa. Em Caracas, uma missão técnica enviada pelo governo brasileiro articula um plano de resgate do sistema elétrico venezuelano em colapso. A declaração de apoio de Chávez à reeleição de Lula foi recebida com desprezo pelos chavistas revolucionários. Hoje, até Woods deve estar rezando em segredo pelo triunfo de Dilma Rousseff.

4.2.2010

# Tréplica a Alan Woods

O trotskista britânico Alan Woods publicou, no site In Defence of Marxism, uma réplica à minha coluna "O terceiro Chávez". O texto a seguir é uma carta que enviei a ele, para publicação no mesmo site. Contudo, isso nunca ocorreu.

Caro Alan Woods,
A sua resposta à coluna "O terceiro Chávez", que escrevi para os jornais O *Estado de S. Paulo* e O *Globo* no início de fevereiro, foi publicada no site In Defence of Marxism, da Tendência Marxista Internacional, sob um cabeçalho equivocado. Não me refiro à pesada adjetivação dirigida contra mim ("um direitista que odeia Chávez"). Cada um usa adjetivos como quer, nos limites da lei, e expõe-se ao escrutínio do público não militante pela linguagem que escolhe utilizar. Refiro-me a um fato: não sou e nunca fui conselheiro ou assessor (*adviser*) de antigos presidentes. Trótski polemizava com ardor e dureza, mas não mentia. Seus epígonos mentem.

Sou sociólogo, analista de política internacional e colunista independente. Não sou filiado a nenhum partido e nunca participei como voluntário de atividades partidárias (isto é, desde que deixei o PT, há mais de duas décadas...). Meus leitores sabem quantas vezes critiquei posições editoriais dos jornais nos quais escrevo. Mas a noção de que algo como um colunista independente possa existir não cabe na sua visão de mundo. Eis o motivo pelo qual o cabeçalho tenta me apresentar como um intelectual "da burguesia" – seja lá o que isso signifique.

O cabeçalho é importante. Na verdade, para o público de fiéis a que se destina, ele é tudo o que importa, dispensando a leitura da coluna e da resposta. Naquelas palavras iniciais, definem-se os antagonistas: um "representante do proletariado" replica a um "representante da burguesia". De fato, nem o "proletariado" nem a "burguesia" escolheram tais "representantes", que são frutos da sua imaginação ideológica. Aí está o ponto que me move a escrever essa tréplica: num país sob o seu governo, eu não teria a liberdade de escrever.

O conteúdo de sua resposta é curioso. Você não impugna nenhuma de minhas afirmações factuais, apenas entrega-se a uma defesa do chavismo. Uma das linhas dessa defesa é alegar que Chávez apega-se à democracia. Logo no início, por exemplo, você escreve: "Uma das primeiras ações tomadas por Chávez foi aprovar a Constituição mais democrática do mundo". O qualificativo de "Constituição mais democrática do mundo" foi usado originalmente para a Constituição soviética de 1936, adotada no auge do stalinismo e às vésperas dos maiores Processos de Moscou. Aquela Constituição, de fato, garantia no papel as mais amplas liberdades de expressão, reunião e organização...

Não faço essa lembrança com a intenção de provocá-lo, mas apenas porque sinto que talvez – apenas talvez! – o seu texto seja vítima de uma duplicidade fatal. Aparentemente, você defende a Constituição venezuelana de 1999 e os processos eleitorais conduzidos sob os governos de Chávez, que também menciona como provas do apego da "revolução bolivariana" à democracia. Mas será que isso é verdade? Você declararia que sustenta o princípio da mais ampla liberdade partidária, sem exclusão de nenhum partido venezuelano comprometido com a busca eleitoral do poder? Declararia que sustenta o princípio de que o povo venezuelano tem sempre o direito de escolher seus governantes em eleições pluripartidárias livres, baseadas no voto secreto? Eu duvido, mas aplaudirei uma declaração dessa natureza, que comprovaria meu engano.

Explico a minha dúvida. Rosa Luxemburgo criticou o fechamento da Assembleia Constituinte na Rússia, em 1918, decidido por Lênin e Trótski. Na sua crítica, ela escreveu que "a liberdade é, única e exclusivamente, a liberdade daquele que diverge de mim". Sempre concordei com essa definição – e com suas consequências. Lênin e Trótski não concordaram, explicando que, na ditadura do proletariado, a liberdade devia ser um privilégio dos "partidos operários". Você está de acordo com qual dos dois lados daquela polêmica?

Fui trotskista na juventude e militei numa organização que está na origem da atual Esquerda Marxista do PT, uma corrente filiada à Tendência Marxista Internacional. Na época, eu já achava que Rosa Luxemburgo tinha razão. Um dos motivos importantes que me conduziram à organização trotskista foi o fato de que ela promovia campanhas internacionais pela libertação de dissidentes na URSS e em outros países do bloco soviético. Registro, com pesar genuíno, que a Tendência Marxista Internacional rompeu com aquela tradição.

Faço essa afirmação depois de ler artigos de vocês sobre Cuba. Eles reproduzem, quase como um eco, a linha política professada por Fidel Castro, o principal aliado de Chávez. A Cuba dos Castros, como a antiga URSS, suprime toda a oposição ao partido único. Não existe, ali, liberdade de expressão, reunião ou organização. Não há democracia – nem "burguesa", nem "operária". Li que vocês sugerem, como aliados e interlocutores de Fidel Castro, a introdução de uma democracia "operária". Eu pergunto: você pediria a liberdade partidária em Cuba, nos moldes da existente na Venezuela? Ou a democracia "operária" implica apenas a "liberdade como privilégio", na expressão crítica usada por Rosa Luxemburgo, isto é, a liberdade para os partidos que você (ou Fidel Castro) definir como "operários"?

Esqueça a pergunta anterior. Não solicito tanto assim. Você pediria, como faziam os trotskistas brasileiros há trinta anos, a liberdade para os presos políticos cubanos? Eu lutei contra as prisões políticas na ditadura brasileira e, hoje, faço parte da meia dúzia de vozes que, no Brasil, defendem a revogação da Lei de Anistia. Estou pronto a assinar duas declarações junto com você: uma pedindo a libertação dos presos políticos cubanos; outra, a abertura de processos judiciais contra os responsáveis pelas violações de direitos humanos cometidas no Brasil dos anos 1970.

Fazemos isso juntos?

Fico aguardando a sua resposta.

Saudações.

Demétrio Magnoli
*São Paulo, 6 de abril de 2010*

# Fotografias de Havana

David Nicholl, um neurologista britânico, coordenou em 2006 a campanha internacional da comunidade médica contra a alimentação forçada de prisioneiros na base americana de Guantánamo. Ele explicou que, nos Estados Unidos e na Grã-Bretanha, as regras de ética médica proíbem tal prática. Em Cuba, a ética médica, como tudo o mais, oscila ao sabor da vontade do Partido-Estado e ninguém inseriu tubos alimentares em Orlando Zapata, o preso político que morreu após 85 dias de greve de fome. Um artigo do *Granma*, o jornal oficial castrista, responsabilizou os EUA e os dissidentes cubanos pelo desfecho. Lula, em visita a Cuba, lamentou que "uma pessoa se deixe morrer por uma greve de fome", algo equivalente a culpar a própria vítima. Marco Aurélio Garcia preferiu banalizar o mal, explicando com sua peculiar cupidez que "há problemas de direitos humanos no mundo inteiro". Essa gente não tem vergonha na cara?

A linguagem da ditadura militar no Brasil era idêntica à do regime cubano e de seus bonecos de ventríloquo brasileiros. Vladimir Herzog morreu em virtude de seus atos subversivos e, no fundo, por responsabilidade do "comunismo internacional". Herzog era qualificado como um "terrorista", mesmo sem nunca ter cometido um ato de violência, tanto quanto Zapata era qualificado como um "mercenário". Lula *et caterva* estão ecoando as vozes dos tiranos "de direita", quando reverberam as sentenças dos seus amigos tiranos "de esquerda". As coisas que disseram em Havana constituem uma desgraça nacional. Eles falam sobre nós: nossa história e nosso passado recente.

O inefável Marco Aurélio Garcia mencionou Guantánamo, como Dilma Rousseff mencionara Abu Ghraib para "normalizar" a selvagem repressão em curso no Irã. Anos atrás, nos tempos de George Bush, o governo Lula esquivava-se de tocar nesses temas melindrosos. O silêncio, agora se sabe, não derivava da covardia, mas de uma forma obscena de esperteza: eles guardavam Guantánamo e Abu Ghraib num cofre, como uma apólice de seguro para o futuro. Os parasitas da tortura de Bush usam hoje aquela apólice para desculpar as violações de direitos humanos de seus aliados ideológicos ou circunstanciais. Essa gente não tem nenhum princípio?

Meses atrás, o ex-senador Abdias do Nascimento, dirigente histórico do movimento negro no Brasil, enviou uma carta de protesto contra o encarceramento do médico cubano e ativista de direitos humanos Darsi Ferrer, que iniciara greve de fome pelo reconhecimento de sua condição de preso político. A carta tinha como destinatários Raúl Castro, Lula e o próprio Ferrer, a quem Abdias suplicava que desistisse da greve de fome. Cuba continuou a recusar o estatuto de preso político ao ativista e não se conhece nenhuma manifestação de Lula a respeito. Ferrer, contudo, atendeu à súplica de Abdias. Agora, no caso de Zapata, Lula criticou a opção do prisioneiro pela greve de fome, mas esqueceu-se de mencionar a reivindicação que o movia, igual à de Ferrer. Nosso presidente não atina para o que acontece em Cuba?

Fidel Castro alcançou notoriedade no 26 de julho de 1953, quando comandou um ataque frustrado ao quartel Moncada, em Santiago de Cuba, numa tentativa insurrecional contra a ditadura de Fulgêncio Batista. O jovem Castro foi sentenciado a quinze anos de prisão e enviado ao cárcere da Isla de Pinos, reservada a presos políticos, onde permaneceu menos de dois anos, até ser beneficiado por uma anistia geral. Na Cuba dos Castro, Ferrer, Zapata e duas centenas de outros presos políticos que jamais participaram de levantes armados são declarados criminosos comuns. Zapata morreu para não ser obrigado a usar um uniforme de criminoso. Ele foi assassinado por uma ditadura pior que a de Batista, avessa aos princípios elementares de respeito à dignidade humana. Lula não é capaz nem ao menos de pedir que os irmãos Castro, seus amigos do peito, concedam aos dissidentes encarcerados o direito ao rótulo de presos políticos?

Laura Pollán entregou a Fidel Castro, dois anos atrás, o livro *Enterrados vivos*, escrito por seu marido, Héctor Maseda, um dos 75 dissidentes sentenciados na "Primavera Negra" de 2003. O gesto custou-lhe o emprego, mas assinalou a criação da organização Damas de Branco, formada por parentes de presos políticos. Enquanto Lula divertia os irmãos Castro, fotografando-os e rindo como uma hiena, Laura carregava uma alça do caixão de Zapata e abraçava em silêncio a mãe do dissidente morto. Dias antes, ela ajudara a encaminhar uma mensagem de presos políticos cubanos solicitando uma palavra do presidente brasileiro em favor da vida do prisioneiro que jogava sua cartada final. O pedido ficou sem resposta, mas não faltou uma ofensa equilibrada sobre os pilares simétricos da covardia e do cinismo: "As pessoas precisam parar com o hábito de fazer carta, guardar para si e depois dizer que mandaram".

A ditadura castrista não matou Zapata quando decidiu não alimentá-lo à força, mas bem antes, ao recusar-lhe o estatuto de preso político, um santuário simbólico da dignidade dos que sacrificam a liberdade pessoal em nome de poderosas convicções. Os assassinos estão cercados de cúmplices, que são os líderes políticos e os intelectuais "amigos de Cuba". No passado ainda recente da Guerra Fria, nenhuma voz poderia demover o regime de Havana da decisão de fuzilar ou enterrar vivos aqueles que ousavam denunciar o totalitarismo. Hoje, a claque anacrônica aferrada ao poder absoluto num sistema social em decomposição só pode matar na redoma fabricada pela cumplicidade dos "companheiros de viagem".

Zapata morreu porque Lula não disse nada. Ele morreu porque os intelectuais disponíveis para firmarem um abaixo-assinado contra o editorial equivocado de um jornal brasileiro não estão disponíveis para contrariar a "linha justa" do Partido. Com que direito todos eles ainda usam o nome dos direitos humanos?

4.3.2010

# Lula celebra Geisel em Belo Monte

Belo Monte lembra Itaipu, de muitas formas. O estudo de viabilidade da usina, então batizada Kararaô, começou em 1980, durante a construção de Itaipu. O nome do general-presidente Ernesto Geisel está ligado às duas obras. Itaipu nasceu do consórcio binacional firmado um ano antes de sua posse, mas tornou-se um ícone do modelo de desenvolvimento que ele personificou. O conceito original de Kararaô foi elaborado durante seu quinquênio, como parte de um grandioso plano de exploração do potencial hidrelétrico da Amazônia. De Kararaô a Belo Monte, mudou a abordagem dos impactos sociais e ambientais do projeto. Por outro lado, a engenharia financeira da hidrelétrica, tal como exposta no seu leilão, evidencia a restauração da visão geiseliana sobre o Brasil.

Lula definiu Geisel como "o presidente que comandou o último grande período desenvolvimentista do país". A crítica ao desenvolvimentismo geiseliano não partiu dos liberais, então um tanto calados, mas da esquerda. As grandes obras de infraestrutura de sua época foram financiadas às custas do endividamento estrutural do Estado e pagas ao longo de mais de uma década de inflação. No preço oculto das variadas Itaipus, esses objetos do encantamento de Lula, deve-se contar a crise política crônica que destruiu o regime militar e envenenou os governos Sarney e Collor, tanto quanto a impotência do Estado para investir em serviços públicos de saúde e educação. Tais lições, aprendidas na transição política que viu nascer o PT, são hoje renegadas, no discurso e na prática, por um presidente embriagado de soberba.

Geisel ofereceu energia barata para a indústria, subsidiando-a pela via da exclusão social de milhões de brasileiros. Uma ditadura comum pode fazer isso por algum tempo, mas é preciso uma ditadura *à la chinesa* para sustentar tal estratégia de desenvolvimento. Kararaô não seguiu adiante, pois se esgotara o fôlego financeiro e político do modelo de Geisel. Desde a redemocratização, sob pressão dos eleitores, os governos iniciaram um redirecionamento dos fundos públicos para as finalidades sociais. O leilão de Belo Monte representa uma inflexão nessa curva virtuosa.

A engenharia financeira da usina subordina-se ao dogma geiseliano da tarifa barata. O suposto benefício não passa de um subsídio indireto aos empresários industriais e comerciais, que consomem juntos quase 70% da oferta total de eletricidade. A tarifa comprimida afugentou os investidores privados, convertendo o Estado no financiador principal da obra. O BNDES entrará com 80% dos recursos, a juros subsidiados e prazo de pagamento de trinta anos. Como o BNDES não dispõe desse capital, o Tesouro pagará a conta, emitindo dívida pública.

O preço real da eletricidade que será produzida, escondido atrás da tarifa de mentira, corresponde à remuneração do capital investido na obra, mais os custos e lucros da concessionária. A diferença entre o preço real e a tarifa recairá sobre os brasileiros de todas as faixas de renda, inclusive sobre a geração que ainda não vota. Itaipu, segunda versão: apesar daquilo que dirá a candidata governista no carnaval eleitoral, o povo fica condenado a subsidiar a energia consumida pelo setor empresarial.

Lula celebra Geisel no templo profano do capitalismo de Estado. Contudo, se o general confinava as empresas parceiras à lucrativa função de empreiteiras, o presidente que o admira prefere o sistema de aliança no consórcio concessionário. O jogo, mais complexo, assumiu a forma de uma contenda entre aliados pela distribuição de poder e benesses financeiras. À sombra da regra da tarifa subsidiada, manejando os recursos públicos e o capital dos fundos de pensão, que trata como se fossem públicos, o governo impôs o controle estatal sobre o consórcio.

A Eletrobras, imaginada como uma Petrobras do setor elétrico, terá a hegemonia na operação da usina, pela via da participação de 49,98% da Chesf no consórcio vencedor. À meia-luz, no ambiente propício aos acertos heterodoxos, desenvolve-se o processo de domesticação dos parceiros privados, que aceitarão posições subordinadas em troca de generosas isenções tributárias e da almejada participação como empreiteiros. O leilão foi apenas o ponto de partida da negociata multibilionária, que seguirá seu curso longe dos olhos da opinião pública.

A nova Itaipu custará estimados 30 bilhões de reais. Na sequência, vem aí o leilão do trem-bala, com custo similar, também financiado essencialmente por meio de emissão de dívida pública. O PT nasceu no ano da concepção de Kararaô e no rastro da crítica de esquerda ao peculiar nacionalismo geiseliano, com a sua aliança entre o Estado-empresário e uma coleção de grandes grupos privados associados ao poder. Três décadas depois, é no capitalismo de Estado que ele busca um substituto para a descartada utopia socialista.

"No Brasil dos generais, quem quisesse crescer tinha de ter uma relação de dependência absoluta com o setor público", explicou um alto executivo da construtora Norberto Odebrecht, que participou da fase derradeira da construção de Itaipu. O fundador da empresa mantinha relações estreitas com Geisel. Seu neto, Marcelo, atual presidente da Odebrecht, conserva uma coerência de fundo com as ideias do avô. É essa coerência que o levou a afirmar, três meses atrás: "O Chávez tem vários méritos que o pessoal precisa reconhecer. Antes dele, a Venezuela estava de costas para a América do Sul e de frente para os Estados Unidos. Vocês podem questionar o que quiserem, mas é inequívoca a contribuição que Chávez deu à integração do continente americano. É inequívoco, também, que os objetivos são nobres".

Marcelo Odebrecht pode ou não ter objetivos "nobres", mas não é ingênuo nos negócios – nem em política. A Odebrecht negocia a sua incorporação ao consórcio de Belo Monte. Ela tem bilhões de motivos para gostar do capitalismo de Estado.

29.4.2010

# Os vinte anos de um editorial

"Você fez um bom trabalho em suas reportagens, embora não seja um marxista, porque tenta contar a verdade sobre nosso país [...]. Eu devo dizer que você apostou no nosso cavalo quando outros pensavam que ele não tinha chance – e tenho certeza de que você não perdeu com isso." Estas palavras, dirigidas por Josef Stálin a Walter Duranty no Natal de 1933, foram reproduzidas há exatas duas décadas num editorial do jornal *The New York Times*. O editorial representou o reconhecimento tardio de que o jornal publicara, entre 1921 e 1940, algumas das "piores reportagens" de sua venerável história, produzidas por seu correspondente em Moscou. A "verdade" de Stálin, refratada naquelas "piores reportagens", informa até hoje a visão dominante sobre a União Soviética e o stalinismo no Brasil. Os conceitos propagados por Duranty encontram-se nos manuais históricos mais celebrados e nos livros escolares mais vendidos.

Duranty não era, de fato, marxista. Ele fez sua reputação ao divergir das previsões de que o regime bolchevique cairia pouco após a Revolução Russa. Em seguida, apostou no "cavalo" de Stálin, contra a oposição trotskista, passou a idolatrar o ditador soviético e cunhou o termo "stalinismo". Stalinismo, explicava o correspondente, era um desvio positivo do socialismo, incompatível com as tradições ocidentais, mas adaptado às "características e necessidades raciais" da Rússia, "fundamentalmente mais asiáticas do que europeias". O homem não estava sendo pago pelo Kremlin, embora seus textos lhe assegurassem as oportunidades de continuar em Moscou, enquanto outros correspondentes eram expulsos, e de obter notícias e entrevistas exclusivas.

Era um caso de paixão por uma tese oficialista, útil à carreira profissional. Nesse sentido, Duranty não diferia de tantos jornalistas muito menos talentosos, do passado e do presente, inclusive no Brasil do "lulismo". Mas ele escrevia sobre o grande drama do "socialismo real", o tema mais crucial do século XX, e ensaiava os tons de uma música ideológica que continua a tocar na heterogênea banda do antiamericanismo dos nossos dias. O bolchevismo devolvera à Rússia a "autoridade absoluta não adocicada pela democracia ou o liberalismo do Ocidente". O stalinismo convertia "uma massa informe de escravos submissos, encharcados" numa "nação de ardentes, deliberados trabalhadores". No fim das contas, o totalitarismo soviético corresponderia a algo como um imperativo histórico.

O Pulitzer de 1934 foi parar nas mãos de Duranty, premiando suas reportagens analíticas publicadas três anos antes, que compunham uma das maiores farsas jornalísticas de todos os tempos. No verão de 1929, Stálin proclamara a coletivização forçada da agricultura e a liquidação dos camponeses autônomos. Em 1931, o terror vermelho disseminou-se pelos mais longínquos lugarejos, expropriando e deportando milhões de pequenos agricultores. As vítimas abatiam o gado antes de deixar suas terras, vendiam a carne e faziam botas com o couro. Os jornalistas Gareth Jones e Malcolm Muggeridge infiltraram-se na Ucrânia e reportaram a grande fome para o *Times* de Londres e o *Guardian* de Manchester. Dois anos mais tarde, a tragédia matara mais de 6 milhões de pessoas. O Kremlin negava tudo, respaldado por Duranty, que denunciou como falsificações as reportagens de Jones.

O correspondente do *The New York Times* sabia mais sobre a fome pavorosa que qualquer outro jornalista ocidental, como evidenciaram investigações posteriores. Duranty "viu aquilo que queria ver", segundo o diagnóstico do editorial de junho de 1990. O olhar do jornalista conservou sua seletividade interessada e ele fez a defesa dos Processos de Moscou, reproduzindo as alegações de Stálin sobre fantásticos complôs entre os dirigentes caídos em desgraça e as potências ocidentais. Naqueles anos, às vésperas da eclosão da Segunda Guerra Mundial, Duranty conferiu forma definitiva à tese de que o stalinismo cumpria uma função histórica progressiva ao preparar a URSS para o embate com a Alemanha nazista.

Stálin aliou-se a Hitler em 1939 para partilhar a Polônia e os Estados Bálticos. A URSS forneceu quase dois terços das matérias-primas e alimentos importados pela Alemanha nos dezesseis meses iniciais da guerra mundial. Seis meses antes da invasão alemã da URSS, o Kremlin negociava o ingresso da "pátria do socialismo" no pacto do Eixo. Mas as narrativas canônicas sobre o século XX, contadas por "companheiros de viagem" da URSS, reduziram tudo isso a uma nota de rodapé, apegando-se ao núcleo argumentativo formulado por Duranty.

Eric Hobsbawm já militava no Partido Comunista da Grã-Bretanha no tempo dos Processos de Moscou, que não abalaram sua fé na doutrina. Ele nunca ofereceu apoio ao terror stalinista, mas conservou a carteirinha do partido até a implosão da URSS. Escrevendo após o encerramento da Guerra Fria, quando a abertura dos arquivos secretos do Kremlin já escancarava verdades previsíveis, o historiador não apenas reproduziu as justificativas oficiais de Moscou para o pacto germano-soviético como deu um passo à frente e pronunciou o seguinte veredicto: "A vitória da URSS sobre Hitler foi uma realização do regime lá instalado pela Revolução de Outubro, como demonstra uma comparação do desempenho da economia russa czarista na Primeira Guerra Mundial com a economia soviética na Segunda Guerra [...]. Sem isso, o mundo hoje (com exceção dos Estados Unidos) provavelmente seria um conjunto de variações sobre temas autoritários e fascistas, mais que de variações sobre temas parlamentares liberais" (A era dos extremos, Companhia das Letras, 1996).

O stalinismo, segundo Hobsbawm, salvou a democracia ocidental. As fontes ocultas do veredicto do aclamado historiador encontram-se nas reportagens do jornalista ocidental hipnotizado por Stálin. Tanto quanto Duranty, ele "viu aquilo que queria ver".

24.6.2010

# Os caçadores e o elefante

Dois dias atrás, no meio da tarde, em cerimônia no Palácio do Itamaraty, Lula sancionou a primeira lei racial da história do Brasil. São 65 artigos, esparramados em catorze páginas, escritos com o propósito de anular o artigo v da Constituição Federal, que começa com as seguintes palavras: "Todos são iguais perante a lei, sem distinção de qualquer natureza". O conjunto leva o título de Estatuto da Igualdade Racial, uma construção incongruente na qual se associa o princípio da igualdade ao mito da raça, que veicula a ideia de uma desigualdade essencial e, portanto, insuperável.

O texto anticonstitucional, aprovado a 16 de junho por um acordo no Senado, é uma versão esvaziada do projeto original. No acordo parlamentar, suprimiram-se as disposições que instituíam cotas raciais nas universidades, no serviço público, no mercado de trabalho e nas produções audiovisuais. Pateticamente, em todos os lugares exceto no título, o termo "raça" foi substituído pela palavra "etnia", empregada como sinônimo. Eliminou-se ainda a cláusula que asseguraria participação nos orçamentos públicos para os "conselhos de promoção da igualdade étnica", órgãos a serem constituídos paritariamente nas administrações federal, estaduais e municipais por representantes dos governos e de ONGS do movimento negro.

Mas o que restou é a declaração de princípios do racialismo. A lei define uma coletividade racial estatal: a "população negra", isto é, "o conjunto de pessoas que se autodeclaram pretas ou pardas". Dessa definição decorre uma descrição racial do Brasil, que se dividiria nos grupos polares "branco" e "negro", e a supressão oficial das múltiplas identidades intermediárias expressas censitariamente na categoria "pardos". Implicitamente, fica cassado o direito de autodeclaração de cor/raça, pois o poder público arroga-se a prerrogativa de ignorar a vontade do declarante, colando-lhe um rótulo racial compulsório. O texto funciona como plataforma para a edificação de um Estado racial, uma meta apontada no artigo IV, que prevê a adoção de políticas raciais de ação afirmativa e a "modificação das estruturas institucionais do Estado" para a "superação das desigualdades étnicas".

A fantasia que sustenta a nova lei consiste na visão do Brasil como uma confederação de nações-raças. Nessa confederação, o princípio da igualdade deixaria de ser aplicado aos indivíduos, convertendo-se numa regra de coexistência entre coletividades raciais. Os cidadãos perdem o estatuto de sujeitos de direitos, transferindo-o para as coletividades raciais. Se o Poder Judiciário curvar-se ao esbulho constitucional, estudantes ou trabalhadores da cor "errada" não poderão apelar contra o tratamento desigual no acesso à universidade ou a empregos arguindo o princípio da igualdade perante a lei, pois terão sido rebaixados à condição de componentes de um grupo racial.

Nos termos do Estatuto Racial, que é um estatuto de desigualdade, a "população negra" emerge como uma nação separada dentro do Brasil. O Capítulo I fabrica direitos específicos para essa nação-raça no campo da saúde pública. O Capítulo II, nos campos da educação, da cultura, do esporte e do lazer. O Capítulo IV, nas esferas do acesso à terra e à moradia. O Capítulo V, na esfera do mercado de trabalho. O Capítulo VI, no terreno dos meios de comunicação. O pensamento racial imagina a África como pátria da "raça negra". A nova lei enxerga a "população negra" como uma nação diaspórica: um pedaço da África no exílio das Américas. O Capítulo III determina uma proteção estatal particular para as "religiões de matriz africana".

A supressão do financiamento público compulsório para os "conselhos de promoção da igualdade étnica" e dos incontáveis programas de cotas raciais na lei aprovada pelo Senado refletiu, limitada e parcialmente, o movimento de opinião pública contra a racialização do Estado brasileiro. Uma vertente das ONGS racialistas interpretou o resultado como uma derrota absoluta – e pediu que o presidente não sancionasse o texto esvaziado. Surgiram até vozes solicitando uma consulta plebiscitária sobre o tema racial, algo que infelizmente não se fará.

O ministério racial, que atende pela sigla enganosa de Sepir (Secretaria Especial da Promoção da Igualdade Racial), entregou-se à missão de alinhar sua base na defesa do "Estatuto possível". Para tanto, reuniu pronunciamentos de arautos do racialismo como o antropólogo Kabengele Munanga, uma figura que chegou a classificar os mulatos como "seres naturalmente ambivalentes", cuja libertação dependeria de uma opção política pelo pertencimento ao grupo dos "brancos" ou ao dos "negros". Na sua manifestação, o antropólogo narrou uma fábula sobre os caçadores Mbuti, da África Central, denominados pigmeus na época da expansão imperial europeia.

Os caçadores de Munanga almejam abater um elefante, mas voltam para a aldeia com apenas três antílopes, "cuja carne cobriria necessidades de poucos dias". As mulheres e crianças, frustradas, contentam-se com tão pouco e não culpam os caçadores, mas Mulimo, deus da caça, divindade desse povo monoteísta. Os caçadores voltarão à savana e, um dia, trarão o elefante.

A fábula é apropriada, tanto pelo seu sentido contextual como pelas metáforas que mobiliza. Ela remete a um povo tradicional, fechado nas suas referências culturais, que serviria como inspiração para a imaginária nação-raça diaspórica dos "afro-brasileiros". Os caçadores simbolizam as lideranças racialistas, que já anunciam a intenção de usar o Estatuto Racial para instituir, por meio de normas infralegais, os programas de cotas rejeitados no Senado. O elefante representa o Estado racial completo, com fartas verbas públicas para sustentar uma burocracia constituída pelos próprios racialistas e dedicada à distribuição de privilégios.

Munanga não falou das guerras étnicas na África Central. É que o assunto perturba Mulimo e prejudica a caçada.

22.7.2010

# Herói sem nenhum caráter

Lula jamais protestou contra o monopólio da imprensa pelo governo cubano e nunca deu um passo à frente para pedir pelo direito à expressão dos dissidentes no Irã. Ele sempre ofereceu respaldo aos arautos da ideia de cerceamento da liberdade de imprensa no Brasil. Mas é incondicional quando se trata de Julian Assange: "Vamos protestar contra aqueles que censuraram o Wikileaks. Vamos fazer manifestação, porque liberdade de imprensa não tem meia cara, liberdade de imprensa é total e absoluta".

Assange é um estranho herói. No Brasil, o chefe do Wikileaks converteu-se em ícone da turba de militantes fanáticos do "controle social da mídia" e de blogueiros chapa-branca, que operam como porta-vozes informais de Franklin Martins, o ministro da Verdade Oficial. Até mesmo os governos de Cuba e da Venezuela ensaiaram incensá-lo, antes de emergirem mensagens que os constrangem. Por que os inimigos da imprensa independente adotaram Assange como um dos seus?

A resposta tem duas partes. A primeira: o Wikileaks não é imprensa – e, num sentido crucial, representa o avesso do jornalismo.

O Wikileaks publica – ou ameaça publicar, o que dá no mesmo – tudo que cai em suas mãos. Assange pretende atingir aquilo que julga serem "poderes malignos". No caso de tais alvos, selecionados segundo critérios ideológicos pessoais, não reconhece nenhum direito à confidencialidade. Cinco grandes jornais (*The Guardian*, *El País*, *The New York Times*, *Le Monde* e *Der Spiegel*) emprestaram suas etiquetas e sua credibilidade à mais recente série de vazamentos. Nesse episódio, que é diferente dos documentos sobre a guerra no Afeganistão, os cinco veículos rompem um princípio venerável do jornalismo.

A imprensa não publica tudo que obtém. O jornalismo reconhece o direito à confidencialidade no intercâmbio normal de análises que circulam nas agências de Estado, nas instituições públicas e nas empresas. A ruptura do princípio constitui exceção, regulada pelo critério do interesse público. Os "Papéis do Pentágono" só foram expostos, em 1971, porque evidenciavam que o governo americano ludibriava sistematicamente a opinião pública, ao fornecer informações falsas sobre o envolvimento militar na Indochina. A mentira, a violação da legalidade, a corrupção não estão cobertas pelo direito à confidencialidade.

Interesse público é um conceito irredutível à noção vulgar de curiosidade pública. Na imensa massa dos vazamentos mais recentes, não há novidades verdadeiras. De fato, não existem notícias – exceto, claro, o escândalo que é o próprio vazamento. A leitura de uma mensagem na qual um diplomata descreve traços do caráter de um estadista pode satisfazer a nossa curiosidade, mas não atende ao critério do interesse público. O jornalismo reconhece na confidencialidade um direito democrático – isto é, um interesse público. O Wikileaks confunde o interesse público com a vontade de Assange porque não se enxerga como participante do jogo democrático. É apenas natural que tenha conquistado tantos admiradores entre os detratores da democracia.

Há, porém, algo mais que uma afinidade ideológica, de resto precária. A segunda parte da resposta: os inimigos da liberdade de imprensa torcem pelo esmagamento do Wikileaks por uma ofensiva ilegal de Washington.

No Irã, na China ou em Cuba, um Assange sortudo passaria o resto de seus dias num cárcere. Nos Estados Unidos, não há leis que permitam condená-lo. As leis americanas sobre espionagem aplicam-se, talvez, ao soldado Bradley Manning, um técnico de informática, suposto agente original dos vazamentos. Não se aplicam ao veículo que decidiu publicá-los. A democracia é assim: na sua fragilidade aparente encontra-se a fonte de sua força.

O governo Obama estará traindo a democracia se sucumbir à tentação de perseguir Assange por meios ilegais. O Wikileaks foi abandonado pelos parceiros que asseguravam suas operações na internet. Amazon, Visa, PayPal, Mastercard e American Express tomaram decisões empresariais legítimas ou cederam a pressões de Washington? A promotoria sueca solicita a extradição de Assange para responder a acusações de crimes sexuais. O sistema judiciário da Suécia age segundo as leis do país ou se rebaixa à condição de sucursal da vontade de Washington? Certo número de antiamericanos incorrigíveis assegura que, nos dois casos, a segunda hipótese é verdadeira. Como de costume, eles não têm indícios materiais para sustentar a acusação. Se estiverem certos, um escândalo devastador, de largas implicações, deixará na sombra toda a coleção de insignificantes revelações do Wikileaks.

A bandeira da liberdade nunca é desmoralizada pelos que a desprezam, mas apenas pelos que juraram respeitá-la. Assange não representa a liberdade de imprensa ou de expressão, mas unicamente uma heresia anárquica da pós-modernidade. Contudo, nenhuma democracia tem o direito de violar a lei para destruir tal heresia. A mesma ferramenta que hoje calaria uma figura sem princípios servirá, amanhã, para suprimir a liberdade de expor novos Guantánamos e Abu Ghraibs.

"Vamos fazer manifestação, porque liberdade de imprensa não tem meia cara, liberdade de imprensa é total e absoluta." Lula não teve essa ideia quando Hugo Chávez fechou a RCTV, nem quando os Castro negaram visto de viagem à blogueira Yoani Sánchez, que lançaria seu livro no Brasil. Não a teve quando José Sarney usou suas conexões privilegiadas no Judiciário para intimidar Alcinéa Cavalcante, uma blogueira do Amapá, ou para obter uma ordem de censura contra *O Estado de S. Paulo*. Ele quase não disfarça o desejo de presenciar uma ofensiva ilegal dos Estados Unidos contra o Wikileaks. Do seu ponto de vista, isso provaria que todos são iguais – e que os inimigos da liberdade de imprensa estão certos.

Alguém notou um sorriso furtivo, o tom de escárnio com que o presidente pronunciou as palavras "total e absoluta"?

23.12.2010

# Dilma, interrompida

Ah, o exagero – a sombra monstruosa do exagero. "Lula estará conosco." "Sei que a distância de um cargo nada significa para um homem de tamanha grandeza e generosidade": "o maior líder que este país já teve". "Seu nome já está cravado no coração do povo." Não é o elogio incisivo, mesmo mais que protocolar, ao presidente que sai, companheiro de partido, responsável por seu triunfo. É a louvação desmedida, o adjetivo incontido, o culto despropositado, a metáfora de ressonâncias religiosas. "Sob sua liderança, o povo brasileiro fez a travessia para uma outra margem da história." É Moisés, na travessia das águas e na jornada pelo deserto. Nos seus dois discursos de posse, Dilma Rousseff apalpou a linguagem das tiranias personificadas.

Condutor? Comandante? Eterno Presidente? Líder Genial dos Povos? Grande Timoneiro? A linguagem faz diferença, pois a política, em tempos de paz, é feita de palavras. Democracia é o regime das instituições, não dos líderes. Nas repúblicas democráticas, nenhum líder sintetiza o povo – e, exatamente por isso, existem oposições legais. Delinquindo nos interstícios da lei, a Petrobras batizou com o nome de Lula o campo petrolífero de Tupi. O culto a Lula é uma ferida na alma da democracia. Dilma subiu a rampa fazendo as orações desse culto bizarro.

Os discursos de posse de Dilma devem ser lidos como harmonias interrompidas. A presidente tenta desabrochar, insinua-se e esboça um aceno; ansiosa, tropeça e cai. Aqui e ali, por todos os lados, encontram-se os indícios da sua vontade de governar "para todos os brasileiros e brasileiras". Mas o propósito estiola-se no caminho sempre que colide com um dogma do lulismo.

Há o desejo discernível, e, contudo, frustrado, de construir uma narrativa realista do período pós-ditadura militar. "Um governo se alicerça no acúmulo de conquistas realizadas ao longo da história. Por isso, ao saudar os avanços extraordinários recentes, é justo lembrar que muitos, a seu tempo e seu modo, deram grandes contribuições às conquistas do Brasil de hoje." Ela poderia ter dito: José Sarney consolidou as liberdades políticas; Fernando Collor iniciou a abertura comercial; Itamar Franco fez o Plano Real; FHC ergueu o edifício da estabilidade econômica. Mas não disse, pois pronunciar o nome de um predecessor seria incorrer no pecado da apostasia: a negação da primazia de Lula.

Lula falou quase sempre como chefe de uma facção – e, no dia de passar a faixa, referiu-se ainda aos opositores como "inimigos". Dilma, pelo contrário, almeja falar como a "presidente de todos". Ela estendeu a mão aos partidos de oposição, sem pedir a ninguém "que abdique de suas convicções". Com o olho posto nas lições da campanha eleitoral, enfatizou o imperativo do combate à corrupção e declarou um compromisso "inegociável" com as liberdades individuais, de religião, de imprensa e de opinião. "Prefiro o barulho da imprensa livre ao silêncio das ditaduras", assegurou, reproduzindo a fórmula empregada no discurso de vitória. A declaração será posta à prova logo mais, quando a presidente abrir a gaveta onde repousa o projeto de controle estatal de conteúdos dos meios de comunicação, um presente de grego deixado por Franklin Martins, em nome de Lula.

Dilma prometeu uma política externa "baseada nos valores clássicos da diplomacia brasileira", oferecendo uma justificativa cifrada para o afastamento de Celso Amorim. Recitou, um a um, os princípios inscritos na Constituição: promoção da paz, não intervenção, defesa dos direitos humanos. "Direitos humanos", ela disse! É uma censura indireta a Lula, que elogiava ditaduras e traçava paralelos abomináveis entre presos políticos e criminosos comuns.

Entretanto, os interditos pontilham a estrada como campos minados. Logo depois dos direitos humanos, apartando-se do texto constitucional, Dilma mencionou o "multilateralismo". Em tese, a expressão significa, apenas, o fortalecimento das instituições multilaterais, como a ONU, o FMI e o G-20. Na linguagem codificada do lulismo, condensa o impulso antiamericano que moldou a desastrada aproximação com o Irã. O "multilateralismo", nessa acepção pervertida, combina com a permanência de Marco Aurélio Garcia no posto de chanceler fantasma. "Lula estará conosco", lembrou a presidente que se sabe tutelada.

"Eu troquei meu nome e coloquei Dilma lá na cédula", avisou Lula na campanha eleitoral. O ex-presidente interpreta o novo governo como seu terceiro mandato e, para exercer a tutela, nomeou dois primeiros-ministros informais: Antonio Palocci, tutor externo, e Gilberto Carvalho, tutor interno. Ambos cometeram atos falhos antes do encerramento do primeiro dia de governo. Palocci dirigiu um pedido aos ministros: "Tenham-me como um de vocês, um da equipe, um do time". Ninguém que é "um de vocês" fala assim. Carvalho declarou em entrevista: "Lula não precisa de mim. Seria muita pretensão querer ser o espião do Lula no Planalto". O sarcasmo involuntário continua a ser sarcasmo.

Marta Suplicy nunca aprendeu a arte política da sublimação do desejo: a senadora proclama gritando aquilo que deve ser sussurrado. Certa vez, nos bastidores de uma reunião da Direção Nacional do PT, incorporou a *persona* da rainha de Alice para exigir, aos berros, a expulsão imediata de uma corrente minoritária. Agora, na posse da presidente, alertou para a presença perene de Lula – "Ele estará sempre disposto a ajudar Dilma no que ela precisar" – e enviou uma mensagem a interlocutores genéricos: "Há uma parceria entre Dilma e Lula que ninguém quebra".

Ninguém quebra? Se Marta tiver razão, Dilma não será, jamais, a "presidente de todos" – e não será nem mesmo a chefe de uma facção. Mas ela pode estar errada, pois a infalibilidade é um atributo exclusivo de Lula. Nessa hipótese, para o bem da democracia, o Brasil terá uma presidente, não um governo subterrâneo.

6.1.2011

# Iguais a nós

Existe um mundo árabe? "Revolução, revolução, como um vulcão, contra Mubarak, o covarde", cantavam os manifestantes de Alexandria, há uma semana. Da Tunísia ao Egito, uma tempestade de areia deu a resposta à indagação. Em 17 de dezembro, na cidade tunisiana de Sidi Bouzid, o vendedor de rua Mohamed Bouazizi imolou-se em fogo para protestar contra o confisco de seu carrinho de vegetais. O martírio de Bouazizi deflagrou um levante popular que, quase um mês depois, arrancou os dentes da polícia e do exército, provocando a fuga do ditador Zine Ben Ali. Dias mais tarde, jovens dançavam diante dos tanques nas cidades egípcias, enquanto Hillary Clinton lamentava a garantia que dera na véspera, ao proclamar a "estabilidade" do regime de Hosni Mubarak.

Poucas coisas são mais poderosas que a experiência histórica compartilhada. Em 1989, a abertura da fronteira entre Hungria e Áustria, em maio, prenunciou a queda do Muro de Berlim, em novembro, e a extinção do "socialismo real". A derrubada de Ben Ali exerce, entre os povos árabes, uma influência similar ao da remoção das barreiras húngaras de arame farpado na esfera de poder soviético. O mundo árabe ergue-se sobre uma língua e uma literatura comuns, uma tradição que atravessa fronteiras. Bouazizi não é um nome, mas uma experiência, para os cidadãos de Túnis, do Cairo, de Argel, de Amã, de Sanaa, de Cartum e até de Riad.

Abusa-se do conceito de cultura. Mundo árabe, na visão de Bernard Lewis, é uma coleção de valores arraigados, que derivam do Islã e conflitam com a tradição ocidental. O "príncipe dos orientalistas" enxergou um defeito irremediável na cultura árabe-muçulmana: uma resistência visceral à mudança que condenaria os árabes à exclusão da modernidade. "A doutrina ocidental do direito de resistir a um mau governo é estranha ao pensamento islâmico", assegurou Lewis no estilo categórico que lhe granjeou uma reputação imerecida. Hoje, na larga faixa que se estende da África do Norte ao Oriente Médio, árabes muçulmanos exigem liberdade, democracia, direitos, respeito à coisa pública. "Eles" são, no fim das contas, iguais a "nós".

Lewis é um intelectual engajado, o inventor da noção de "choque de civilizações" e o inspirador da ocupação americana do Iraque. Do seu teorema principal, ele extraiu o corolário de que os árabes só poderiam ser resgatados para a modernidade por meio da negação de sua própria cultura. O significado político disso é que o Ocidente teria a missão de libertar os árabes das amarras do "pensamento islâmico", conduzindo-os – pela força, se preciso – até a colina das Luzes. Sob o influxo de tais ideias, os Estados Unidos continuaram a sustentar as ditaduras pró-ocidentais no mundo árabe, que se apresentam como paliçadas defensivas contra o avanço do fundamentalismo islâmico. A revolução em curso é uma evidência de que Lewis está errado: nas ruas do Cairo, reivindica-se a liberdade, não o retorno do profeta.

A revolução árabe desenvolve-se nas brechas abertas por um cenário mundial em mutação. Ben Ali caiu não só porque os "de baixo" se insurgiram, mas também porque os "de cima" se cindiram quando ficou patente que a França se esquivava de salvar seu regime. Há menos de dois anos, na Universidade do Cairo, Barack Obama delineou uma nova política dos Estados Unidos para o mundo árabe-muçulmano. O presidente rejeitou os dogmas do orientalismo, apontou as contribuições da civilização islâmica para a Renascença e as Luzes, tocou cuidadosamente nas teclas da liberdade e da democracia. O discurso de Obama pode ter sido esquecido no Ocidente, mas continua a reverberar no Egito, tanto entre os "de cima" quanto entre os "de baixo".

O Egito é o núcleo do mundo árabe. A primeira, frustrada, revolução árabe começou lá, mais de meio século atrás, com a ascensão de Gamal Abdel Nasser. No Cairo, de uma costela da Irmandade Muçulmana, surgiram os arautos originais do jihadismo de Osama Bin Laden. A estratégia geral dos Estados Unidos para o Grande Oriente Médio foi definida pela decisão de Anuar Sadat de romper com Moscou para firmar uma aliança com Washington, após a segunda derrota militar frente a Israel. Mubarak não é um ditador secundário, como Ben Ali, mas um dos pilares da ordem geopolítica regional. Há razões para Hillary Clinton insistir ainda numa transição controlada, sob a égide de um "diálogo nacional". Mas, curvando-se a tais razões, Obama renegará seu discurso do Cairo e posicionará os Estados Unidos no lado errado da história.

Nenhuma corrente islâmica está à frente da revolução árabe. Os levantes emanam da sociedade civil, especialmente das organizações de advogados e de estudantes e das centrais sindicais. A oportunidade para os fundamentalistas surgiria de uma violência repressiva prolongada. Na Tunísia, a dissolução acelerada da unidade do exército propiciou a queda de Ben Ali. Algo parecido está ocorrendo no Egito, desde o dia em que os chefes militares rejeitaram a ordem de matar seus compatriotas. A revolução árabe não obedece à cartilha de Osama Bin Laden nem reproduz a trajetória da revolução iraniana de 1979.

Mohamed ElBaradei, um dos líderes da oposição egípcia, acertou duas vezes: ao clamar pela saída incondicional do ditador e ao firmar um pacto democrático com a Irmandade Muçulmana, uma corrente perseguida que renunciou ao terror há quatro décadas e condena sistematicamente a violência jihadista. "Obama precisa entender que, se continuar com essa política, perderá credibilidade diante de toda a população do Oriente Médio", alertou ElBaradei. Ele poderia reforçar seu argumento convidando o presidente americano a olhar atentamente para as imagens dos manifestantes que tomaram as cidades árabes. Aquelas pessoas não são diferentes dos poloneses, alemães orientais, tchecos e húngaros de 1989, nem dos iranianos de 2010. São iguais a nós – apenas falam e rezam em outra língua.

3.2.2011

# Na tenda de Kadafi

Muamar Kadafi foi muito mais longe que Hosni Mubarak em seus pronunciamentos desesperados, em meio à revolução. Ele se dirigiu aos líbios como faria uma potência ocupante descontrolada, ameaçando emitir uma ordem de extermínio geral. A queda dramática do tirano da Líbia tem importância geopolítica incomparavelmente menor que a do regime egípcio. Contudo, tem um inigualável cortejo de significados simbólicos.

O fim de Kadafi assinala a segunda, e definitiva, morte do nasserismo. "A revolução é o meio pelo qual a nação árabe pode libertar-se de seus grilhões." A Carta Nacional divulgada por Gamal Abdel Nasser em 1962 definia a doutrina do pan-arabismo, que deveria destruir as fronteiras interestatais criadas pelas potências europeias e propiciar a "restauração da ordem natural de uma única nação". O Egito de Nasser figuraria, nesse percurso, como uma entidade transitória: o instrumento para a edificação da "nação árabe". O jovem Kadafi formou-se na academia militar nos anos áureos do nasserismo e liderou o golpe antimonárquico de 1969 para inscrever a Líbia na moldura da revolução anunciada pelo Egito. A humilhação árabe na Guerra dos Seis Dias, em 1967, foi o estampido para o levante dos oficiais líbios do grupo de Kadafi.

Nasser morreu em 1970, mas o nasserismo prosseguiu, sob Anuar Sadat, ainda por alguns anos e uma nova guerra árabe-israelense. A primeira morte do nasserismo deu-se pela ruptura do Egito com a URSS e o subsequente tratado de paz com Israel. Então, em 1977, Kadafi enrolou-se nos farrapos da bandeira do pan-arabismo e lançou um ataque militar contra o povoado egípcio fronteiriço de Sallum, sofrendo uma contraofensiva devastadora. Na década seguinte, enquanto no Egito a herança doutrinária de Nasser se dissolvia num antissemitismo caricato, a Líbia de Kadafi, o "cachorro louco", proclamava guerra ao "imperialismo" e organizava atos de terror contra interesses ocidentais ao redor do mundo. Agora, quando o tirano desaba, fecha-se de vez o ciclo inaugurado pela revolução pan-arabista.

O fim de Kadafi assinala o ocaso do longo período no qual os povos árabes foram ofuscados pela invocação do espectro do "inimigo externo". A ditadura nasserista no Egito, como as ditaduras baathistas implantadas na Síria, em 1963, e no Iraque, em 1968, reclamavam uma legitimidade derivada da luta contra o imperialismo ocidental e sua suposta cabeça de ponte no mundo árabe, o Estado de Israel. A supressão dos partidos de oposição, a repressão à dissidência interna, a interdição do debate político eram justificadas pelo imperativo da unidade árabe. No caso da Líbia, agentes de Kadafi perpetraram assassinatos de dezenas de "cães vadios", na expressão usada pelo tirano para designar dissidentes exilados, na Europa, nos Estados Unidos e mesmo na Arábia Saudita. A nova revolução árabe não segue estandartes antiocidentais. A sua consigna é a liberdade, são os direitos de cidadania, não a utopia geopolítica da "nação única".

O fim de Kadafi assinala a desmoralização das tiranias personalistas que derivam de sistemas de partido único e acabam por lhes tomar o lugar. O modelo do regime de Partido-Estado ancora-se no conceito de que o partido dirigente coagula uma verdade histórica superior. Os partidos comunistas exibiam-se como locomotivas do "trem da história", em marcha rumo à estação terminal do socialismo. No mundo árabe, os regimes de partido único apresentavam-se como condutores de uma caravana que avançava rumo ao oásis da unidade pan-árabe. Invariavelmente, o modelo evoluía para ditaduras pessoais: Josef Stálin, Mao Tse-tung, Kim Il-sung, Fidel Castro, Gamal Abdel Nasser, Hafez Al-Assad, Saddam Hussein. A Líbia de Kadafi não passou pelo estágio primário, organizando-se desde o início como uma tirania pessoal.

O golpe de 1969 substituiu a monarquia liberal do rei Ídris, baseada na rede de poder tribal da região da Cirenaica, por um "Estado de massas" (*Jamahiriya*) – isto é, de fato, por um Estado de comitês submetidos ao controle do tirano. Kadafi não ocupava nenhum cargo formal no governo líbio, mas enfeixava o poder de fato, concentrado no Conselho de Comando da Revolução, e subordinava as forças armadas a milícias especiais. A nação líbia, destituída de contrato constitucional operante, identificava-se à figura de Kadafi, o "Irmão Fraternal e Guia da Revolução".

Mais que qualquer ideologia, essa redução da nação à imagem de um *condottiero* atraiu a admiração de Fidel Castro e, mais tarde, de Hugo Chávez. Um ano e meio atrás, Lula dirigiu-se a Kadafi como "meu amigo, meu irmão, meu líder", saltando a fronteira que separa a cortesia protocolar da apologia repugnante. O cumprimento representou mais que uma esperteza instrumental, destinada à conquista de votos árabes e africanos para a pretensão brasileira a uma cadeira no Conselho de Segurança da ONU. Ele evidenciou, ao lado da conhecida inclinação do ex-presidente por cortejar ditadores, uma ponta de inveja pelo estatuto de um líder não embaraçado por qualquer limite institucional.

O fim de Kadafi joga mais um facho de luz sobre a facilidade com que o Ocidente imola posições de princípio no altar das conveniências geopolíticas circunstanciais. O tirano operou como elo de articulação logística de variados grupos terroristas, ordenou a explosão do voo da PanAm em Lockerbie, financiou milícias de mercenários no Chade e no Sudão, ajudou a montar as máquinas genocidas de Idi Amin, em Uganda, e Mengistu Mariam, na Etiópia, treinou o sanguinário exército de Charles Taylor na Serra Leoa. Nada disso evitou uma ignóbil "reabilitação", negociada pela CIA em 2003, na moldura da "guerra ao terror", e conduzida por Washington, Londres e Roma. Há, mesmo pequena, uma chance de Kadafi sentar-se no banco dos réus de um tribunal para crimes contra a humanidade. Ele teria histórias interessantes a contar.

3.3.2011

# A maldição do pré-sal

"A Petrobras é um Estado dentro do Brasil – felizmente, um Estado amigo", costumava dizer Lula. O primeiro elemento da ironia é indiscutível: os investimentos da petroleira em ciência e tecnologia são um múltiplo do orçamento do Ministério da Ciência e Tecnologia, e os investimentos em cultura e comunicação social são maiores que os dos ministérios correspondentes. Infelizmente, o segundo elemento da ironia é discutível.

Desde a descoberta de petróleo no pré-sal, os investimentos da Petrobras saltaram de 16,5 bilhões de reais, em 2006, para 76,4 bilhões, em 2010. O endividamento cresceu paralelamente, atingindo 117,9 bilhões de reais no ano passado. Desse total, quase 40% representam dívidas com bancos públicos: BNDES, 36,3 bilhões; CEF, 5,66 bilhões; BB, 4,35 bilhões. Além disso, o BNDES detém quase 44 bilhões de reais em ações da petroleira. Sobre tais empréstimos, a Petrobras paga taxas de juros internacionais, ao redor de 6% ao ano. Contudo, o capital de empréstimo dos bancos públicos deriva de aportes do Tesouro, que capta a taxas de juros anuais em torno de 12%. A diferença é paga por todos os brasileiros, ricos e pobres, que financiam a dívida pública. O "imposto Petrobras", um tributo oculto, mas bem real, deveria conceder à nação um direito de investigação das estratégias da petroleira. Mas quem está disposto a formular perguntas que incomodam o "Estado dentro do Brasil"?

A narrativa oficial, fixada pela bilionária publicidade da Petrobras, sedimentada nos livros escolares, conta a epopeia de uma empresa triunfante, que fez do mar a fronteira do petróleo no Brasil. É uma história de esforços hercúleos, rupturas tecnológicas, recordes de perfuração sucessivos sob uma lâmina d'água sempre mais profunda. Mas e se, fora do olhar do grande público, existir uma história não contada? Lula: "A Petrobras é motivo de orgulho para nós. Se fosse uma mulher, seria a mulher com quem toda mãe gostaria que o seu filho se casasse". Mas e se, sob o rosto imaculado da mulher perfeita, existir uma fria manipuladora, uma carreirista hábil, uma egoísta sem limites em busca de dinheiro, poder e prestígio?

A estatal foi fundada em 1953. Logo em seguida, contratou os serviços do geólogo americano Walter Link, um renomado ex-funcionário da Standard Oil, para avaliar o potencial petrolífero brasileiro. O Relatório Link foi preparado entre 1955 e 1960, com base apenas em levantamentos geológicos rudimentares. Ele recomendava que a Petrobras voltasse as costas para o território continental, entregando-se à prospecção *offshore* [em alto-mar]. A primeira descoberta *offshore* deu-se em 1968, e seis anos depois a Petrobras identificou petróleo na bacia de Campos. Quando a empresa detentora do monopólio da exploração tinha apenas quinze anos, a marcha épica rumo às profundezas do mar já selava um destino: ninguém mais se preocuparia com o *onshore* [em terra].

Link quase nada conhecia sobre o potencial das bacias sedimentares *onshore*, que perfazem cerca de 5 milhões de km² do território brasileiro. Pouco se sabe até hoje. Desde 1953, foram perfurados cerca de 24 mil poços exploratórios *onshore* no Brasil, um número ridiculamente pequeno se confrontado com a prospecção em países de tamanho comparável. Nos EUA, perfuraram-se milhões de poços pioneiros. No Canadá, perfuram-se anualmente pelo menos 25 mil poços, o equivalente a todas as perfurações pioneiras em terra na história petrolífera brasileira. A prospecção em terra custa uma fração da prospecção sob águas profundas. Os fantásticos investimentos *offshore* podem resultar em taxas de retorno insignificantes. Entretanto, redundam em imensa concentração de poder econômico e político. O "Estado dentro do Brasil" não busca exatamente petróleo, mas o incremento de seu próprio poder.

A descoberta de petróleo no pré-sal reproduz, em escala ampliada, os efeitos dos primeiros poços na bacia de Campos. Meses atrás, sob o influxo de investimentos comparativamente modestos, empresas privadas anunciaram três grandes descobertas de gás em terra, no Maranhão, em bacia classificada como pouco atraente pelo Relatório Link. Indícios recentes sugerem que podem existir maiores reservas exploráveis *onshore* do que no pré-sal. As novidades, porém, não ultrapassaram o círculo dos iniciados. Ensurdecido pela fanfarra nacionalisteira do pré-sal, hipnotizado pelas imagens repetitivas de um Lula abraçado à bandeira verde e amarela, as mãos sujas de óleo, o público aplaude a nova encenação de uma farsa antiga. Homem ao mar: com vastos subsídios públicos ocultos, perfuraremos agora uma camada instável de 2 mil metros de sal, sob 7 mil metros de água.

"Eu penso que vai ter algum momento na história do Brasil que vai ter que ter eleição direta para presidente da Petrobras, e ele indicará o presidente da República, tal é a capacidade de investimento", sugeriu Lula em 2008. Por ora, ocorre o oposto. O "Estado dentro do Brasil" serve aos seus próprios interesses de poder, mas serve também ao poder de turno, fazendo política enquanto prospecta petróleo. A Petrobras impulsiona os negócios de empresas parceiras, moldando o comportamento político de poderosos empresários. A Petrobras transfere fortunas para agências de publicidade que operam no tabuleiro da política partidária. A Petrobras divulga peças de propaganda governista em período eleitoral. A Petrobras patrocina os "amigos do rei" nos movimentos sociais, em ONGs e fundações diversas, na esfera opaca dos negócios "culturais".

O "Estado dentro do Brasil" sabota ativamente a Agência Nacional de Petróleo, com a finalidade de restringir a concorrência no setor petrolífero. Ele triunfou na formulação do novo marco regulatório, que lhe reserva uma posição quase monopolista no pré-sal, e conseguiu protelar por três anos a retomada das rodadas de licitações de blocos exploratórios. "O petróleo é nosso" – e a Petrobras, desgraçadamente, também.

17.3.2011

# Palestina mutilada

A Assembleia Geral da ONU votará o reconhecimento de um Estado Palestino nas fronteiras de 1967. A proposição, da Organização de Libertação da Palestina (OLP), enfrenta a oposição do governo israelense e não conta com o apoio de Washington, mas implica a renúncia definitiva dos palestinos ao território do Estado judeu, tal como delimitado em 1949. Trata-se, portanto, indireta, mas inegavelmente, do tão exigido reconhecimento de Israel pela nação palestina. O pedido de reconhecimento da Palestina como Estado tem, além disso, profundo impacto sobre a natureza do nacionalismo palestino. Quase ninguém fala no assunto, mas é uma Palestina mutilada que emergirá da operação política em curso na ONU.

A nação palestina é reconhecida pela ONU desde 1974. A sua representação oficial é a OLP, que ocupa uma cadeira de membro observador na Assembleia Geral. A OLP representa todos os palestinos: tanto os habitantes dos territórios ocupados por Israel quanto uma vasta diáspora espalhada pelo Oriente Médio e pelo resto do mundo. Quando se substitui a OLP pelo proclamado Estado Palestino, que ocupará uma cadeira de membro pleno, os palestinos da diáspora são abolidos política e juridicamente. Eles simplesmente desaparecem – não como indivíduos com existência material, mas como um ente do Direito Internacional.

Nações são "comunidades imaginadas", na expressão de Benedict Anderson, que derivam de um "plebiscito cotidiano", como enfatizou o nacionalista Ernest Renan. O seu atributo indispensável é uma experiência histórica compartilhada e a crença comum numa unidade que se projeta rumo ao futuro. "Andaluzia se tornou um lugar perdido; então, Palestina se tornou Andaluzia: perdemos a Palestina assim como havíamos perdido Andaluzia", nas palavras de Mahmoud Darwish, o poeta nacional palestino. A Palestina deriva do sucesso das narrativas sobre um passado de despossessão e das sempre renovadas expectativas sobre o reencontro futuro entre um povo e uma terra. O *nakba*, data da declaração de independência de Israel, é o dia da "catástrofe" palestina: o êxodo provocado pela derrota na guerra. Nas cerimônias dos cinquenta anos do *nakba*, a 15 de maio de 1998, o evento central foi a transmissão das chaves de casas que não mais existem da geração de 1948 para seus netos.

Podem existir nações sem território, como atesta o caso da Palestina, mas o território é atributo indispensável do Estado. O ente geopolítico que a ONU reconhecerá é um fantasmagórico poder soberano palestino referenciado no espaço geográfico delimitado pelas fronteiras de 1967. Pouco importam as solenes declarações dos dirigentes palestinos: o novo Estado não representará os palestinos que residem em países estrangeiros com ou sem documentos de cidadania. A substituição da OLP pelo Estado Palestino equivale a um intercâmbio pelo qual se sacrifica a representação nacional dos palestinos da diáspora em troca do direito de voto na Assembleia Geral e nos órgãos, comissões e agências das Nações Unidas.

Mas a história não se encerra na supressão dos direitos dos "de fora". Estado é, essencialmente, um governo que exerce poder soberano sobre um território. A modernidade transferiu a prerrogativa de soberania das dinastias para os povos e, com o tempo, difundiu-se a exigência de que os governantes representem democraticamente os governados. Os governos legítimos são aqueles eleitos livremente pelos cidadãos – eis um paradigma que tende a se universalizar. O Estado Palestino será proclamado em meio às revoluções árabes que pedem a substituição de governos tirânicos por governos legítimos. Entretanto, devido à realidade fática da ocupação israelense, ele não poderá ter um governo escolhido por meios democráticos.

A OLP é um movimento nacionalista, não um Estado. A legitimidade de sua direção emana da história, da tradição. O governo do Estado Palestino, por outro lado, não será legítimo se não surgir do voto livre e universal dos cidadãos que residem no seu território. As eleições para a Autoridade Palestina não são verdadeiramente livres, pois ocorrem sob as condições impostas pela ocupação, e também não são universais, porque excluem os palestinos de Jerusalém Oriental, onde inexiste regime de autonomia. O governo do Estado Palestino, constituído por eleições similares ou por meros acordos entre o Fatah e o Hamas, será o fruto da mutilação dos direitos dos palestinos "de dentro".

A decisão de solicitar à ONU o reconhecimento do Estado Palestino é exibida, tanto pelos palestinos como pelo governo israelense, como um gesto de desafio a Israel. Contudo, as declarações e reações oficiais não servem de guia para a decifração da iniciativa da OLP. As revoluções árabes aceleraram a desmoralização das duas correntes dominantes no cenário político palestino. Como admitir a colaboração tácita entre o Fatah e Israel quando, nos países vizinhos, os povos demandam nas praças liberdades e direitos? Como aceitar a continuidade dos contraproducentes ataques de foguetes Katyusha promovidos pelo Hamas contra civis em Israel quando os árabes comprovam a eficácia da política de massas? Hoje, os dirigentes do Fatah e do Hamas temem mais os palestinos do que temem Israel. A iniciativa na ONU é a solução defensiva encontrada por eles para preservar um poder sob ameaça.

Há cinco meses, Fatah e Hamas arquivaram suas rusgas crônicas para formar uma coalizão de governo. Agora, na ONU, seus dirigentes buscam resgatar o prestígio perdido, por meio de uma confrontação diplomática com o inimigo, e petrificar o controle que exercem sobre os palestinos, pela edificação de uma entidade geopolítica cujo governo terá forças em armas, mas prescindirá de legitimidade democrática. Se triunfar tal projeto, os palestinos viverão sob dupla ocupação: de Israel e de um governo impermeável à vontade dos governados. Não é bonito – mas é o que é.

15.9.2011

# Quanto vale a Europa?

"Sem o euro, não existe Europa", constatou Angela Merkel, no mesmo discurso em que assegurou que não haverá uma "união da dívida". As afirmações, contraditórias entre si, refletem imperativos diferentes. A primeira é uma homenagem prestada à história – ou seja, ao projeto supranacional da União Europeia. A segunda expressa a vontade dos eleitores alemães – ou seja, a existência do Estado-Nação. Agora, diante da iminente falência grega e do espectro de um colapso bancário em série, a chanceler deve escolher entre uma e outra, pois não pode ter as duas.

História, no caso da Europa, significa uma catástrofe única, que devastou o sistema moderno de Estados erguido na Paz da Westfália, em 1648, e reconstruído no Congresso de Viena, em 1815. A União Europeia, um fruto da catástrofe, é filha de Stálin e de Hitler.

Stálin: o projeto europeu emanou das circunstâncias da Guerra Fria, na forma de uma aliança entre França e Alemanha, antigos rivais, separados pelos ressentimentos acumulados em três guerras sucessivas. O ato inicial da Europa foi o Plano Schuman, de criação da Comunidade Europeia do Carvão e do Aço (Ceca), em maio de 1950, meses depois da fundação da Alemanha Ocidental e da Organização do Tratado do Atlântico Norte (Otan). À sombra ameaçadora da União Soviética, a unidade da Europa Ocidental era o complemento necessário para a aliança transatlântica com os Estados Unidos.

Hitler: o projeto europeu emanou das ruínas fumegantes da Segunda Guerra Mundial, o testemunho do colapso de um sistema baseado na soberania absoluta dos Estados. A ideia genial do francês Jean Monnet, de compartilhamento de soberanias, representou a solução para uma civilização destruída pelo nacionalismo sem freios. O ingresso da Alemanha Ocidental na Otan implicava o rearmamento alemão, apenas cinco anos depois da libertação de Paris. A Ceca foi o intercâmbio que o propiciou: no altar da aliança com a França, a Alemanha sacrificou sua supremacia nacional na indústria siderúrgica, a fonte do aço e das armas.

Numa prova de que a paternidade de Hitler é mais forte que a de Stálin, o encerramento da Guerra Fria não provocou a dissolução do projeto europeu, mas o seu avanço para um novo patamar. A reunificação alemã, em 1990, reativou as assombrações de um passado perene. Então, o espírito de Monnet inspirou François Mitterrand e Helmut Kohl a formularem uma segunda grande barganha, coagulada no Tratado de Maastricht de 1992: "Toda a Alemanha para Kohl; metade do marco alemão para Mitterrand", na síntese proporcionada por uma ironia realista. A introdução do euro representou um novo sacrifício alemão, dessa vez da supremacia nacional monetária, no altar da unidade europeia. O compromisso reafirmado de uma "Alemanha europeia" deveria afastar para sempre os temores estrangeiros e as tentações nacionais sobre a "Europa alemã".

"Estados Unidos da Europa" – a ousada fórmula de Monnet para um mundo pós-nacional ganhou uma materialidade mais prosaica na Comunidade Europeia, inaugurada em 1957. O gesto fundador deu-se em Roma, cercado por um simbolismo elétrico. Roma é a metáfora do império, isto é, o oposto perfeito da nação. O Estado-Nação é o poder de uma entidade política singular e homogênea, que exerce sua soberania num sistema internacional de Estados soberanos. O império é o poder universal de um soberano, que se exerce sobre uma miríade heterogênea de povos. O mito da restauração de Roma, a memória abstrata de um tempo de unidade, pairava sobre os estadistas que fundaram a Comunidade Europeia.

A força foi a ferramenta das diversas tentativas medievais e modernas de reinvenção de Roma. Tratava-se, mais de meio século atrás, de restaurá-la pelo instrumento do consenso. Mas, mesmo depois de Maastricht, a realidade nunca se confundiu com o mito. A Europa que se veste com as roupagens do império é uma comunidade de Estados nacionais. Além da esfera de soberanias compartilhadas, subsistem as nações, com seus sistemas políticos próprios, suas leis singulares e seus governos particulares. Quando a tempestade ameaça varrer o euro e toda a herança de Monnet, os holofotes iluminam os encontros entre os chefes de governo da Alemanha e da França, não a

Comissão Europeia ou os burocratas que ninguém elegeu instalados na ilha europeia de Bruxelas.

Há duas décadas, Kohl invocou a promessa sagrada da unidade alemã para convencer os eleitores de que os alemães-orientais eram concidadãos e, por isso, valia a pena subsidiar a troca de marcos orientais na equivalência artificial de um para um. Merkel carece do argumento de Kohl, quando se trata de gregos, portugueses, irlandeses, espanhóis ou italianos. Uma coluna da revista *The Economist* registra que a palavra alemã *Schulden*, que significa "dívida", deriva de *Schuld*, cujo significado é "culpa". A tradição luterana se mescla à vívida memória da hiperinflação da República de Weimar para formar um denso caldo de resistência às propostas de resgate europeu dos países endividados. A ideia de união fiscal, contrapartida aparentemente indispensável à união monetária, assumiria a forma imediata de uma "união da dívida", pela emissão de títulos europeus ou por um aumento dramático nos recursos do Fundo Europeu de Estabilidade Financeira. Mas é precisamente isso que Merkel qualificou como inaceitável.

Quanto vale a Europa? Sondagens de opinião entre os alemães revelam uma rejeição majoritária de novos pacotes de salvamento dos países que rondam o precipício. Simetricamente, entre os gregos, uma sólida maioria recusa a transferência da soberania popular sobre a economia nacional para Berlim e Bruxelas, condição quase explícita do plano de resgate em curso. Merkel tem dias, talvez semanas, para começar a falar sobre Stálin e Hitler. O valor da Europa depende do eco que, tanto tempo depois, ainda puder gerar a menção a esses nomes sinistros.

13.10.2011

# Havel, cebolas e cenouras

Há um mês, ontem, morreu Václav Havel. No dia seguinte ao enterro, 80 mil manifestantes reunidos em Moscou interromperam por um minuto o protesto contra Vladimir Putin para homenageá-lo em silêncio. Eles perceberam que o mundo ficou mais pobre sem Havel. O intelectual, dramaturgo e dissidente tcheco ensinou, ao longo de uma vida, que o contrário do comunismo não é o capitalismo, mas a verdade.

Havel não era um dramaturgo excepcional, nem um ensaísta genial. Contra o cenário fulgurante da vida literária, artística e filosófica da Europa Central, suas peças e textos parecem, com apenas uma exceção notável, experimentos secundários. "A obra mais importante de Havel é sua própria vida", disse o romancista Milan Kundera. E, no entanto, ele fez mais diferença que qualquer outro.

A dissidência comunista nasceu junto com a consolidação do poder bolchevique na Rússia. Antes de Hannah Arendt iluminar os paralelos entre o comunismo e o nazismo (*Origens do totalitarismo*, 1951), figuras como Victor Serge (*É meia-noite no século*, 1939), Arthur Koestler (*O zero e o infinito*, 1940) e George Orwell (*A revolução dos bichos*, 1945) cortaram o corpo apodrecido do sistema soviético com o bisturi da literatura e escancararam a natureza do totalitarismo. Havel inspirou-se nesses predecessores para formular o seu diagnóstico: o mal se manifestava como linguagem – e, justamente por isso, contaminava a sociedade inteira.

*O poder dos sem poder*, de 1978, é o grande voo ensaístico de Havel. Escrito logo após um encontro furtivo com o dissidente polonês Adam Michnik, o texto desvendou o segredo do poder comunista tardio. O terror stalinista, com seu cortejo indescritível de opressão e brutalidade, era coisa do passado. No lugar dele, instalara-se um sistema "pós-totalitário", expressão que não pretendia conotar a superação do totalitarismo, mas uma acomodação essencial das engrenagens de controle da sociedade. O fundamento do sistema residia na mentira ritualizada.

Por que o administrador da quitanda pendura na vitrine, junto com as cebolas e as cenouras, um cartaz com os dizeres "Trabalhadores do mundo, uni-vos!"?, indagou Havel. Ele não estava "genuinamente entusiasmado com a ideia da unidade dos trabalhadores do mundo". O cartaz fora "enviado da sede da empresa ao verdureiro, junto com as cebolas e cenouras". O homem o expunha porque "agia assim há anos", "todos fazem o mesmo" e "tais coisas devem ser feitas para que tudo corra bem na vida". O pós-totalitarismo comunista operava com base no hábito, na imitação, no medo e num interesse pessoal mesquinho. A doutrina que anunciara a libertação de toda a humanidade conservava-se no poder pelo estímulo organizado das inclinações humanas à subserviência, à hipocrisia e à covardia. O poder comunista pereceria quando as pessoas sem poder simplesmente se recusassem a desempenhar os papéis deploráveis que lhes haviam sido designados.

Na superfície, não parece existir nenhum traço comum entre Havel e o polonês Leszek Kolakowski. O tcheco nunca foi comunista; o polonês ingressou no Partido na juventude, destacando-se como brilhante promessa. Por razões políticas, as portas da universidade fecharam-se ao tcheco; pelas mesmas razões, abriram-se de par em par ao polonês, que cursou filosofia e, em 1950, ganhou uma viagem à "pátria do socialismo". A visita teve consequências inesperadas, pois aquela fresta para a "desolação material e espiritual" da União Soviética quebrou sua fidelidade ideológica, convertendo-o em dissidente. Mesmo nessa condição, porém, um abismo o separava de Havel: o polonês entregou-se à crítica da filosofia marxista da história, transitando numa esfera teórica distante dos interesses intelectuais do tcheco.

Entretanto, um fio profundo une Kolakowski a Havel. De volta à Polônia, Kolakowski publicou um ensaio devastador que contestava o núcleo do pensamento marxista. A história não é previsível, escreveu, delineando um raciocínio que o conduziria à conclusão de que o stalinismo não representava uma aberração do comunismo, mas sua plena realização. O dogma da previsibilidade da história é a fonte da noção de que os destinos da sociedade devem ser depositados no Partido. Tal noção, por sua vez, esculpe a linguagem política da mentira, privando a sociedade de valores genuínos e esvaziando a vida pública de qualquer sentido cívico.

A Revolução de Veludo de 1989 transferiu um relutante Havel dos bastidores do teatro Lanterna Mágica para o Castelo de Praga. No cargo quase simbólico de presidente da Tchecoslováquia, ele convidou Frank Zappa para tocar no concerto *Adeus ao Exército soviético*, última *performance* pública do músico. Também evitou que a separação entre a República Tcheca e a Eslováquia degenerasse nos horrores do conflito étnico. Há três anos, como ato político derradeiro, Havel inspirou a Declaração de Praga, que classifica o comunismo, ao lado do nazismo, como causa dos mais terríveis crimes do século XX. O documento solicita que 23 de agosto, data da assinatura do Pacto Molotov-Ribbentrop, seja transformado em dia de memória das vítimas dos dois totalitarismos paralelos.

Dias atrás, a blogueira cubana Yoani Sánchez divulgou um apelo em vídeo à presidente Dilma Rousseff. Yoani foi convidada para a estreia do documentário *Conexão Cuba Honduras*, do cineasta Dado Galvão, na Bahia, em fevereiro, mas o governo cubano continua a negar-lhe uma autorização de viagem. Ela não pode viajar, pois, como ensinou Havel, escolheu "viver na verdade", recusando-se a seguir o roteiro escrito pelo pós-totalitarismo. Todos nós podemos erguer um brinde em memória ao dissidente tcheco. Dilma tem a oportunidade de homenageá-lo por meio de um gesto especial, intercedendo em favor de Yoani. Nossa presidente fará uso desse privilégio ou preferirá celebrar uma mentira emoldurada por cebolas e cenouras?

19.1.2012

# O julgamento da história

"O mais atrevido e escandaloso esquema de corrupção e de desvio de dinheiro público flagrado no Brasil", segundo a definição do procurador-geral da República Roberto Gurgel no seu memorial conclusivo, começa a ser julgado hoje pelo STF. A palavra "história" está um tanto desgastada. Quase tudo, de casamentos de celebridades a jogos de futebol, é rotineiramente declarado "histórico". O adjetivo, contudo, deve ser acoplado ao julgamento do mensalão – e num duplo sentido. A corte suprema está julgando os perpetradores de uma tentativa de supressão da independência do Congresso e, ao mesmo tempo, dará um veredicto sobre um tipo especial de corrupção, que almeja a legitimidade pela invocação da História (com "H" maiúsculo).

Silvio Pereira, o "Silvinho Land Rover", então secretário-geral do PT, tornou-se uma figura icônica do mensalão, pois, ao receber o veículo, conferiu ao episódio uma simplória inteligibilidade: corruptos geralmente obtêm acesso a "bens de prazer" e a "bens de prestígio" em troca de sua contribuição para os esquemas criminosos. No caso, porém, o ícone mais confunde do que esclarece. "Vivo há 28 anos na mesma casa em São Paulo, me hospedo no mesmo hotel simples há mais de vinte anos em Brasília, cidade onde trabalho de segunda a sexta", disse em sua defesa José Genoino, então presidente do PT e avalista dos supostos empréstimos multimilionários tomados pelo partido.

Genoino quer, tanto por razões judiciais quanto políticas, separar sua imagem da imagem de Silvinho – e não mente quando aborda o tema da honestidade pessoal. Os arquitetos principais do núcleo partidário do mensalão não operavam um esquema tradicional de corrupção, destinado a converter recursos públicos em patrimônios privados. Eles pretendiam enraizar um sistema de poder, produzindo um consenso político de longo alcance. O episódio deveria ser descrito como um acidente necessário de percurso na trajetória de consolidação da nova elite política petista.

José Dirceu, o "chefe da quadrilha", opera atualmente como lobista de grandes interesses empresariais, não compartilha o estilo de vida monástico de Genoino mas também não parece ter auferido vantagens pecuniárias diretas no episódio em julgamento. O então poderoso chefe da Casa Civil comandou o esquema de aquisição em massa de parlamentares com o propósito de assegurar a navegação de Lula nas águas incertas de um Congresso sem maioria governista estável. Dirceu conduziu a perigosa aventura em nome dos interesses gerais do lulismo – e, imbuído de um característico sentido de missão histórica, aceitou o papel de bode expiatório inscrito na narrativa oficial da inocência do próprio presidente. Há um traço de tragédia em tudo isso: o mensalão surgiu como "necessidade" apenas porque o neófito Lula rejeitou a receita política original formulada por Dirceu, que insistira em construir extensa base governista sustentada sobre uma aliança preferencial entre o PT e o PMDB.

A corrupção tradicional envenena lentamente a democracia, impregnando as instituições públicas com as marcas dos interesses privados. O caráter histórico do episódio em julgamento deriva de sua natureza distinta: o mensalão perseguia a virtual eliminação do sistema de contrapesos da democracia, pelo completo emasculamento do Congresso. A apropriação privada fragmentária de recursos públicos, por mais desoladora que seja, não se compara à fabricação pecuniária de uma maioria parlamentar por meio do assalto sistemático ao dinheiro do povo. Os juízes do STF não estão julgando um caso comum, mas um estratagema golpista devotado a esvaziar de conteúdo substantivo a democracia brasileira.

No PT, "Silvinho Land Rover" será, para sempre, um "anjo caído", mas o tesoureiro Delúbio Soares foi festivamente recebido de volta, enquanto Genoino frequenta reuniões da direção e José Dirceu é aclamado quase como mártir. O contraste funciona como súmula da interpretação do partido sobre o mensalão. Ao contrário do dirigente flagrado em prática de corrupção tradicional, os demais serviam a um desígnio político maior – um fim utópico ao qual todos os meios devem se subordinar. São, portanto, "heróis do povo brasileiro", expressão regularmente empregada nas ovações da militância petista a Dirceu.

O PT renunciou faz tempo à utopia socialista. Na visão do "chefe da quadrilha", predominante no seu partido, o PT é a ferramenta de uma utopia substituta: o desenvolvimento de um capitalismo nacional autônomo. Segundo tal concepção, o lulismo figuraria como a retomada de um projeto deflagrado por Getúlio Vargas e interrompido por Fernando Henrique Cardoso. Nas condições postas pela globalização, tal projeto dependeria da mobilização massiva de recursos estatais para o financiamento de empresas brasileiras capazes de competir nos mercados internacionais. A constituição de uma nova elite política, estruturada em torno do PT, seria componente necessário na edificação do capitalismo de Estado brasileiro. Sobre o pano de fundo do projeto de resgate nacional, o mensalão não passaria de um expediente de percurso: o atalho circunstancial tomado pelas forças do progresso fustigadas em uma encruzilhada crucial.

A democracia é um regime essencialmente antiutópico, pois seu alicerce filosófico encontra-se no princípio do pluralismo político: a ideia de que nenhum partido tem a propriedade da verdade histórica. Na democracia, as leis valem para todos – mesmo para aqueles que, imbuídos de visões, reclamam uma aliança preferencial com o futuro. O "herói do povo brasileiro" não passa, aos olhos da lei, do "chefe da quadrilha" consagrada à anulação da independência do Congresso. Ao julgar o mensalão, o STF está decidindo, no fim das contas, sobre a pretensão de uma corrente política de subordinar a lei à história – ou seja, a um projeto ideológico. Há, de fato, algo de histórico no drama que começa hoje.

2.8.2012

# A cor do gato

"Não importa se o gato é preto ou branco, desde que cace os ratos." A linha célebre, pronunciada em 1961 por Deng Xiaoping, produziu um gato furta-cor, que exerce efeitos ideológicos hipnóticos sobre a direita ultraliberal e a esquerda pós-soviética. Milton Friedman enxergou na China (e no Chile de Pinochet) um laboratório de ensaios para a doutrina da liberdade econômica absoluta, não limitada pela teia de direitos sociais e prerrogativas sindicais tecida no Ocidente. A esquerda irreformável, por sua vez, enxerga na China uma nova alternativa ao capitalismo, um contraponto aos Estados Unidos e um modelo ideal de concentração de poder nas mãos do Estado. Hoje, o gato chinês encontra-se diante de uma encruzilhada histórica: para continuar a caçar os ratos, ele precisa reinventar-se, frustrando seus admiradores nos dois polos do espectro político.

A economia é o desafio número um. A fórmula do capitalismo de Estado propiciou um salto impressionante do PIB *per capita*, de cerca de mil dólares, em 1992, para quase 8.400 dólares, em 2011, inscrevendo a China entre os países de média renda e resgatando milhões de camponeses da esfera da miséria. Contudo, o "milagre" realizou-se a partir de um patamar inicial muito baixo e na moldura favorável da expansão global financiada à base de crédito e endividamento. O ciclo da "acumulação primitiva" está se fechando no compasso do aumento dos custos do trabalho. Fábricas começam a se transferir das províncias litorâneas para o interior, em busca de mão de obra mais barata. As economias americana e europeia não são capazes de continuar a absorver o excedente chinês de poupança produtiva. Na China, encerrou-se a era do crescimento anual de dois dígitos e, para evitar uma trágica retração, a liderança que assume o poder tem a missão arriscada de buscar um novo equilíbrio por meio do estímulo à demanda interna.

A demografia é o segundo desafio. Sob a "política do filho único", a China desviou-se da curva normal de transição demográfica. Nas últimas quatro décadas, a política antinatalista reduziu o incremento populacional em 300 milhões de pessoas. Em termos absolutos, a população chinesa começará a declinar antes de 2030. A idade média dos chineses aproxima-se de 35 anos. A proporção de idosos, com mais de sessenta anos, saltará de 12,5%, em 2010, para 20%, em 2020. Na ausência de um sistema abrangente de seguridade social, o fenômeno gera poupança familiar compulsória, improdutiva e de longo prazo, comprimindo o consumo potencial. Jamais, na história, um país envelheceu antes de enriquecer. A redução da população ativa já se iniciou e experimentará aceleração. Verifica-se oferta insuficiente de mão de obra em algumas regiões e, de modo geral, a tendência ao envelhecimento contribui para o aumento dos custos do trabalho.

O terceiro desafio é ambiental – ou, precisamente, socioambiental. A matriz energética chinesa baseia-se no carvão mineral, responsável por 66% do consumo total. A queima de carvão em termelétricas tradicionais provoca elevadas emissões de gases de estufa e contamina o ar das cidades e regiões industriais. Nas periferias urbanas e nas áreas de extração mineral, a contaminação dos cursos fluviais e dos solos atinge níveis alarmantes. A construção de hidrelétricas, rodovias e ferrovias causa remoções em massa de populações e acende fogueiras de desespero. A imagem lendária de coesão social e disciplina confuciana nunca correspondeu à realidade chinesa. Atualmente, porém, o país conhece extensiva turbulência fragmentária, que se manifesta na forma de milhares de motins locais.

A questão da liberdade é o fio subterrâneo que interliga os desafios da economia, da demografia e da ecologia. Em 1989, a Primavera de Pequim, na praça da Paz Celestial, foi suprimida à bala. Em seguida, com o relançamento das reformas econômicas, Deng Xiaoping conseguiu firmar um contrato social temporário por meio do qual os chineses trocaram a demanda de liberdade pela expectativa de aumento sustentado dos níveis de renda e consumo. Hoje, quase um quarto de século depois, o intercâmbio tornou-se inviável, pois a liberdade converteu-se em condição tanto para a estabilidade quanto para a prosperidade.

Greves operárias riscam, ano após ano, o cenário da China. Mais recentes são os protestos da nova classe média, que é o atual alicerce social do Partido Comunista. Na cidade portuária de Ningbo, jornadas de revolta provocaram o congelamento de um projeto de expansão de um complexo químico. Antes, em julho, manifestações de massa bloquearam a construção de uma refinaria de cobre em Shifang e de um duto de esgoto em Qidong. Na era das mídias sociais, os microblogs perfuram a muralha da censura estatal e descerram o véu que recobre a corrupção desenfreada no círculo interno do poder. Há três meses, sites oficiais republicaram um relatório destinado a altos dirigentes do Partido que alerta para a hipótese de "tumultos sociais generalizados ou revolução violenta".

A expressão "armadilha da renda média" circula nos textos analíticos dos acadêmicos ligados à elite dirigente. Superada a etapa da "acumulação primitiva", a China só evitará uma prolongada estagnação se engendrar um ciclo de expansão baseado no consumo interno, no investimento privado doméstico, na concorrência e na inovação. Tudo isso depende de segurança jurídica, direitos de propriedade, redes de proteção social, mecanismos de fiscalização do governo e vigência das liberdades públicas básicas. No fundo, o Partido está diante do supremo desafio de sabotar o sistema totalitário que assegura sua hegemonia.

O ex-primeiro-ministro Zhu Rongji, um visionário, pediu a realização de eleições competitivas para a direção do Partido. Ele sabe que já é hora de subverter a lição de Deng: a cor do gato tem importância crucial.

8.11.2012

# Niemeyer, a arquitetura da destruição

Num documentário dos anos 1920, pode-se ver Le Corbusier esfregando um lápis preto grosso sobre uma vasta área do mapa do centro de Paris, "com o entusiasmo do Bombardeiro Harris planejando a aniquilação de uma cidade alemã na Segunda Guerra Mundial", escreveu Theodore Dalrymple em um saboroso artigo no *City Journal*. O célebre arquiteto esquematizava a fantasia totalitária do Plano Voisin, uma coleção geométrica de dezoito torres de escritórios cruciformes de sessenta andares, completadas por conjuntos habitacionais delimitando superquadras. Você pode gostar do Palácio Capanema (eu gosto), da Catedral de Brasília (adoro), do Itamaraty (é lindo), da sede do PCF (não gosto) e até do Memorial da América Latina (detesto) ou do MAC de Niterói (acho ridículo), mas não tem o direito intelectual de separar a obra de Oscar Niemeyer de suas raízes doutrinárias. Niemeyer inscreve-se na matriz de Le Corbusier, o fundador de uma arquitetura da destruição que, consagrada à estética do poder, odeia a história, o espaço público e as pessoas comuns.

Certamente Niemeyer não é um simples epígono de Le Corbusier, com suas "grandes caixas sobre varetas" (Frank Lloyd Wright), uma "marca registrada vulgar da forma moderna" (Lewis Mumford). O brasileiro foi um inventor: seu traço curvou sinuosamente o concreto, tropicalizando a arquitetura moderna. Contudo, suas estratégias compositivas e seu repertório fechado de formas não derivam de supostas inspirações renascentistas ou barrocas, mas dos princípios neoclássicos, que são os de Le Corbusier. Para além disso, Niemeyer compartilhou com seu mestre a crença fundamental na "missão civilizatória" do Estado – isto é, no privilégio estatal de mobilizar ilimitadamente a terra urbana para esculpir a cidade (e a sociedade) segundo os ideais da elite dirigente. Os dois arquitetos solicitam o patrocínio de tiranos – ou melhor, de tiranos com uma visão.

Na imprensa brasileira, a morte de Niemeyer foi acompanhada por dois tipos predominantes de avaliações. De um lado, afirmou-se que sua obra é genial, pois reflete seu "pensamento humanista" – uma opinião abominável, mas coerente. De outro, afirmou-se que sua obra, genial, deve ser separada de suas deploráveis convicções políticas – um diagnóstico incoerente e inconsequente. A arquitetura de Niemeyer, como a de Le Corbusier, não é apenas uma derivação de suas inclinações ideológicas mas também uma plataforma para sua desejada aliança entre os arquitetos e o poder político. Le Corbusier serviu tanto a Stálin quanto ao regime colaboracionista de Vichy. "A França precisa de um Pai", clamou o arquiteto pouco antes da publicação de *A cidade radiosa*, em cujo frontispício lia-se: "Este livro é dedicado à Autoridade". Eis a chave para decifrar as suas obras – e as de Niemeyer.

A Piazza della Signoria, que não tem nenhuma árvore, é uma maravilha do espírito humano. Não é preciso reproduzir a crítica romântica, que condena o "concreto" e exige o "verde", nem é necessário aderir aos princípios da arquitetura orgânica para repudiar o monumentalismo brutal dos sacerdotes do Templo Moderno. "O plano deve governar. A rua deve desaparecer", escreveu Le Corbusier em 1924, indicando o rumo que seria adotado por Niemeyer. O impulso destrutivo está contido em cada uma das intervenções arquitetônicas de ambos, inclusive nas mais belas.

Uma edificação de Niemeyer jamais se relaciona significativa ou funcionalmente ao entorno construído, que ele despreza, pois não emergiu de seu traço. Os espaços residuais entre volumes projetados pelo arquiteto nunca adquirem identidade e servem somente para a contemplação de seus monumentos à Autoridade. Quanto maior é a escala do projeto, mais evidente se torna a "modernidade anacrônica" de Niemeyer. "O papel ordenador do espaço aberto, com suas ruas, praças, pontos de encontro e mercados" dilui-se, em Brasília, "num espaço sem limites e sem outra função que a de emoldurar edifícios isolados e esculturais" (J. C. Durand & E. Salvatori).

A estética de Niemeyer é uma declaração política. Em Brasília, como registrou James Holston, o contraste tipológico entre os edifícios públicos, "objetos excepcionais, figurais, de cunho monumental" e os edifícios residenciais, "objetos seriais, repetidos, que são cotidianos", representa a utopia regressiva almejada pelo arquiteto. Tinha razão Alberto Moravia quando escreveu para um jornal italiano que a capital recém-inaugurada fazia as pessoas se sentirem "como os minúsculos habitantes de Lilliput" e procurarem "no céu vazio a forma ameaçadora de um novo Gulliver".

"Nunca escondi minha posição de comunista. Os governantes compreensivos, que me convocam como arquiteto, sabem da minha posição ideológica. Pensam que sou um equivocado e eu deles penso a mesma coisa", escreveu Niemeyer, num exercício de cínico ilusionismo. Você sabe qual é a espessura média de concreto por metro quadrado no Memorial da América Latina? Nenhum "governante compreensivo" se equivoca ao convocar o "arquiteto comunista" cujos projetos oferecem as melhores oportunidades no jogo do superfaturamento de obras públicas.

Vivemos em tempos de ressurgimento de um verde-amarelismo satisfeito, balofo e triunfalista. Felipão, Lula, Eike Batista, José Sarney cristalizaram-se como patrimônios da nacionalidade. Na hora da morte de Niemeyer, uma gosma indiferenciada de bajulação asfixiou o debate público e as páginas dos jornais se fecharam à diversificada crítica à arquitetura totalitária formulada por urbanistas, arquitetos, sociólogos, antropólogos e filósofos. A discussão, tão necessária, sobre a cidade e a história, o Estado e a sociedade, a forma moderna e a vida urbana foi interditada pelo coro ruidoso das sentenças ornamentais do senso comum. "Brasil, ame-o ou deixe-o": quanto demorará para alguma estatal restaurar o slogan de Emílio Médici?

20.12.2012

# Nosso amigo, o usurpador

A Venezuela já não tem um governo constitucional. Desde o 10 de janeiro, data do autogolpe do chavismo, o país encontra-se sob regime de exceção. A chefia de Estado é exercida por um usurpador, Nicolás Maduro, que não representa o povo, mas apenas o desejo do caudilho enfermo, tal como interpretado pelos altos círculos "bolivarianos". O próprio Hugo Chávez, internado em Havana, está sob os cuidados e o controle da ditadura cubana, que gerencia segundo seus critérios as informações sobre a saúde do paciente. Os venezuelanos, inclusive os eleitores do caudilho, não apenas perderam os meios para influir sobre o governo de seu país como também assistem à cassação de seu direito a saber o que se passa com o presidente reeleito. Quando usa a palavra "democracia" para fazer referência à Venezuela atual, Dilma Rousseff trai os valores que jurou preservar ao assumir a presidência do Brasil.

Na democracia, a instituição da Presidência da República distingue-se da figura do presidente da República, que é o ocupante eventual do cargo. Nos regimes de caudilho, a distinção conceitual inexiste e, quando imposta por circunstâncias incontroláveis, torna-se fonte de crises dilacerantes. Chávez iludiu o povo ao apresentar sua candidatura à reeleição garantindo, mentirosamente, estar curado de um câncer cujas características jamais foram expostas aos eleitores. Em tese, um candidato chavista alternativo poderia disputar as eleições com chances de vitória, mas a hipótese não foi sequer considerada, pois a estabilidade do regime repousa sobre a figura do caudilho.

Segundo a Constituição venezuelana, na ausência do presidente eleito, o presidente da Assembleia Nacional, Diosdado Cabello, deveria assumir provisoriamente a Presidência. O governo provisório nomearia então uma junta médica para determinar se a ausência é temporária ou definitiva, caso em que seriam convocadas novas eleições. Mas, em Havana, a cúpula chavista reunida com Raúl Castro decidiu-se pela declaração da "continuidade" do governo de Chávez, violando duplamente a norma constitucional. A rejeição da instalação do governo provisório destinou-se a evitar a separação entre a instituição da Presidência e a figura do caudilho. A rejeição da nomeação da junta médica destinou-se a preservar o sigilo sobre a situação médica do caudilho – ou seja, de fato, a consolidar a transferência para o regime castrista da palavra decisiva sobre a política venezuelana.

Os líderes chavistas justificaram a violação da norma invocando o respeito à "soberania popular", isto é, ao voto do eleitorado que conferiu o novo mandato a Chávez. Efetivamente, porém, entregaram a Presidência a alguém que não foi eleito por ninguém: Maduro, o vice-presidente nomeado por Chávez no mandato que se encerrou em 9 de janeiro. Na Venezuela, vices-presidentes não são eleitos, mas nomeados e demitidos pelo presidente como qualquer ministro. O usurpador instalado no palácio presidencial de Caracas não tem a legitimidade de Chávez nem a de Cabello, que representa o parlamento. Justamente por esse motivo, foi alçado ao exercício da Presidência: Maduro é o reflexo espectral do caudilho, cumprindo a missão de ocupar o vazio político no lugar de um detentor de legitimidade popular – mesmo se esse personagem é um chavista histórico como Cabello.

Não se sustenta o paralelo sucessório com o Brasil do ocaso da ditadura militar. Em março de 1985, hospitalizado às pressas, o presidente eleito Tancredo Neves faltou à própria posse. O vice-presidente eleito José Sarney assumiu a Presidência por força de um acordo inconstitucional entre líderes civis e militares que evitou a entrega da chefia de Estado ao presidente da Câmara, o oposicionista Ulysses Guimarães. Apesar de tudo, o compromisso apoiou-se nos andrajos de legitimidade de Sarney – que, na condição de companheiro de chapa de Tancredo, triunfara no Colégio Eleitoral. Na Venezuela, em contraste, o cargo de presidente é exercido por um personagem carente de legitimidade democrática: Maduro só ocupa a cadeira presidencial pois, desde que Chávez o sagrou como "sucessor", converteu-se no "corpo substituto" do caudilho.

Regimes revolucionários não admitem os limites impostos pelas leis. Entretanto, até hoje, o chavismo moveu-se na esfera de uma legalidade relativa, sempre ampliada e continuamente reinterpretada. Agora, uma corte suprema dominada por juízes chavistas bem que tentou preservar as aparências legais, mas só conseguiu cobrir-se de ridículo. O tribunal não podia prorrogar o mandato de Chávez, algo flagrantemente arbitrário, nem proclamar que um novo mandato teve início sem a posse do presidente, pois isso implicaria a vacância da vice-presidência e dos demais cargos ministeriais. Os juízes "solucionaram" o dilema pela declaração onírica de que, sob o "princípio da continuidade administrativa", o antigo mandato prossegue como um mandato novo. O vulgar truque circense serve para conferir um verniz legal à permanência do vice-presidente e dos outros ministros nos cargos que ocuparam no mandato presidencial encerrado.

O dirigente chavista Elías Jaua definiu o autogolpe chavista como "um marco na construção da democracia": a comprovação de que "o povo manda por cima dos formalismos da democracia burguesa". O Paraguai foi corretamente suspenso do Mercosul após um processo parlamentar de impeachment que respeitou a letra da Constituição, mas violou seu espírito ao negar ao presidente o direito à ampla defesa. A Venezuela é um caso muito mais grave, pois o autogolpe viola tanto a letra quanto o espírito da Constituição. O governo brasileiro, contudo, indiferente aos imperativos básicos de coerência, abraça-se ao usurpador e sacrifica a cláusula democrática do Mercosul às taras ideológicas do PT. O nome disso é corrupção moral.

17.1.2013

# Não se preocupe, embaixador

A Carlos Zamora Rodríguez, embaixador de Cuba no Brasil:

Circulam rumores de que a passagem da blogueira Yoani Sánchez pelo Brasil terá efeitos desastrosos para sua carreira diplomática. Escrevo para acalmá-lo. À luz dos critérios políticos normais, qualquer um dos quatro motivos mencionados como causas possíveis de sua queda seria suficiente para fulminar um diplomata. Contudo, os governos de Cuba e do Brasil não se movem por critérios normais.

Comenta-se, em primeiro lugar, que o Planalto solicitaria sua remoção em reação à interferência ilegal da embaixada nos assuntos internos do país. De fato, é ultrajante reunir militantes do PT e do PCdoB na representação diplomática cubana para distribuir um CD contendo calúnias contra uma cidadã em visita ao Brasil. Mas não se preocupe. Sob Lula, quando prendeu e deportou os pugilistas cubanos que tentavam emigrar, o governo brasileiro violou a Carta Interamericana de Direitos Humanos para atender a um desejo de Havana. Dilma Rousseff só precisa ignorar a violação de leis nacionais para encerrar o "caso Yoani".

Em segundo lugar, corre o rumor de que Havana pretende substituí-lo por razões de incompetência funcional. A causa seria o vazamento para *Veja* das informações sobre a reunião na embaixada, que contou com a presença de Ricardo Poppi Martins, auxiliar do ministro Gilberto Carvalho – uma notícia depois confirmada pela própria Secretaria-Geral da Presidência. Certamente, as agências de inteligência de seu país não apreciaram a condução desastrada da operação, mas duvido que o governo de Raúl Castro desconsidere os fatores atenuantes: a inconveniência representada pela liberdade de imprensa e os "dilemas morais pequeno-burgueses" de militantes de esquerda não submetidos ao centralismo do Partido Comunista cubano.

Um terceiro motivo para seu afastamento residiria nas implicações lógicas das acusações difundidas pela embaixada contra a blogueira. O CD qualifica Yoani como "mercenária financiada pelo governo dos EUA" para "trabalhar contra o povo cubano". Afirmar isso, porém, significa dizer que, mesmo dispondo das provas da atuação de uma agente inimiga em seu território, o governo de Cuba optou por não prendê-la e processá-la, colocando em risco a segurança do país. O raciocínio, impecável, destruiria um diplomata de um país democrático, mas não arranhará sua reputação perante o regime dos Castro: o discurso totalitário não almeja a persuasão racional, não se deixa limitar pela regra da consistência interna e não admite o escrutínio da crítica.

Afigura-se mais grave a quarta razão que apontam como ameaça à sua carreira. Ao estimular a perseguição movida por hordas de militantes organizados contra Yoani, a embaixada amplificou a voz e o alcance da mensagem da blogueira, produzindo um efeito contrário ao desejado por Havana. Construído no terreno de um cínico pragmatismo político, o argumento parece irretocável, mas não creio que deveria alarmá-lo. Na perspectiva do regime cubano, as repercussões da visita sobre a opinião pública são o preço a pagar pela afirmação de um princípio inegociável do totalitarismo: os dissidentes nunca estão a salvo da violência real ou simbólica do "ato de repúdio".

O "ato de repúdio" é o equivalente político do estupro de gangue. Na China da Revolução Cultural, onde alcançou o apogeu, a prática chamava-se "assembleia de denúncia". Segundo o relato de Jung Chang, uma jovem chinesa que testemunhou aqueles tempos, a Universidade de Pequim realizou sua pioneira "assembleia de denúncia" em 18 de junho de 1966, quando o reitor e dezenas de professores sofreram espancamentos e foram obrigados a permanecer ajoelhados durante horas em meio à multidão histérica. "Enfiaram à força em suas cabeças chapéus cônicos de burro, com slogans humilhantes" e "derramaram tinta em seus rostos para deixá-los negros, a cor do mal" (*Cisnes selvagens: três filhas da China*). A matriz chinesa, nós dois sabemos, inspirou a ditadura cubana, cujos "atos de repúdio" excluem a tortura, mas não a violência física moderada, a intimidação direta e uma torrente de insultos.

Yoani relata no seu blog o primeiro "ato de repúdio" a que assistiu, quando tinha cinco anos ("As pessoas gritavam e levantavam os punhos ao redor da porta de uma vizinha"), e outro, do qual foi vítima junto com as Damas de Branco ("as hordas da intolerância cuspiram em nós, empurraram e puxaram o cabelo"). No "ato de repúdio", o "inimigo do povo" deve ser despido de sua condição humana e convertido em joguete da violência coletiva. A agressão física é um corolário último desejável, mas não é um componente necessário do ritual – e, dependendo das circunstâncias políticas, deve ser prudentemente evitada. Estou convicto de que sua embaixada levou isso em conta quando indicou o caminho dos atos contra Yoani.

Seu conhecido Breno Altman, um quadro político do PT, defendeu os "atos de repúdio" contra a blogueira em debate televisivo, alegando que "ninguém saiu ferido". De fato, apenas em Feira de Santana chegaram a empurrar Yoani e a puxar-lhe o cabelo. Na mesma cidade e em São Paulo, gangues de vândalos a insultaram em público, cassaram-lhe o direito à palavra, ameaçaram pessoas que queriam escutá-la, provocaram o cancelamento de eventos literários e cinematográficos. Tudo isso caracteriza constrangimento ilegal, um crime contra as liberdades públicas e individuais.

No Brasil, a palavra de Yoani desmoralizou a ditadura cubana. Mas, nessa particular guerra de princípios, sua embaixada venceu: a polícia não interferiu, os "intelectuais de esquerda" silenciaram, a editora que publica Yoani se eximiu da obrigação de protestar e uma imprensa confusa sobre a linguagem dos valores democráticos qualificou os vândalos como "manifestantes". Por sua iniciativa, o "ato de repúdio" fincou raízes no meu país. Creio que lhe devem uma medalha.

28.2.2013

# Protesto

E, do caos, fez-se o protesto. No início, manifestações pequenas degeneraram, previsivelmente, em violência e depredação. Truculências policiais, uma vaia avassaladora contra Dilma Rousseff e manifestações com outra pauta, sobre os gastos públicos na farra da Copa do Mundo, pontuaram o estágio intermediário. Enfim, protestos multitudinários tomaram as ruas de São Paulo, do Rio de Janeiro, de Belo Horizonte e de Brasília. A sequência desafia a lógica convencional e escapa às ferramentas de tradução dos políticos, mas lança alguma luz sobre uma crise larvar que, agora, emergiu. Bem na hora em que o Palácio do Planalto se preparava para tocar novamente uma velha canção da Copa do Mundo de 1970, o céu desabou.

Nada houve de espontâneo na etapa inicial. Os movimentos pelo "passe livre" são constituídos por autointitulados "anarquistas", seitas esquerdistas e jovens indignados que se movem à margem dos aparelhos da esquerda oficial (PT, PCdoB, sindicatos, UNE). Nas franjas dos movimentos, circulam bandos de *punks* à caça de oportunidades para confrontos com a polícia. O "passe livre", uma utopia socialmente reacionária, funcionava como pretexto para quimeras diversas: a "superação do capitalismo", a "revolução proletária", a "guerra urbana". As vergonhosas distorções de nossos sistemas de transporte coletivo – avessos à transparência, hostis aos usuários, pontilhados de privilégios, curvados pela associação oculta entre empresas de ônibus e políticos – não interessam realmente aos grupos radicalizados que protagonizaram as primeiras manifestações.

Há sintomas de uma notável regressão política. As passeatas estudantis de 1977 contra a ditadura militar tinham linha de frente e cordões de segurança, elementos ausentes nos protestos em curso. A desordem prestou-se à ação de incendiários e depredadores. Governantes e chefes de polícia despreparados multiplicaram o caos, produzindo cenas chocantes de violência contra manifestantes pacíficos. Mas a escala faz a diferença: quando dezenas de milhares foram às ruas, os encapuzados viram-se reduzidos à insignificância e, quase sempre, à impotência.

"Não é por centavos, é por direitos", esclarecia uma faixa no Rio de Janeiro. "Brasil, vamos acordar, o professor vale mais que o Neymar", cantou-se em São Paulo. Na segunda-feira, o "passe livre" já era só um pretexto coletivo para manifestações que exigiam o reconhecimento de um "direito ao protesto" e exprimiam uma frustração "difusa" e "crescente" – duas palavras usadas pelo ministro Gilberto Carvalho, a sombra onipresente de Lula no governo de Dilma. As marcas da juventude e de uma diversificada classe média, inclusive das periferias, estavam impressas nos protestos de massa. "Não é a Turquia, não é a Grécia – é o Brasil saindo da inércia", gritaram em São Paulo. Só se grita isso porque, de algum modo não óbvio, é "a Grécia" e "a Turquia".

A escala faz a diferença. As quimeras das seitas esquerdistas tornaram-se inaudíveis nos protestos de multidões. No lugar delas, desenhavam-se os contornos de uma agenda implícita, ainda não cozida no fogo da linguagem política. As pessoas estão fartas do governo e da oposição, da corrupção e da impunidade, da arrogância e do cinismo, da soberba e do descaso. O estádio superfaturado, o ônibus superlotado, a escola arruinada, a inflação, a criminalidade, o Dirceu e o Eike – é sobre isso que falam os manifestantes, ecoando palavras de milhões ainda inseguros quanto à conveniência de protestar nas ruas. O inimigo, que ninguém se engane, é toda a elite política reorganizada durante a década de balofa euforia do lulopetismo. Um preocupado Gilberto Carvalho alertou contra a tentação de "tirar proveito político, de um lado ou de outro" dos eventos da segunda-feira. Mestre no ofício de "tirar proveito político", ele já percebeu que um ciclo se fechou.

A política é, entre outras coisas, a arte de ordenar e hierarquizar as inquietações populares. No declínio da ditadura, estudantes e sindicalistas usaram as expressões "anistia", "liberdades democráticas", "direito de greve". Na hora da dissolução do regime militar, as oposições se reuniram em torno do estandarte das eleições diretas. A bandeira do impeachment, erguida por partidos e movimentos sociais, encerrou a saga desastrosa do governo Fernando Collor. Diante da hiperinflação, os tucanos ofereceram um programa de estabilização, reformas e privatizações. Na conjuntura de crises externas que erodiam os salários e as aposentadorias, o PT prometeu distribuir a renda e exterminar a pobreza. Hoje, porém, a "difusa" e "crescente" inquietação não encontra traduções políticas nítidas.

A desmoralização da ágora – eis a pior herança do lulopetismo. O governo Lula cooptou os movimentos sociais, convertendo-os em marionetes de suas ambições eleitorais, e reforçou os grilhões que prendem o movimento sindical ao poder de Estado. No governo Dilma, completou-se a construção de uma esmagadora maioria parlamentar alicerçada sobre a distribuição de sesmarias na administração direta e nas empresas estatais. Do lado de fora da ampla coalizão governista, destituídos de princípios ou convicções, os partidos de oposição remanescentes abdicaram da crítica e do debate, aguardando que um milagre transfira o poder para suas mãos. A política parlamentar democrática feneceu, exaurindo-se de sentido. As manifestações provavelmente teriam começado antes, não fossem as esperanças depositadas no julgamento do mensalão.

Nesse cenário, os protestos descrevem trajetórias pré-políticas e os manifestantes apalpam terreno desconhecido, em busca de uma linguagem e de uma agenda. A anomia não perdurará eternamente – mas, por enquanto, gera muito calor e pouca luz. De qualquer modo, uma festa terminou antes mesmo de começar: desconfio que "Pra frente Brasil" não será ouvida na Copa do Mundo de 2014.

20.6.2013

# A Copa de Lula

Todos podem protestar em todos os lugares – exceto nas imediações das sagradas arenas da Copa das Confederações. Essa foi a mensagem enviada pelas autoridades na "semana quente" das manifestações populares. Sem intervenção policial, manifestantes cercaram palácios e interromperam vias expressas. Em São Paulo, o eixo sensível da avenida Paulista, onde se concentram os hospitais, foi liberado para os protestos. Contudo, nas cidades-sede do evento, batalhões de choque delimitaram um "perímetro de segurança nacional" e atacaram manifestantes pacíficos que tentavam ultrapassá-lo. A regra do protesto ilimitado excluiu os "territórios internacionais" sob controle efetivo da Fifa. Nunca, numa democracia, um governo nacional se curvou tão completamente a uma potência externa desarmada.

    A bolha policial de isolamento dos estádios estendeu-se por dois a três quilômetros. Não se tratava de assegurar o acesso de torcedores às arenas, mas de impedir que as marcas dos protestos ficassem impressas sobre as marcas da Fifa e das empresas patrocinadoras. "A condição prévia para a Copa é a cessão temporária da soberania nacional à Fifa, que assume funções de governo interventor por meio do seu Comitê Local." Nesse espaço, dois anos atrás, Adriano Lucchesi e eu definimos a Copa do Mundo de 2014 como uma "festa macabra" justificada pela "lógica perversa do neopatriotismo".

    Não fomos os únicos, nem os primeiros. O jornalista Juca Kfouri deplorou o triunfo dos bons companheiros Lula da Silva e Ricardo Teixeira na hora da escolha do Brasil como sede do megaevento de negócios travestido de competição esportiva. O ex-jogador Romário honrou seu mandato parlamentar denunciando sistematicamente a farra de desvio de dinheiro público, que ainda faz seu curso. "A Fifa é o verdadeiro presidente do Brasil hoje", explicou, com a precisão e a simplicidade de que carecem tantos doutos cientistas políticos. Mas a rapinagem dos piratas ficou longe da mira dos partidos de oposição, que preferiram ocupar assentos periféricos na nave da Copa, compartilhando dos brindes erguidos em convescotes de autoridades, empresários e cartolas. Alguém aí está surpreso com a aversão dos manifestantes ao conjunto de nossa elite política?

3 x 0. No domingo, encerrou-se o ensaio geral para o que será a Copa mais cara da história. A festa macabra custará, no mínimo, 28 bilhões de reais, quase quatro vezes mais que a realizada na África do Sul em 2010 (7,3 bilhões de reais) e perto de três vezes mais que as Copas na Alemanha em 2006 (10,7 bilhões de reais) e no Japão-Coreia em 2002 (10,1 bilhões de reais). "Com o dinheiro gasto para construir o Mané Garrincha poderiam ter sido construídas 150 mil casas populares", calculou Romário. Ele tem razão: a arena de Brasília, a mais cara de todos os tempos, custou 1,7 bilhão de reais.

Obedecendo a uma compulsão automatizada, o ministro Gilberto Carvalho apontou um dedo acusador para a imprensa, que "teve um papel no moralismo, no sentido despolitizado" das manifestações populares. No mundo ideal desse senhor "politizado", uma imprensa chapa-branca monopolista, financiada pelas empresas estatais, desempenharia a função de explicar aos saqueados que o saque é parte da ordem natural das coisas. "Sem a imprensa, não somos nada", concluiu Jérôme Valcke, o zagueiro de várzea da Fifa, que também gostaria de ter um "controle social da mídia".

Um séquito de analistas especializados na arte da empulhação dedica-se, agora, a criticar os cartazes dos manifestantes que contrapõem a Copa à "saúde" e à "educação". No seu pronunciamento desesperado do final da "semana quente", Dilma Rousseff recorreu aos sofismas desses analistas para exercitar o ilusionismo. Os recursos queimados na fogueira das arenas "padrão Fifa", disse a presidente, são "fruto de financiamento", não dinheiro do Orçamento. Mas ela não disse que a fonte dos financiamentos concedidos pelo BNDES são títulos de dívida pública emitidos pelo Tesouro, nem que a diferença entre os juros reais pagos pelo Tesouro e os juros subsidiados cobrados pelo BNDES é coberta pelos impostos de todos os brasileiros, da geração atual e da próxima.

A "verdade técnica" da presidente não passa de um véu destinado a esconder o significado financeiro da festa macabra promovida pela Fifa e pelo governo brasileiro. No seu conjunto, a operação Copa 2014 é uma vasta transferência de renda da população para a Fifa, as empresas patrocinadoras do megaevento e as empreiteiras contratadas nas obras civis. Uma CPI da Copa revelaria as minúcias da rapinagem, destruindo no caminho governantes em todos os níveis que se engajaram na edificação de elefantes brancos com recursos públicos. É com a finalidade de evitá-la a qualquer custo que uma corrente de parlamentares resolveu aderir à ideia de uma CPI da CBF. Sob a pressão das ruas, cogita-se a hipótese de entregar os escalpos de José Maria Marin e Ricardo Teixeira numa bandeja de prata para salvar a reputação das autoridades políticas cujas assinaturas estão impressas nas leis e contratos da Copa.

"O Brasil nos pediu para sediar a Copa do Mundo. Nós não impusemos a Copa do Mundo ao Brasil." Joseph Blatter, o poderoso chefão da "família Fifa", não mente quando repete seu mantra preferido. O "Brasil", na frase, significa "Lula da Silva". A Copa mais cara da história é a síntese perfeita do legado político do presidente honorífico. À entrada do Mineirão, no jogo entre México e Japão, funcionários a serviço da Fifa arrancaram das mãos de dois torcedores cartazes onde estavam escritas as palavras proibidas "escola" e "saúde". Os batalhões de choque em postura de batalha no perímetro de "segurança nacional" da Copa e os agentes da censura política em ação nos portões das arenas protegem mais que a imagem da Fifa e das marcas associadas. Eles protegem, sobretudo, a imagem de Lula, o regente da festa macabra.

4.7.2013

# A mensagem da "segunda Tahrir"

O Exército é a espinha dorsal do Estado egípcio. Os oficiais do grupo de Gamal Abdel Nasser derrubaram a monarquia, em 1952, consolidando a independência, e governaram o país durante seis décadas, moldando uma elite dirigente. A revolução em curso no Egito é obscurecida, distorcida e desviada pelas interferências do Exército, que procura estabelecer-se como uma espécie de Poder Moderador numa democracia limitada. Mesmo assim, não é correto descrever a derrubada de Mohamed Morsi como um golpe militar. O presidente islâmico caiu sob o impacto de um levante popular que representa, de muitas formas, a continuidade do levante da praça Tahrir de 2011 contra a ditadura de Hosni Mubarak.

Nomes têm importância. O golpe militar antimonárquico de Nasser foi batizado com o nome de Revolução Nacional. Morsi não era um ditador, mas um presidente eleito em meio à turbulenta transição revolucionária. A Irmandade Muçulmana classifica a sua remoção, por ordem do general Abdel Fatah al-Sisi, como um golpe de Estado. As multidões incontáveis de egípcios que fizeram a "segunda Tahrir" têm opinião bem diferente.

"Sisi seguia a vontade do povo", disse um manifestante ao repórter do jornal *Guardian*, sintetizando uma narrativa possível sobre a nova revolução no núcleo político do mundo árabe. O cenário é mais complexo do que isso, como atesta a vasta adesão às manifestações convocadas pela Irmandade Muçulmana para exigir a restauração de Morsi. Contudo, atrás da óbvia divisão política entre os egípcios, evidencia-se que a Primavera Árabe não se encerrou pela substituição de tiranias militares por tiranias religiosas. Pelo contrário, e para surpresa de tantos comentaristas ocidentais, ela prossegue desafiando o fundamentalismo islâmico.

Fundada em 1928, a Irmandade Muçulmana é uma instituição tão importante quanto o Exército na sociedade egípcia. Ao longo das décadas de autoritarismo militar, ela foi proscrita e perseguida, mas deitou raízes na mesquita, na universidade, em amplos setores das classes médias e, sobretudo, entre os pobres. A Irmandade é, além disso, a nascente principal do fundamentalismo islâmico moderno em todo o mundo árabe, inspirando organizações similares que operam na Tunísia, na Argélia, na Síria e na Palestina. De uma de suas costelas nasceu, na década de 1960, a corrente radical que, na estufa ideológica da Arábia Saudita, geraria o jihadismo contemporâneo. Depois daquela cisão, a organização egípcia renunciou à violência e, convencendo-se de que o tempo era seu aliado, decidiu percorrer o longo caminho da persuasão.

A aposta na moderação rendeu frutos após o levante contra Mubarak. A Irmandade aderiu tardia e relutantemente à "primeira Tahrir", mas se beneficiou da desorganização das correntes laicas, tanto as liberais quanto as socialistas, na hora das eleições. Na moldura de um sistema eleitoral confuso, arranjado às pressas, a revolução popular caiu no colo da única organização política implantada em todo o país. A maioria dos eleitores não votou pela instalação de um Estado islâmico, algo ausente da plataforma eleitoral da Irmandade. O governo de Morsi, contudo, interpretou erroneamente a mensagem das urnas – e o próprio sentido da democracia.

Morsi fracassou porque se recusou a enfrentar a ala tradicionalista de seu movimento e a erguer pontes na direção das correntes laicas. A Irmandade imaginou a democracia do voto como uma ferramenta para a reinvenção da sociedade egípcia segundo as linhas de sua própria doutrina. A "segunda Tahrir" esclareceu as coisas: a diversidade política e cultural do Egito não cabe na caixa apertada do fundamentalismo islâmico. A nova revolução egípcia, precipitada pela onda de manifestações antifundamentalistas da praça Taksim, na Turquia, assinala a reversão de uma tendência. O Islã político encontra-se, agora, na defensiva.

Não é apenas o futuro do Egito que está na balança. A "segunda Tahrir" acendeu um facho intenso de luz sobre a questão da compatibilidade histórica entre o Islã e a democracia. Se a Irmandade extrair a lição completa da dura derrota, terá a oportunidade de reformar-se a si mesma, desistindo de esconder seus erros atrás de fantasmagóricas conspirações ocidentais, abandonando os resquícios da linguagem da jihad e aprendendo as virtudes da separação entre política e religião. Nessa hipótese benigna, a Primavera Árabe realizaria as esperanças que suscitou e o mundo árabe encontraria um caminho para escapar ao círculo de ferro da intolerância e do fanatismo.

Nem tudo, porém, depende da Irmandade. A prisão de Morsi, as perseguições contra outros líderes islâmicos e o massacre de manifestantes que pediam a restauração do presidente deposto são nítidas provocações da cúpula militar. Na direção oposta à dos chefes militares da Tunísia, a cúpula do Exército egípcio não admite a hipótese da retirada para os quartéis. O antigo poder almeja empurrar a Irmandade para a clandestinidade e, mais além, para a via desastrosa do terrorismo. Nessa hipótese, um inverno melancólico congelaria a Primavera Árabe.

"Transitar do fascismo religioso para o fascismo militar não é algo que mereça celebração", disse Mariam Kollos, uma ativista de direitos humanos que participou ativamente dos levantes contra Mubarak e Morsi. O termo "fascismo" pode não ser apropriado, mas o que vale é o sentido da sentença. A "segunda Tahrir" revela tanto a vitalidade da revolução democrática no Egito quanto o fracasso dos profetas que condenaram de antemão a Primavera Árabe como uma queda no precipício do fundamentalismo islâmico. Em pouco mais de dois anos, os egípcios derrubaram uma ditadura militar e um governo eleito que pretendia aprisionar as liberdades no calabouço da ortodoxia religiosa. Depois disso, a tese do "choque de civilizações" deveria ser recolhida ao museu das relíquias ideológicas.

18.7.2013

# Da arte de iludir

Todos eles leram O *leopardo*, de Lampedusa. "Se queremos que as coisas permaneçam como sempre foram, elas terão que mudar" – o célebre conselho de Tancredi Falconeri a Don Fabrizio provavelmente não foi enunciado explicitamente na reunião de Dilma Rousseff com os líderes do Movimento de Combate à Corrupção Eleitoral (MCCE), mas uns e outros sabiam que era disso que se tratava. A presidente declarou-se simpática à proposta de reforma política, mas não chegou a anunciar um apoio público, algo que "não interessa" ao movimento, segundo o juiz Márlon Reis. O patrocínio oficial ficou, assim, fora dos autos.

Nas ruas, em junho, gritaram-se as palavras "educação" e "saúde", não "reforma política". Contudo, o governo concluiu, razoavelmente, que o sistema político em vigor tornou-se insuportável – e resolveu agir antes que uma nova onda de manifestações se organize sob a bandeira de "Fora Dilma". Os ensaios sucessivos da constituinte exclusiva, uma flagrante inconstitucionalidade, e do plebiscito, uma tentativa quixotesca de cassar as prerrogativas do Congresso (o que se traduz, hoje, na prática, como prerrogativas do PMDB) evidenciaram o desespero que invadiu o Planalto. É sobre esse pano de fundo que surgiu, como derradeira boia de salvação, a iniciativa do MCCE. Tancredi está entre nós.

Antes das manifestações de junho, só o PT tinha uma proposta completa de reforma política. Nos sonhos petistas, o anárquico e corrompido sistema atual evoluiria em direção a algo mais consistente – e ainda mais impermeável à vontade dos cidadãos. O financiamento público de campanha concluiria o processo de estatização dos partidos políticos, que se tornariam virtualmente imunes ao escrutínio popular. O voto em lista fechada concentraria o poder nas mãos das cúpulas partidárias, rompendo os tênues vínculos ainda existentes entre os eleitores e seus representantes. No fim, surgiria uma partidocracia cortada segundo os interesses exclusivos do partido dotado da máquina eleitoral mais eficiente.

O projeto petista, que já esbarrava na resistência do restante da elite política, tornou-se inviável depois do transbordamento das insatisfações populares. No lugar dele, o Planalto se inclina em direção ao artefato lampedusiano produzido no forno do MCCE. O primeiro componente da proposta, sobre o financiamento de campanha, é um tímido aceno às ruas. O segundo, sobre o sistema eleitoral, é uma versão levemente modificada do projeto petista do voto em listas fechadas. Os autores da proposta têm bons motivos para temer que lhes colem o rótulo de companheiros de viagem do governo.

Dentro da ideia do financiamento público de campanha pulsa um coração totalitário. Sob a sua lógica, os partidos se libertariam por completo da necessidade de persuadir as pessoas a financiá-los. Pela mesma lógica, eu seria compelido a pagar as campanhas de figuras arcaicas restauradas pelo lulopetismo (Sarney, Calheiros, Collor, Maluf), de pastores fanáticos que sonham incendiar bruxas (Feliciano), de oportunistas sem freios atraídos pelas luzes do poder (Kassab, Afif), de saudosistas confessos do regime militar (Bolsonaro) e de stalinistas conservados em formol que adoram ditaduras de esquerda (quase todos os candidatos do PT, do PCdoB e do PSOL). O MCCE rejeitou essa ideia macabra, associando sensatamente o financiamento de campanha à capacidade dos partidos de exercer influência sobre cidadãos livres. Entretanto, curvando-se aos interesses gerais da elite política, a proposta não toca nas vacas sagradas do sistema em vigor: o Fundo Partidário e o tempo de televisão cinicamente qualificado como gratuito.

O sistema eleitoral atual é uma triste caricatura de democracia representativa. Soterrados sob listas intermináveis de candidatos apresentados por dezenas de siglas partidárias e ludibriados pelo truque imoral das coligações proporcionais, os eleitores operam como engrenagens da máquina de reprodução de uma elite política bárbara, hostil ao interesse público. A alternativa petista do voto em listas fechadas corrompe a representação de um modo diverso, mas não menos doentio, conferindo aos chefes dos partidos o poder extraordinário de esculpir a composição do parlamento.

A proposta do MCCE envolve a alternativa petista num celofane ilusório, sem modificar o seu cerne. Os partidos seriam obrigados a realizar prévias internas fiscalizadas pela Justiça Eleitoral para selecionar seus candidatos, o que configura uma interferência antidemocrática na vida partidária. Numa primeira etapa, os eleitores votariam apenas nos partidos. Depois, na etapa derradeira, votariam em nomes constantes de listas com duas vezes mais candidatos que as vagas obtidas na etapa anterior. A valsa complexa conserva o poder de decisão essencialmente com os dirigentes dos partidos, mas distribui alguns doces aos eleitores. O Planalto e o PT entenderam o sentido da obra – que, por isso mesmo, deve ser descrita como "apartidária".

Uma ruptura democrática seria a adoção do sistema de voto distrital misto. Nos Estados Unidos e na França, a disputa entre apenas um candidato de cada partido em circunscrições eleitorais delimitadas transfere o poder de decisão para os eleitores e provoca nítidas polarizações ideológicas. Sob a sua lógica, os partidos são estimulados a lançar candidatos capazes de sobreviver ao escrutínio direto do público. E, ao contrário do que argumentam os arautos do voto proporcional exclusivo, os candidatos não podem se apresentar como "deputados-vereadores", pois a dinâmica da disputa majoritária os compele a associar seus nomes às posições doutrinárias de seus partidos.

O MCCE, porém, parece avesso à ideia de uma mudança genuína. "Precisamos do apoio de todas as forças políticas na hora da aprovação no Congresso", explicou Márlon Reis, o Tancredi disponível na esteira da tempestade de junho.

1.8.2013

# Direita e esquerda

Visitei Praga em 1989, às vésperas da Revolução de Veludo. Naquela cidade, "comunista" era estigma. No Brasil, a ditadura militar definiu a palavra "direita". "O cara é de direita." Impossibilitado de internar dissidentes em instituições psiquiátricas, o lulopetismo almeja isolá-los num campo de concentração virtual. No processo, devasta o sentido histórico dos termos até virá-los pelo avesso: eles é que são "de direita"; eu sou "de esquerda".

Eles financiaram com dinheiro público a bolha Eike Batista. Na fogueira do Império X, queimam-se 5,2 bilhões de dólares do povo brasileiro. "O BNDES para os altos empresários; o mercado para os demais": eis o estandarte do capitalismo de Estado lulopetista. Anteontem, Lula elogiou o "planejamento de longo prazo" de Geisel; ontem, sentou-se no helicóptero de Eike para articular um expediente de salvamento do megaempresário de estimação. O lobista do capital espectral é "de direita"; eu, não.

Eles são fetichistas: adoram estatais de energia e telecomunicações, chaves mágicas do castelo das altas finanças. Mas não contemplam a hipótese de criar empresas públicas destinadas a prestar serviços essenciais à população. Na França, os transportes coletivos, que funcionam, são controlados pelo Estado. Eu defendo esse modelo para setores intrinsecamente não concorrenciais. O partido prefere reiterar a tradição política brasileira, cobrando de empresários de ônibus o pedágio das contribuições eleitorais para perpetuar concessões com lucros garantidos. "De esquerda"? Esse sou eu, não eles.

Eles são corporativistas. No governo, modernizaram a CLT varguista, um híbrido do salazarismo com o fascismo italiano, para integrar as centrais sindicais ao aparato do sindicalismo estatal. Eles são restauracionistas. Na década do lulismo, inflam com seu sopro os cadáveres políticos de Sarney, Calheiros, Collor e Maluf, oferecendo-lhes uma segunda vida. O PT converteu-se no esteio de um sistema político hostil ao interesse público: a concha que protege uma elite patrimonialista. "De direita"? Isso são eles.

Eles são racialistas; a esquerda é universalista. O chão histórico do pensamento de esquerda está forrado pelo princípio da igualdade perante a lei, a fonte filosófica das lutas populares que universalizaram os direitos políticos e sociais no Ocidente. Na contramão dessa herança, o lulopetismo replicou no Brasil as políticas de preferências raciais introduzidas nos EUA pelo governo Nixon. Inscrevendo a raça na lei, eles desenham, todos os anos, nas inscrições para o Enem, uma fronteira racial que atravessa as classes de aula das escolas públicas. Esses plagiários são o túmulo da esquerda.

Eles são atavicamente conservadores. Os programas de transferência de renda implantados no Brasil por FHC e expandidos por Lula têm raízes intelectuais nas estratégias de combate à pobreza formuladas pelo Banco Mundial. Na concepção de FHC, eram compressas civilizatórias temporárias aplicadas sobre as feridas de um sistema econômico excludente. Nos discursos de Lula, saltaram da condição de "bolsa-esmola" à de redenção histórica dos pobres. Quando os manifestantes das jornadas de junho pronunciaram as palavras "saúde" e "educação", o partido orwelliano sacou o carimbo usual, rotulando-os como "de direita". Eles destroem a linguagem política para esvaziar a praça do debate público. Mas, apesar deles, não desapareceu a diferença entre "esquerda" e "direita" – e eles são "de direita".

"Esquerda"? O lulopetismo calunia a esquerda democrática enquanto celebra a ditadura cubana. Fidel Castro colou a Ordem José Martí no peito de Leonid Brejnev, Nicolau Ceausescu, Robert Mugabe e Erich Honecker, entre outros tiranos nefastos. Da esquerda, eles conservam apenas uma renitente nostalgia do stalinismo. Sorte deles que Praga é tão longe daqui.

26.10.2013

# O Pensador Coletivo

Você sabe o que é MAV? Inventada no IV Congresso do PT, em 2011, a sigla significa Militância em Ambientes Virtuais. São núcleos de militantes treinados para operar na internet, em publicações e redes sociais, segundo orientações partidárias. A ordem é fabricar correntes volumosas de opinião articuladas em torno dos assuntos do momento. Um centro político define pautas, escolhe alvos e escreve uma coleção de frases básicas. Os militantes as difundem, com variações pequenas, multiplicando suas vozes pela produção em massa de pseudônimos. No fim do arco-íris, um Pensador Coletivo fala a mesma coisa em todos os lugares, fazendo-se passar por multidões de indivíduos anônimos. Você pode não saber o que é MAV, mas ele conversa com você todos os dias.

O Pensador Coletivo se preocupa imensamente com a crítica ao governo. Os sistemas políticos pluralistas estão sustentados pelo elogio da dissonância: a crítica é benéfica para o governo porque descortina problemas que não seriam enxergados num regime monolítico. O Pensador Coletivo não concorda com esse princípio democrático: seu imperativo é rebater a crítica imediatamente, evitando que o vírus da dúvida se espalhe pelo tecido social. Uma tática preferencial é acusar o crítico de estar a serviço de interesses de malévolos terceiros: um partido adversário, "a mídia", "a burguesia", os Estados Unidos ou tudo isso junto. É que, por sua própria natureza, o Pensador Coletivo não crê na hipótese de existência da opinião individual.

O Pensador Coletivo abomina argumentos específicos. Seu centro político não tem tempo para refletir sobre textos críticos e formular réplicas substanciais. Os militantes difusores não têm a sofisticação intelectual indispensável para refrasear sentenças complexas. Você está diante do Pensador Coletivo quando se depara com fórmulas genéricas exibidas como refutações de argumentos específicos. O uso dos termos "elitista", "preconceituoso" e "privatizante", assim como suas variantes, é um forte indício de que seu interlocutor não é um indivíduo, mas o Pensador Coletivo.

O Pensador Coletivo interpreta o debate público como uma guerra. "A guerra de guerrilha na internet é a informação e a contrainformação", explica o deputado André Vargas, um chefe do MAV. No seu mundo ideal, os dissidentes seriam enxotados da praça pública. Como, no mundo real, eles circulam por aí, a alternativa é pregar-lhes o rótulo de "inimigos do povo". Você provavelmente conversa com o Pensador Coletivo quando, no lugar de uma resposta argumentada, encontra qualificativos desairosos dirigidos contra o autor de uma crítica cujo conteúdo é ignorado. "Direitista", "reacionário" e "racista" são as ofensas do manual, mas existem outras. Um expediente comum é adicionar ao impropério a acusação de que o crítico "dissemina o ódio".

O Pensador Coletivo é uma máquina política regida pela lógica da eficiência, não pela ética do intercâmbio de ideias. Por isso, ele nunca se deixa intimidar pela exigência de consistência argumentativa. Suzana Singer seguiu a cartilha do Pensador Coletivo ao rotular o colunista Reinaldo Azevedo como um "rottweiler feroz" para, na sequência, solicitar candidamente um "bom nível de conversa". Nesse passo, trocou a função de ombudsman da *Folha* pela de Censora de Opinião. Contudo, ela não pertence ao MAV. Os procedimentos do Pensador Coletivo estão disponíveis nas latas de lixo de nossa vida pública: mimetizá-los é, apenas, uma questão de gosto.

Existem similares ao MAV em outros partidos? O conceito do Pensador Coletivo ajusta-se melhor às correntes políticas que se acreditam possuidoras da chave da porta do Futuro. Mas, na era da internet, e na hora de uma campanha eleitoral, o invento será copiado. Pense nisso pelo lado bom: identificar robôs de opinião é um joguinho que tem a sua graça.

2.11.2013

# Fim de ciclo

"Não existe essa coisa de sociedade" – a frase célebre, de Margaret Thatcher, era a exposição da crença ultraliberal no individualismo. Situado no polo oposto aparente do thatcherismo, o lulismo compartilha a descrença nessa "coisa de sociedade": no lugar da coleção de indivíduos atomizados da ex--premiê britânica, nosso presidente honorífico enxerga uma coleção de corporações reivindicantes. É essa leitura da política que explica a reação indignada do Planalto às críticas sobre a deterioração da situação fiscal do país. Na visão do governo, os "empresários" – os beneficiários da concessão de desonerações tributárias – comportam-se como traidores quando atiram pedras nas autoridades que protegeram seus lucros. Trata-se de uma forma de autoengano: o recurso habitual para conservar a ilusão num encanto que já desapareceu.

A inteligência política de Lula, cantada em prosa e verso, é uma qualidade real, mas circunscrita às conjunturas favoráveis. Formado no sindicalismo, o presidente honorífico montou seu sistema de poder como uma mesa ampliada de negociação sindical. Trajando o manto do Bonaparte, o governo opera como Grande Negociador, distribuindo benesses aos "setores organizados" em grupos empresariais, máfias políticas, corporações sindicais e movimentos sociais. A estratégia funcionou, do ponto de vista da reprodução do poder lulista, enquanto o cenário econômico proporcionou recursos para atender às "reivindicações" dos parceiros negociadores. Mas o ciclo da abundância encerrou-se, explodindo a casca frágil do consenso político.

Na "era Lula", o Brasil esculpiu um modelo econômico impulsionado pelos motores do crédito público e privado e da explosão do consumo. A "etapa chinesa" da globalização proporcionou os combustíveis do modelo: investimentos externos fartos, derivados da elevada liquidez internacional, e altas rendas de exportação, oriundas da valorização das *commodities*. A poção mágica diluiu-se com o colapso das finanças mundiais, mas as reservas no tanque permitiram ao governo servir um simulacro aditivado na hora das eleições de 2010. O tanque, agora, está quase vazio: o governo reduz a "bolsa empresário" enquanto pressiona o Congresso para fechar a torneira que irriga as corporações sindicais. Sem acesso à substância estimulante, os negociadores se dispersam – e até os fiéis petroleiros ensaiaram uma "traição".

As jornadas de junho foram o primeiro sintoma do encerramento do ciclo. Desconcertando o governo, centenas de milhares de pessoas tomaram as ruas para dizer que a sociedade existe – e exige serviços públicos dignos. O segundo sintoma foi o rearranjo do tabuleiro eleitoral deflagrado pela unificação entre PSB e Rede, uma operação celebrada pelo PSDB. O radar dos analistas ainda não detectou o alcance dos eventos, mas o Planalto entendeu o que se passa. Eduardo Campos e Marina Silva saltaram da condição de alternativas dissidentes à de candidatos oposicionistas, enquanto Aécio Neves admitiu que os tucanos perderam o estatuto de núcleo dirigente da oposição. Na prática, configurou-se uma frente de oposição tricéfala – e os três aspirantes decidiram que o primeiro turno de 2014 será tratado como uma eleição primária para a escolha do desafiante da oposição unida.

O giro da política monetária americana, previsto para os próximos meses, ameaça provocar uma tempestade perfeita no Brasil, desvalorizando o real e pressionando o botão da inflação. Mesmo assim, Dilma Rousseff (ou Lula da Silva) conserva o favoritismo. O fim de ciclo, por si mesmo, não conduz automaticamente à reversão da fortuna eleitoral. Para derrotar o lulismo, a frente oposicionista precisaria dialogar com os cidadãos comuns: os manifestantes de junho e o país que os apoiou. Os três aspirantes teriam que dizer que "essa coisa de sociedade" existe.

9.11.2013

# Bom dia, tristeza

Acordei anteontem sob o impacto da notícia da expedição de mandados de prisão para os condenados do "mensalão". Uma tristeza, inicialmente indefinível, tomou conta de mim. Sim, eles devem ser presos, em nome da democracia e da justiça. Sim, a prisão deles é um sinal de que a igualdade perante a lei ainda tem uma chance na nossa pobre república habitada por tantas figuras "mais iguais" que as demais. Por que, então, a tristeza?

Os integrantes do núcleo político do "mensalão" foram condenados sem provas, por um recurso à teoria do domínio do fato, alegam ali (no PT, em sites chapa-branca financiados com dinheiro público) e aqui (nesse espaço, por comentaristas que não se preocupam com a duplicidade de critérios morais), numa tentativa canhestra de confundir o público. A teoria do domínio do fato, amplamente utilizada nos tribunais brasileiros, não equivale a uma noção arbitrária de "responsabilidade objetiva", que é coisa de tiranias, e não dispensa provas. Ela é uma ferramenta analítica destinada a identificar responsabilidades em crimes cometidos pelo concurso de agentes: no julgamento de uma quadrilha de assaltantes de banco, serão imputadas penas não só aos que empunharam armas, mas também aos planejadores da ação. Sobram provas nos autos do processo do "mensalão". Não, a lenda do "julgamento político" não me comove nem um pouco.

A Ação Penal 470 é "um ponto fora da curva", dizem alguns cínicos e incontáveis porta-vozes informais do governo. O diagnóstico é compartilhado por não poucos advogados de boa-fé que se habituaram às transações internas de nossa elite de fidalgos a ponto de confundirem impunidade com justiça. Talvez seja mesmo: o STF nem mesmo abriu processo contra Antonio Palocci, apesar dos indícios clamorosos de que o então ministro cometeu um crime de Estado, violando o sigilo bancário de uma testemunha sem posses ou poder. Mas, se assim for, que o "ponto" inaugure uma nova "curva", traçada por um compasso que não reconhece privilégios derivados do convívio nos palácios. Não, o ineditismo real ou suposto da prisão de gente de "sangue azul" não é o que me entristece.

Na hora em que li a notícia da prisão iminente dos cérebros do "mensalão" veio-me à mente uma frase de Leon Trótski, pronunciada perante uma maioria stalinista hostil que o isolava no Partido Comunista: "Em última análise, o Partido está sempre certo, porque é o único instrumento histórico que a classe trabalhadora tem para a solução de suas tarefas fundamentais. Só podemos ter razão com o Partido e através do Partido, porque a história não criou nenhuma outra forma para a realização do nosso direito". Os ingleses têm um lema: "Meu país, certo ou errado". Com muito maior justificação, podemos dizer: "meu Partido, certo ou errado". Dirceu, Genoino e Delúbio não são revolucionários, nem de longe, mas herdaram da tradição comunista a convicção de que o Partido possui direitos extraordinários, oriundos de uma aliança especial com a história. Por pensarem isso, agora se declaram "presos políticos". Sim, estou triste e sei por quê: eles não aprenderam nada, depois de um quarto de século de democracia.

Dirceu *et caterva* aparentemente não desviaram dinheiro público para formar patrimônios privados próprios, mas para estabilizar e reproduzir um sistema de poder. Eles fizeram o que fizeram em nome dessa ideia: a Verdade do Partido. É bom, muito bom, que a Corte lhes diga que nossa República não reconhece nenhuma verdade transcendental. Não estou triste, mas feliz, com o triunfo da mensagem de que a corrupção em nome de uma causa, de um Partido ou da História, escrita assim com maiúscula, é um crime tão grave quanto a corrupção em nome do vil metal. Entristece-me, isso sim, a constatação inevitável de que nossa democracia, imperfeita, mas real, não conseguiu civilizá-los.

*16.11.2013*

# De volta ao Araguaia

Na Papuda, José Genoino queixou-se a familiares do que supõe ser a maldição de uma história circular: seu retorno à prisão, depois de quatro décadas da captura do guerrilheiro "Geraldo" nas matas do Araguaia. O círculo que o atormenta não se fecha, pois democracia é diferente de ditadura. O círculo perfeito é outro: Genoino converteu-se num político preso, não em um preso político, porque voltou a ser "Geraldo" quando assinou os empréstimos falsos com os quais o PT tentava lavar o dinheiro do "mensalão".

Um direito sagrado do ser humano é a resistência à tirania. O "Geraldo" capturado com um revólver, uma peixeira e um facão numa manhã de abril de 1972 combatia a ditadura militar – e, apesar de suas ideias, merece respeito por isso. Mas ele tinha ideias. O militante do PCdoB lutava pela utopia sanguinária que, na China maoísta, assumira a forma bárbara da Revolução Cultural. E, sobretudo, o jovem comunista acreditava na supremacia da Razão do Partido. Nesse "Geraldo", o homem que subordina a ética ao Partido, encontra-se a causa de fundo da desgraça de Genoino.

"Geraldo" desapareceu por um quarto de século, entre a fundação do PT, em 1979, e o dia em que Lula subiu a rampa do Planalto, em 2003. O Genoino do PT, deputado federal por cinco legislaturas, aprendeu as lições fundamentais: o valor da democracia e a legitimidade da opinião divergente. No Congresso, ganhou o respeito dos adversários políticos e o apoio de um vasto eleitorado de classe média que o tinha como representante da esquerda democrática. No partido, constituiu ao seu redor uma facção orientada pela crítica às ortodoxias de raiz stalinista. Sereno, mas firme, dissentiu incontáveis vezes da maioria lulista – e não se importou em ser rotulado pelas correntes esquerdistas como o líder da "direita do PT". Aquele Genoino tentou persuadir o PT a evoluir como partido social-democrata, uma hipótese que se desfez de encontro à muralha erguida por Lula e José Dirceu.

"Geraldo" ressurgiu do nada na hora do comício da vitória. Atendendo a um pedido de Lula, Genoino já havia desistido de uma reeleição certa para disputar o governo paulista. Depois, sem mandato, aceitou a contragosto o pedido seguinte e assumiu a presidência do PT. Sua facção dissolveu-se na nova maioria lulista, e o país perdeu um parlamentar que tinha a vocação de exercer a crítica interna, lembrando aos companheiros que a pluralidade política e a separação de poderes são bens valiosos. Por alguma razão, tragicamente, o terceiro Genoino renegou o segundo, apagando a chama da divergência quando ela era mais necessária do que nunca. O homem que assinou aqueles contratos fajutos era "Geraldo" – não o maoísta, claro, mas o Fiel do Partido, incapaz de compreender razões diferentes da política de poder.

"Geraldo" triunfou sobre Genoino. Depois de assinar o papelório, o terceiro Genoino condenou-se a acompanhar o Partido até o fim. É "Geraldo", não Genoino, que acusa o STF de aplicar-lhe uma nova sessão de tortura. Genoino não diria isso, em respeito a tantos presos que, ainda hoje, sofrem maus-tratos e sevícias em cárceres brasileiros – e em respeito ao próprio "Geraldo". Mas "Geraldo" é capaz de dizer qualquer coisa, se isso servir a um fim político almejado pelo Partido.

Genoino obteve do STF o direito a tratamento médico hospitalar ou domiciliar, o que é razoável, independentemente das absurdas acusações de "Geraldo". A solicitação de execução da pena em regime de prisão domiciliar não é abusiva. Oxalá o barulho em torno de Genoino force o Ministério da Justiça a rever o cenário desumano dos presídios brasileiros e ajude o Judiciário a reconsiderar o desamparo legal de milhares de presos que seguem encarcerados depois de cumprir suas penas. Mas, que fique claro: o homem que deixa a Papuda não é Genoino – é "Geraldo".

23.11.2013

# Os limites da Europa

À primeira vista, é uma reedição da Revolução Laranja de 2004. Na praça da Independência, em Kiev, centenas de milhares de pessoas exigiram a renúncia de Viktor Yanukovich, o mesmo líder que foi derrubado nove anos atrás, após uma notória fraude eleitoral. Contudo, a história só se repete como farsa – e isso não é uma farsa. Na capital ucraniana, os manifestantes não vestem laranja e não reivindicam a ascensão de um líder político em particular, mas uma refundação do Estado ucraniano. "Europa", para eles, é mais que um tratado com a União Europeia (UE): é a metáfora para uma nação democrática, assentada sobre leis e instituições.

O Yanukovich de 2004, que aparecia como um títere de Moscou, venceu as eleições de 2010 apresentando-se como promotor da unidade e da reconciliação. Ele prometeu aproximar o país da UE sem romper os laços com a Rússia, a fonte do gás consumido pela Ucrânia. O triunfo nutriu-se dos votos do leste ucraniano e da Crimeia, onde o russo é a língua natal de parcela significativa da população, mas o candidato obteve algum apoio mesmo no restante do país, que se inclinou majoritariamente na direção de Yulia Timochenko. Depois da vitória, porém, o presidente mostrou as garras, atacando a imprensa, golpeando a autonomia do Judiciário e montando um processo fraudulento para aprisionar Timochenko. A "gangue de Yanukovich" é o alvo da nova revolução ucraniana.

"Quero viver na Europa", diziam cartazes escritos pelos manifestantes da praça da Independência. Não é exato caracterizar Yanukovich como um fantoche de Moscou, apesar das semelhanças notáveis entre seu estilo de governo e o de Vladimir Putin. O programa do presidente foi definido precisamente por um articulista de um jornal de Kiev: "Só os ucranianos devem ter o direito de saquear a Ucrânia". De fato, sua política de equilíbrio entre a Rússia e a UE procurou preservar, acima de tudo, os interesses de uma elite corrupta de oligarcas. Essa política esgotou-se, entretanto, na hora em que ele cedeu à chantagem de Moscou, adiando a assinatura do tratado com Bruxelas.

O fracasso da Revolução Laranja e a intervenção militar russa na Geórgia, em 2008, convenceram a UE de que o avanço rumo à esfera de influência da Rússia precisaria ser sutilmente modulado. Daquelas experiências nasceu a estratégia da Parceria do Leste, uma rede lançada pela UE na direção da Ucrânia (e da Geórgia). Numa tentativa de circundar a resistência de Moscou, o tratado oferecido a Kiev não contém cláusulas de segurança – mas isso revelou-se insuficiente para acalmar Putin. Do ponto de vista do Kremlin, a Ucrânia é inseparável da Rússia.

A rejeição russa a uma verdadeira independência ucraniana nutre-se, em primeiro lugar, de profundas motivações históricas. Na mitologia nacional russa, o Reino de Kiev, fundado no século IX, é o berço espiritual da Rússia. De acordo com essa narrativa identitária, a adoção do cristianismo pelo reino medieval, em 988, anunciou a fusão entre as culturas bizantina e eslava, abrindo a estrada que se concluiria cinco séculos depois pela elevação de Moscou ao estatuto de "Terceira Roma". Os russos étnicos da Ucrânia, quase um quinto da população do país, conferem força e materialidade ao mito de origem.

Moscou tem, ainda, fortes motivações geopolíticas, pois enxerga na Ucrânia uma larga faixa de fronteira estratégica entre a Rússia e a Europa Central. "Preciso da Ucrânia, de modo que não possam vencer-nos pela fome, como fizeram durante a última guerra", explicou Hitler a um interlocutor favorável à acomodação entre britânicos e alemães, em agosto de 1939. Seis anos depois, encerrada a guerra mundial, Josef Stálin soldou os territórios russo e ucraniano pela transferência da Crimeia à Ucrânia. Povoada por russos étnicos, a Crimeia é o principal acesso da Rússia aos mares quentes. A cidade portuária de Sebastopol funciona, até hoje, como base da Frota Russa do Mar Negro.

Putin referiu-se à Ucrânia não como um país independente, mas como um protetorado russo quando culpou "atores estrangeiros" pelos "tumultos" que procuram derrubar os "governantes legítimos" do país. A oferta do presidente russo de uma união alfandegária entre Rússia, Ucrânia e Belarus destina-se a cimentar a esfera de influência de Moscou, afastando a hipótese de uma deriva ucraniana em direção à UE. Na Crimeia e no leste da Ucrânia, especialmente na região industrial do Donetsk, base de Yanukovich, essa proposta conta com apoio majoritário. Mas o cenário é radicalmente diferente em Kiev e no oeste do país. Os manifestantes da nova revolução estabeleceram um sinal de equivalência entre o tratado com a UE e a conquista de uma verdadeira independência nacional.

A primeira independência da Ucrânia coincidiu com a Revolução Russa de 1917, mas durou apenas quatro anos de guerras incessantes. Naquele período, o nacionalismo ucraniano expressou-se sob as formas rivais dos "exércitos brancos" do general monarquista Anton Denikin e dos "exércitos negros" do líder anarquista Nestor Makhno, ambos derrotados pelos bolcheviques. A segunda independência coincidiu com a dissolução da URSS, no final de 1991, mas nunca se completou: a Ucrânia permaneceu ligada à Rússia por correntes estratégicas, militares e econômicas. A terceira independência se consumaria pela integração à UE, um bloco geopolítico capaz de funcionar como contrapeso à Rússia. É por isso que o nacionalismo ucraniano assume, hoje, a forma paradoxal do internacionalismo europeísta.

O nome "Ucrânia" parece derivar do antigo termo eslavo *ukraina*, utilizado originalmente no século XII como referência genérica à ideia de "confins" ou "limites". Segundo a mitologia russa, que Putin tenta referendar, o país forma o limite da Grande Rússia. Os manifestantes de Kiev, pelo contrário, querem que a Ucrânia se reinvente como limite oriental da Europa.

5.12.2013

# Partidobras S. A.

"As manifestações da população nas ruas mostraram que há uma crise muito profunda no modelo de representatividade. A origem desse mal está no sistema eleitoral." Desse diagnóstico, expresso por seu presidente, Marcus Vinícius Coelho, a Ordem dos Advogados do Brasil (OAB) extraiu a ação de inconstitucionalidade contra o financiamento empresarial de campanha em julgamento no STF. A OAB alega defender um princípio político mas, de fato, promove um fim partidário: a instauração do financiamento público de campanha. Nesse passo, a entidade dos advogados rebaixa-se à condição de linha auxiliar do PT e agrava o mal que reivindica combater.

"O poder emana do povo, não das empresas", proclamou o eloquente Coelho, argumentando que o financiamento empresarial viola o princípio da igualdade política e inclina as eleições na direção do dinheiro. Na prática, não é bem assim: os empresários doam para todos os partidos relevantes e são mais generosos com aqueles que ocupam o poder, como evidenciam as prestações de contas do PT nas campanhas de 2006 e 2010. Contudo, em tese, o argumento filosófico tem valor: a sociedade política é constituída por cidadãos, não por companhias. O problema é que, entre os inúmeros princípios constitucionais violados por nosso sistema eleitoral, a OAB selecionou caprichosamente apenas um – e isso converte em vício a aparente virtude de seu impulso reformista.

Nas eleições de 2010, 98% das receitas de Dilma e Serra originaram-se de pessoas jurídicas. Sem uma reforma política e eleitoral, o vácuo nos cofres partidários gerado pela proibição de doações empresariais empurrará o Congresso à aprovação do financiamento público – coincidentemente, uma proposta do PT que não obteve apoio parlamentar. No fim do arco-íris, a ação movida pela OAB completará a estatização dos partidos políticos, tornando-os ainda menos permeáveis à vontade dos cidadãos. O indômito Coelho que invoca a "população nas ruas" serve, efetivamente, aos interesses dos políticos nos gabinetes – e tem especial apreço por certos gabinetes.

No seu principismo seletivo, a OAB ignorou o princípio da liberdade partidária. O Brasil tem cerca de três dezenas de partidos, mas não tem liberdade partidária. Por aqui, curiosamente, um tribunal especializado decide sobre a existência legal de um partido com base em regras arcanas sobre números e distribuição geográfica de assinaturas. A recusa do registro da Rede de Marina Silva equivale à cassação da expressão partidária de uma vasta parcela do eleitorado. Coelho não enxerga nesse escândalo uma flagrante inconstitucionalidade. É que os doutos líderes da entidade dos advogados concordam com o traço mais antidemocrático de nosso sistema eleitoral: a natureza compulsoriamente estatal dos partidos políticos.

A Justiça Eleitoral, uma herança do varguismo, cumpre essencialmente a função de oficializar os partidos políticos, um ato que lhes abre as portas para o acesso a recursos públicos (o Fundo Partidário e o horário de propaganda eletrônica). Daí deriva o dinamismo da indústria de criação de partidos, tão ativa quanto a de fundação de sindicatos e igrejas. Um partido é um negócio, que se faz às custas do bolso de contribuintes indefesos. Mas, na santa indignação de Coelho, a invocação do "povo" não passa de uma estratégia retórica. "O poder emana do Estado e dos partidos, não do povo" – diria o presidente da OAB se ousasse ser sincero.

No seu principismo seletivo, a OAB ignorou, ainda, o princípio da liberdade de consciência. A substituição do financiamento empresarial de campanha pelo financiamento público, o fruto provável da ação dos ínclitos advogados, agride diretamente o direito dos cidadãos de não contribuírem com partidos que não representam sua visão de mundo. Diga-me, Coelho: por que devo transferir dinheiro para um anacrônico defensor da ditadura militar, como Jair Bolsonaro, ou para um partido que celebra figuras condenadas por corrupção no STF, como o PT?

A OAB ilude os incautos quando alega se insurgir contra o atual sistema eleitoral. De fato, ao empurrar o Congresso para a alternativa do financiamento público, o que faz é completar o edifício político e jurídico da estatização dos partidos. Nesse passo, os partidos alcançam uma "liberdade" absoluta

– isto é, libertam-se inteiramente da necessidade de obter apoio financeiro dos eleitores. Não, Coelho, não venha com esse papo de "povo": a ação que a OAB patrocina é uma oferenda à elite política e um escárnio do conceito de representação.

Uma reforma democrática do sistema eleitoral solicitaria enfrentar o conjunto das violações de princípios que formam a cena desoladora repudiada pelas "manifestações da população nas ruas". Intelectualmente, é fácil imaginar um sistema decente. Elimine-se a Justiça Eleitoral: qualquer grupo de cidadãos deve ter o direito de formar um partido e disputar eleições. Fora com o Fundo Partidário: partidos são entes privados e, portanto, devem se financiar junto a seus apoiadores. Fora com as coligações proporcionais: partidos servem para veicular programas, não para comercializar minutos na televisão. Abaixo as campanhas milionárias: voto distrital misto e limitação obrigatória dos custos de propaganda política. Só nesse contexto seria apropriado proibir o financiamento empresarial de campanha e estabelecer limites razoáveis para contribuições privadas.

Na prática, uma reforma segundo essas linhas enfrenta ferrenha resistência da elite política, que se beneficia das inúmeras distorções de nosso sistema eleitoral. Os políticos não querem abrir mão das benesses estatais e dos truques que lhes permitem escapar do escrutínio dos eleitores. Meses atrás, o castelo no qual se entrincheiram foi assediado pelas manifestações de rua. Para sorte deles, e azar nosso, a OAB de Coelho decidiu erguer uma paliçada defensiva.

19.12.2013

# A dupla identidade de E. Snowden

O analista Edward Snowden emergiu da obscuridade como delator de um programa orwelliano de monitoramento em massa das comunicações entre cidadãos comuns conduzido pela Agência de Segurança Nacional (NSA), dos Estados Unidos. Depois, na condição de fugitivo e asilado temporário na Rússia, transformou-se em delator de operações convencionais de espionagem da NSA, direcionadas para Estados. O primeiro Snowden, signatário de uma "carta ao povo brasileiro" na qual ensaia um pedido de asilo político, parece querer se libertar do peso do segundo, que não passa de um peão no tabuleiro geopolítico de Vladimir Putin.

Dilma Rousseff sofreu espionagem americana, denunciou o segundo Snowden, avançando duas casas na coluna da dama. Eu espiono, tu espionas, ele espiona. Estados espionam outros Estados desde a Paz da Westfália, marco fundador do moderno sistema internacional, em 1648. "Aliados não espionam aliados", reclamou o chanceler francês Laurent Fabius, uma frase cínica repetida na sequência pela primeira-ministra alemã Angela Merkel. Oh, santa indignação! Madeleine Albright, secretária de Estado no governo Clinton, disse que as notícias sobre o monitoramento de conversas telefônicas do premiê francês François Hollande "não surpreenderam as pessoas" – e testemunhou ter sido alvo de espionagem francesa.

O fenômeno chocante não está na espionagem dos espionáveis, mas na violação massiva da privacidade dos cidadãos. "Aqueles que sacrificam a liberdade essencial para comprar um pouco de segurança temporária não merecem nem a liberdade nem a segurança." As célebres palavras de Benjamin Franklin formam uma sentença acusatória precisa contra o programa inaugurado no governo Bush e expandido pelo governo Obama. Graças às evidências oferecidas pelo primeiro Snowden, o sistema de contrapesos da democracia americana começa, finalmente, a operar. Dias atrás, um juiz federal julgou inconstitucional a coleta de metadata telefônica pela NSA, declarando que, "provavelmente", ela fere a IV Emenda.

O juiz Richard Leon fez picadinho da alegação de que a coleta de arrastão de centenas de milhões de metadados telefônicos sem supervisão judicial é uma ferramenta crucial para prevenir atentados terroristas. A decisão equivale a um pequeno abalo sísmico nos alicerces da fortaleza do Grande Irmão – mas ela não tem nenhum efeito sobre a invasão da privacidade de cidadãos de terceiros países. É aqui que entra o primeiro Snowden.

"Compartilhei com o mundo provas de que alguns governos estão montando um sistema de vigilância mundial para rastrear secretamente como vivemos, com quem conversamos e o que dizemos." Na sua "carta ao povo brasileiro", o delator não faz nenhuma referência à espionagem tradicional, entre Estados, concentrando-se no ponto relevante: o direito dos cidadãos, americanos ou não, à proteção da privacidade. É o primeiro Snowden, não o segundo, que se dirige a nós. Significativamente, ele não circunscreve a acusação ao governo americano, preferindo utilizar a expressão "alguns governos". Há algo nessa opção deliberada pelo plural.

Sabe-se que a NSA compartilha informações com agências de inteligência de países europeus aliados. Um constrangido Hollande silenciou de imediato quando Washington sugeriu, nas entrelinhas, que a verdade sobre a vigilância de cidadãos franceses poderia vazar misteriosamente. Posto diante do falso escândalo da espionagem de Dilma Rousseff, o ex-embaixador americano no Brasil Thomas Shannon insinuou que o Gabinete de Segurança Institucional também figura entre os parceiros da NSA. Apelando ao Brasil, Snowden tenta se livrar do desmoralizante abraço de urso de Putin. Desconfio que, por razões de "segurança nacional", o governo brasileiro conseguirá que ele desista de sua pretensão de asilo. Para todos eles, o Snowden bom é o segundo.

21.12.2013

# Inventores de guerras

"Eu não acredito em conflito étnico! Os grupos que atuam no Congo agem como criminosos por interesses próprios de poder e dinheiro." Carlos Alberto dos Santos Cruz não é antropólogo, mas general. Contudo, a sentença do comandante brasileiro das forças de paz no leste do Congo, proferida dois meses atrás perante quinze embaixadores das potências do Conselho de Segurança da ONU num morro exposto ao sol escaldante, deveria ser inscrita, como um alerta, nos manuais universitários. Nela, encontra-se a chave para decifrar a violência não apenas no Congo, mas também no Sudão do Sul.

Segundo a narrativa convencional, o país é vítima de um conflito étnico entre os nuers, liderados pelo vice-presidente afastado Riek Machar, e os dinkas, representados pelo presidente Salva Kiir. Nessa forma de contar a tragédia, as noções de "tensão étnica" e "ódio étnico" emergem como dados da natureza: no fim das contas, imaginamos, as coisas são assim mesmo nesses lugares bárbaros... Ninguém registrou, entretanto, que os protagonistas principais do conflito – os dinkas – foram inventados como etnia separada menos de um século atrás, pela engenharia social do colonialismo britânico.

Tudo começou como um equívoco de um explorador europeu que, incapaz de entender a língua local, tomou o nome de um dos chefes tribais por denominação genérica de um povo, reunindo clãs distintos na "etnia" dinka. Depois, na década de 1920, enquanto missionários cristianizavam os nativos, regulamentos da autoridade britânica organizaram o Sudão Meridional em distritos administrativos de base étnica. A política colonial tinha a finalidade de separar fisicamente a população islamizada do norte sudanês dos grupos agropastoralistas do sul, traçando um limite para a influência árabe-muçulmana no vale do Nilo. Nela, encontram-se as sementes das duas guerras civis sudanesas que devastaram o país durante meio século, até a secessão negociada do sul, em 2011.

Os dinkas passaram a agir como uma comunidade étnica na hora da independência sudanesa, em 1956, por oposição ao regime pró-egípcio instalado em Cartum, e continuaram a fazê-lo nas guerras civis subsequentes. Nesse curto intervalo histórico, inventaram-se tradições imemoriais, descreveu-se uma cultura étnica específica e cultivou-se a crença de que Deus atribuiu aos dinkas a missão de governar a porção meridional do Sudão. O conceito de "identidade étnica", estranho aos grupos que habitavam essa região do Nilo branco no momento da colonização, converteu-se em ferramenta de coesão de uma elite que almeja controlar o aparelho estatal do Sudão do Sul.

Max Weber, que morreu em 1920, compartilhava o dogma de sua época sobre a existência de raças humanas. Contudo, não caiu no conto naturalista da etnicidade. Seu argumento era que a etnia origina-se da crença numa ascendência comum. Essa abordagem abriu-lhe a vereda para examinar as consequências de tal crença sobre as ações políticas individuais e coletivas. Mais tarde, sociólogos e antropólogos analisaram os processos de construção política da etnicidade em diferentes contextos sociais. O general Santos Cruz está certo: a linguagem do "conflito étnico" é uma arma eficiente no arsenal de elites políticas com "interesses próprios de poder e dinheiro".

O leste do Congo não é Ruanda, que não é o Sudão do Sul – e, evidentemente, nenhum desses lugares se parece com o Brasil. Mas deveríamos prestar maior atenção nesses conflitos distantes, aprendendo alguma coisa com a "pedagogia da etnia" que, aplicada ao longo de décadas, ensinou as lições da identidade, da diferença e do ódio aos dinkas, aos hutus e aos tútsis. Sob o influxo das políticas de raça, nossas universidades e escolas incorporaram a linguagem envenenada dos inventores de guerras. O MEC tem razão: precisamos olhar mais para a África.

28.12.2013

# A guerra do gentio

No dia de Natal, nada aconteceu. A noite seguinte teve fogo e depredação: em Humaitá, às margens do rio Madeira e da Transamazônica, 3 mil pessoas incendiaram a sede da Funai e da Casa do Índio, num introito para ações de um grupo mais exaltado que seguiu em frente, destruindo barcos oficiais e postos ilegais de pedágio, antes de invadir a terra indígena Tenharim. O núcleo urbano amazônico, surgido de uma missão jesuítica e elevado ao estatuto de município no ciclo da borracha, converte-se agora em símbolo do triunfo da política indígena do lulismo, que semeia o rancor e a violência. O general Ubiratan Poty, comandante da brigada de Porto Velho, recusou-se a classificar os eventos como um conflito étnico. Infelizmente, ele está errado.

Os antecedentes da explosão merecem exame. Segundo registros policiais, um acidente de moto na Transamazônica matou o cacique Ivan Tenharim. Porém, na versão dos índios, o líder sofreu uma emboscada de moradores revoltados com a cobrança de pedágio pelo direito de tráfego na terra indígena. Na sequência, o desaparecimento na rodovia de um técnico da Eletrobras, um professor e um comerciante foi interpretado pelos moradores como sequestro por vingança. O copo de cólera transbordou logo depois, quando se avistaram 140 índios circulando na cidade. A narrativa forma uma aula completa sobre a pedagogia do multiculturalismo: índios e não índios aprenderam a se identificar por oposição uns aos outros, demarcaram nitidamente seus territórios e deflagraram uma guerra de guerrilha.

Humaitá é o pico emerso de uma guerra fragmentária de dimensões assustadoras. No início de novembro, três índios foram emboscados e mortos no sul da Bahia, em meio a desavenças sobre a delimitação da terra indígena Tupinambá de Olivença. Os assassinatos seguiram-se a invasões, pelos índios, de mais de duas centenas de propriedades rurais na região. "É um trauma muito grande", diagnosticou o governador Jaques Wagner, aproveitando para desfazer uma lenda recorrente: "Ali não se trata de grandes latifundiários; são várias famílias que estão na terra há até oitenta anos, plantando e sobrevivendo". Na pequena Buerarema, em protestos contra a eventual homologação da terra indígena, populares incendiaram veículos e depredaram prédios públicos. Em Ilhéus, professores do Instituto Federal da Bahia que militam pela homologação converteram-se em alvos de agressões.

Os conflitos fundiários ligados à demarcação de terras indígenas transbordaram há muito o âmbito local. Enquanto as violências se espalhavam pelo sul da Bahia, Lula foi recebido em Mato Grosso do Sul com protestos de produtores rurais cujas fazendas sofreram invasões. O presidente *de facto* prometeu reunir-se com a presidente de direito "para dizer que o governo tem que resolver isso antes que aconteça uma desgraça". Lula usou a palavra "guerra": "Não esperar a guerra acontecer para resolver". Nos próximos dias, finalmente, será divulgada a avaliação do valor de indenização das propriedades abrangidas pela terra indígena Buriti. Paralelamente, porém, posseiros e trabalhadores rurais voltaram a invadir áreas da terra indígena Marãiwatsede, de onde haviam sido retirados por forças federais.

"Muita terra para pouco índio", diz uma sabedoria popular cada vez mais difundida, mesmo se equivocada. As sementes da violência não se encontram na extensão das terras demarcadas, mas na férrea lógica da separação étnica que orienta a política indígena e se expressa no termo oficial "desintrusão". A palavra, usada para descrever a remoção de todos os não índios das terras homologadas, concentra a noção multiculturalista de que posseiros e produtores rurais estabelecidos previamente em terras definidas como indígenas são "intrusos". O conflito étnico espreita atrás dessa ideia, cultivada por missionários e ONGs internacionais – e irresponsavelmente adotada pelo lulismo.

O modelo de terras indígenas exclusivas, hermeticamente lacradas, tem sentido para os casos de grupos isolados que conservam modos de vida tradicionais. Mas a sua aplicação generalizada reflete apenas a utopia multiculturalista da restauração de "povos originais" e, na prática, serve unicamente aos interesses das ONGs e das entidades religiosas que conseguiram capturar a política indígena oficial. O cacique motoqueiro dos Tenharim, as aldeias indígenas que vivem de rendas de pedágios clandestinos, os índios terena e guarani que cultivam melancias em "terras sagradas" para vendê-las no mercado não são "povos da floresta", mas brasileiros pobres de origem indígena. Eles certamente precisam de terras – mas, sobretudo, necessitam de postos de saúde e escolas públicas. A política da segregação étnica é, de fato, uma forma cruel de negação de direitos sociais básicos.

O lulismo não inventou a terceirização da política indígena para as ONGS multiculturalistas e os missionários pós-modernos, mas a conduziu até suas consequências extremas. Hoje, no Brasil profundo, colhem-se os frutos dessa modalidade *sui generis* de privatização das políticas públicas. Depoimentos de habitantes de Humaitá evidenciam uma ruptura crucial. Marlene Sousa, servidora pública, disse o seguinte: "Temos índio aqui que é professor, a gente os respeita como seres humanos, mas como podemos confiar neles depois do que aconteceu? Revoltada, a população é capaz de tudo". Edvan Fritz, almoxarife, deu um passo conceitual adiante: "Eles vêm à cidade, enchem a cara, fazem baderna e fica por isso. Índio é protegido pelo governo que nem bicho, então tem de ficar no mato, não tem que viver em dois mundos, no nosso e no deles".

O "nosso mundo" e o "mundo deles": os fanáticos do multiculturalismo nunca conseguirão reinventar os "povos da floresta", mas reacendem a mentalidade do colono desbravador entre os não índios rotulados como "intrusos". O perigo está aí.

2.1.2014

# O arco, a flecha e o avião

Dois índios nus, pintados de urucum, arcos retesados, apontam suas flechas para o avião que os fotografava. A força magnética daquela imagem, divulgada em 2008, deriva de suas ressonâncias culturais, que tocam nos nervos do binômio natureza/civilização, o núcleo pulsante da narrativa romântica ocidental. Eis a Amazônia, sussurra uma voz dentro de nós. A voz está errada. Aqueles índios isolados existem, mas a Amazônia é outra coisa: o fruto do encontro entre ondas migratórias recentes e indígenas deslocados por quatro séculos de colonização. O conflito étnico em Humaitá, ponta emersa de tensões explosivas e difusas, decorre da decisão política de rejeitar a história em nome do mito.

Esqueça a lenda do paraíso isolado: a economia-mundo englobou a Amazônia no sistema de intercâmbios globais desde que Manaus tornou-se um porto de navios oceânicos, no anoitecer do século XIX. Esqueça a lenda dos "povos da floresta": a Amazônia foi ocupada por pioneiros do Nordeste e do Centro-Sul em dois ciclos sucessivos, entre 1880 e 1920 e de 1942 em diante. Esqueça a lenda das tradições imemoriais: as festas folclóricas da região, surgidas décadas atrás, refletem as extensas mestiçagens entre os colonos e deles com os povos autóctones. A pureza está na foto, o vislumbre de uma relíquia, um instantâneo vestigial. Os Tenharim, conta-nos o repórter Fabiano Maisonnave, são evangélicos, moram em casas de madeira com eletricidade, deslocam-se em motos, torcem pelo Flamengo e pelo Corinthians. Por que traçar uma fronteira étnica intransponível separando-os dos demais habitantes de Humaitá?

Quem é índio? De acordo com o *Retrato molecular do Brasil*, de Sérgio D. Pena, 54% dos "brancos" da região Norte apresentam linhagens maternas ameríndias. O Censo 2010 registrou taxas espantosas de crescimento anual da população indígena do Acre (7,1%), de Roraima (5,8%) e do Amazonas (4,1%), interpretadas pelo IBGE como "etnogênese" ou "reetinização": o resultado de mudanças em massa na opção de autodeclaração étnica estimuladas pelas políticas raciais. Na Amazônia, redefinir-se como indígena tornou-se uma estratégia destinada a obter segurança fundiária, cotas preferenciais e privilégios extraordinários (como o de cobrar pedágios em rodovias federais). Os caboclos amazônicos, que são meio índios, reagem declarando-se inimigos dos índios. Aí estão as raízes políticas da "guerra de Humaitá".

Quem é índio? Telma Tenharim, mulher do cacique cuja morte acendeu a faísca das violências em Humaitá, "uma mulher miúda com poucos traços indígenas", é filha do primeiro branco que teria entrado em contato com o grupo, nos anos 1940. Segundo a clássica definição de Darcy Ribeiro, índio é o indivíduo "reconhecido como membro por uma comunidade pré-colombiana que se identifica etnicamente diversa da nacional" e, ainda, "considerado indígena pela população brasileira com quem está em contato". A política indígena oficial, capturada por ONGs racialistas e entidades missionárias, é uma pedagogia de "reetinização" que se nutre das carências sociais e fabrica o conflito étnico.

"Em nenhum momento a gente falou que meu pai foi assassinado. A gente viu que ele caiu da moto." As palavras de Gilvan, filho do cacique morto, confirmam as conclusões da perícia policial, mas contrastam com o texto do coordenador regional da Funai, Ivã Bocchini, postado no blog do órgão, que sugeria a hipótese de assassinato. O cacique "era como um chefe de Estado", escreveu Bocchini, exigindo que "seja apontada a verdadeira causa da morte" e celebrando "a luta do povo Tenharim".

Um "chefe de Estado" com o arco retesado e a flecha apontada para o avião dos intrusos "brancos": nessa imagem falsa, construída pelas políticas estatais de raça, encontram-se as sementes do ódio entre caboclos-índios e índios-caboclos.

11.2.2014

# Declínio do declinismo

A profecia do declínio dos EUA é uma narrativa política cíclica que descreve trajetórias balísticas. No ciclo mais recente, o lançamento do projétil do declinismo coincidiu com o colapso financeiro de 2008, um evento que lhe conferiu alta velocidade inicial e extraordinário alcance. Contudo, o projétil atingiu o apogeu anos atrás e já ingressou na etapa descendente de sua trajetória. Nessa etapa, os países que acreditaram no mito declinista, como o Brasil, precisam se ajustar a um cenário externo inesperado.

Os arautos do antiamericanismo são, quase sempre, adeptos fervorosos do declinismo. Eles se imaginam pensadores originais, mas estão enganados: as fontes do declinismo se encontram na própria tradição política americana, que gera versões liberais e conservadoras dessa profecia. Nos EUA, desde o sobressalto causado pelo lançamento do Sputnik soviético, em 1957, emergiram cinco narrativas declinistas sucessivas em número igual de décadas. Do "Vietnã" ao "Afeganistão e Iraque", da "estagnação econômica" à "crise financeira global", a música da ruína reproduz melodias conhecidas, ainda que sedutoras. A diferença entre o declinismo "made in USA" e o declinismo propagado fora dos EUA não está na composição, mas no tom dos instrumentos: melancolia, num caso; júbilo, no outro.

O declinismo é uma fábula e, como tal, "não trata de verdades, mas de consequências", assinalou Josef Joffe. A narrativa da ruína americana é, portanto, impermeável ao teste da validação empírica, o que explica sua inesgotável capacidade de renascer ciclicamente, com a mesma força persuasiva de sempre. Os declinistas tocam uma música destinada a configurar crenças e mudar atitudes políticas. Nas suas versões autóctones, a finalidade é perturbar os espíritos para vender uma ideia de redenção – e, assim, derrotar a profecia insuportável. Pense, por exemplo, no vaticínio de Samuel Huntington sobre os efeitos corrosivos da imigração hispânica na coesão da sociedade americana, um artefato "sociológico" destinado a fornecer argumentos eleitorais para a ala direita, nativista, do Partido Republicano.

Fora dos EUA, a narrativa declinista é um componente crucial nos discursos antiamericanos de correntes políticas avessas ao liberalismo, ao modernismo, ao cosmopolitismo e ao judaísmo. Meio século atrás, o egípcio Sayyid Qutb formulou a doutrina da jihad contemporânea sob o impacto duradouro de uma viagem aos EUA na qual concluiu que o Ocidente perdera a vitalidade moral, condenando-se a um declínio irreversível. A França de Vichy era declinista, tanto quanto é, hoje, a Frente Nacional de Marine Le Pen. Entre as elites francesas, conservadoras ou social-democratas, o prognóstico da decadência americana é algo próximo a um consenso nacional, com raízes psicológicas fincadas na percepção compartilhada do declínio francês. Há uma década, a direção do Partido Comunista Chinês promoveu um seminário fechado sobre a história da ascensão e do declínio das grandes potências, extraindo a reconfortante conclusão de que a "Pax Americana" cederá lugar a uma "Pax Chinesa".

A profecia declinista perpassava os discursos de Nikita Kruschev, mas só contaminou de fato o pensamento da esquerda marxista depois da queda do Muro de Berlim. O filósofo-militante alemão Robert Kurz fabricou uma versão pretensamente sofisticada da venerável narrativa no livro *O colapso da modernização*, de 1991, que interpreta a implosão do "império soviético" como sinal periférico anunciador de uma crise terminal do sistema capitalista. A tese rocambolesca converteu-se, instantaneamente, numa espécie de amuleto das correntes de esquerda engajadas no movimento antiglobalização. Nesses círculos, o nome de Kurz brilhou intensamente durante a pequena recessão do início do século e, novamente, na hora da crise global deflagrada pela queda da Casa dos Lehman Brothers.

A esquerda latino-americana, vincada pelos nacionalismos e atraída por caudilhos, sempre foi esperançosamente declinista. A "revolução bolivariana" de Hugo Chávez reativou a profecia da decadência americana, que encontra fortes ecos no PT. A crença na falência histórica do (mal denominado) "capitalismo liberal" provocou uma notável inflexão na política externa brasileira, deixando como herança o isolamento comercial do Brasil na concha de um

Mercosul sem horizontes. No auge do ciclo declinista mais recente, Lula convenceu-se da eficácia do capitalismo de Estado e, para regozijo comum dos seus "desenvolvimentistas" e do alto empresariado associado ao Palácio, soltou as rédeas do crédito público subsidiado. Desse autoengano nasceu o "pibinho da Dilma", um reflexo da retração da produtividade de nossa economia.

Obviamente, todas as curvas balísticas ingressam, em algum momento, na etapa descendente. O ano de 2014 se abre com o prognóstico de um crescimento global (calculado à base da paridade do poder de compra) próximo a 4%, quase um ponto percentual maior que o do ano passado. Depois de muitos "anos chineses", o motor da expansão será, uma vez mais, a economia americana, que experimenta os efeitos combinados da recuperação dos preços dos imóveis e da explosão da produção interna de energia. Novamente, o declinismo entra em declínio, recolhendo-se à hibernação até que algum evento geopolítico ou econômico impactante propicie a sua reanimação.

Nessa etapa, carentes de argumentos verossímeis, os profetas do declinismo tendem a enrijecer sua linguagem, refugiando-se nas mais desvairadas hipóteses conspiratórias. A fórmula manjada do "ataque especulativo" (contra o BNDES, na versão de Luciano Coutinho, ou contra a política fiscal do governo, na de Arno Augustin) inscreve-se nesse padrão facilmente reconhecível. A "guerra psicológica adversa", invocada por Dilma Rousseff, pertence ao mesmo arsenal de bombas sujas. Eles não aprenderam nada. Azar do Brasil.

16.1.2014

# De Damasco a Kiev

A expressão "atores estrangeiros" emergiu dois meses atrás, de porta-vozes do Kremlin e do governo ucraniano. As palavras "extremistas" e "terroristas" começam a ser pronunciadas agora, quando aparecem os primeiros cadáveres em Kiev. Dois manifestantes foram mortos a tiros pela polícia. Um terceiro ativista, encontrado sem vida numa floresta nos arredores da capital, exibia sinais de tortura. Um estudante de dezessete anos sofreu sevícias de policiais, que o espancaram e esfaquearam, obrigando-o a se despir e a cantar o hino nacional sob um frio congelante. "Damasco": o presidente Viktor Yanukovich e seu patrono, Vladimir Putin, inspiram-se no exemplo da Síria, onde Bashar Assad comprovou que a repressão sangrenta de um levante nacional pode permanecer impune. Contudo, para Washington e Bruxelas, o teste de Kiev vale mais, muito mais, que o de Damasco.

No ponto de partida da revolta popular síria, Obama e os líderes europeus avisaram que não ficariam inertes diante dos massacres perpetrados pelo regime. Depois, no ano um da guerra civil, prometeram apoiar a corrente moderada da oposição. Quando os compromissos solenes já estavam desmoralizados, o presidente americano traçou sua célebre "linha vermelha", assegurando que reagiria militarmente a um hipotético ataque químico. Assad cruzou, impávido, a última fronteira, demonstrando que o rei estava nu. Ao longo da trajetória, a oposição moderada dissolveu-se na irrelevância, cedendo lugar a organizações fundamentalistas e grupos jihadistas. Putin convenceu-se de que está autorizado a jogar, na Ucrânia, as mesmas cartas utilizadas na Síria. Mas Kiev não é Damasco.

"Quero viver na Europa." Os cartazes exibidos nas cidades ucranianas indicam tanto as fontes quanto os rumos da revolução em curso. A Ucrânia pertenceu, durante séculos, ao Império Russo, e viu frustrada sua primeira independência, que coincidiu com a Revolução Russa, mas durou efêmeros quatro anos de guerras sucessivas. Uma segunda independência, propiciada pela implosão da URSS, em 1991, jamais se completou. As manifestações multitudinárias deflagradas em novembro, que retomam a frustrada Revolução Laranja, de 2004, evidenciam a natureza anacrônica da sujeição do país à Grande Rússia. Aos olhos da maioria do povo ucraniano, "Europa" ou "União Europeia" são a tradução geopolítica da exigência de soberania nacional. Eis o motivo pelo qual a aposta de Putin representa um desafio histórico para Washington e Bruxelas.

A legitimidade da União Europeia (UE) não repousa sobre o mercado comum ou mesmo a liberdade de circulação dos cidadãos europeus. Desde a Segunda Guerra Mundial, "Europa" é o outro nome das liberdades políticas e da democracia. O projeto europeu surgiu para proteger as liberdades, depois da tempestade do nazismo e diante do espectro triunfante da URSS de Stálin. A UE renovou-se e provou sua vitalidade na década seguinte às revoluções de 1989, pela incorporação dos países do antigo bloco soviético. Kiev não é uma crise qualquer: na Ucrânia, a "Europa" precisa demonstrar que serve a algo maior que os interesses do "mercado".

O Kremlin acusou "atores estrangeiros" de "insuflarem" os protestos na Ucrânia. De fato, em dezembro, a representante diplomática da UE, Catherine Ashton, e o ministro do Exterior alemão, Guido Westerwelle, juntaram-se aos manifestantes da praça da Independência. Eles estavam dizendo que não são "estrangeiros", que os ucranianos são europeus, que 1989 não terminou e que Kiev não é Damasco. A presença deles equivale a uma nota promissória, que começa a ser cobrada agora. Os EUA e as potências europeias têm os instrumentos para infligir punições diplomáticas e econômicas insuportáveis à Rússia. Se não os utilizarem, permitindo que Kiev se torne Damasco, reduzirão "Europa" a um sinônimo de decadência.

25.1.2014

# Dilma, a penitente

Segundo André Singer, Dilma Rousseff peregrinou até o Fórum Econômico Mundial de Davos penitenciando-se pela efêmera "aventura desenvolvimentista" do Brasil e depositando, "no altar das finanças", as "oferendas de praxe" a fim de "obter a absolvição dos endinheirados" (*Folha de S.Paulo*, 25/1). Singer foi porta-voz de Lula no primeiro mandato e depois, por algum motivo, deslocou-se para a esquerda, identificou a natureza conservadora do lulismo e tornou-se um arauto das imprudências econômicas que empurraram a Argentina à beira do precipício. Seu artigo, um lamento do suposto giro à direita do governo, pouco esclarece sobre a conjuntura. Mas, inadvertidamente, lança luz sobre a oscilação pendular da política econômica lulista.

No passado, a esquerda petista pregava a ruptura com o capitalismo. Hoje, excetuando-se dois ou três grupos insignificantes, e fora dos dias de festa e louca bebedeira, ninguém mais fala nisso. A ordem, nessas alas, é pregar uma volátil combinação de políticas insustentáveis: mais inflação, depreciação cambial, fortes aumentos de gastos públicos, subsídios à indústria, protecionismo comercial. Cristina Kirchner seguiu a receita "desenvolvimentista" quase inteira, até emparedar a Argentina entre as muralhas do descontrole inflacionário, do desinvestimento e da fuga de capitais. Dilma, que não é Cristina, manobra a nau do Brasil antes da chegada da tempestade.

A primeira oscilação assinalou o encerramento da ortodoxia palocciana. O "desenvolvimentismo" (quantas aspas serão necessárias aqui?) petista emergiu após o escândalo do mensalão e ganhou impulso na hora da eclosão da crise financeira internacional. Lula não operou a brusca mudança de rota por uma motivação ideológica, algo que lhe é estranho, mas por um certeiro cálculo de poder: a fórmula de expansão do crédito subsidiado e dos gastos públicos (sem a parte da depreciação cambial) reativaria o crescimento e o consumo, assegurando o triunfo eleitoral de Dilma. Contudo, caracteristicamente, a esquerda petista interpretou o novo rumo como uma vitória sua: a consagração de um dogma ideológico. Agora, no momento da segunda oscilação, seus intelectuais fabricam teses políticas convenientes, destinadas a ocultar o fracasso do dogma.

A teoria de fundo, velha de uma década, classifica os governos lulistas como "governos em disputa", ou seja, como campos de confrontação entre a "elite" e os "trabalhadores". A ideia, de vaga sonoridade marxista, tem mil e uma utilidades. Nos intercâmbios políticos cotidianos, serve para aureolar pretendentes petistas a cargos públicos também almejados por outros partidos do extenso arco governista. Nos episódios de repressão a protestos de "movimentos sociais", ela funciona como álibi para expressar solidariedade aos "companheiros" sem romper com o governo ou renunciar a preciosos cargos na máquina estatal. Na hora da oscilação do pêndulo da política econômica, converte-se numa senha para a delinquência intelectual. Ficamos sabendo, então, que Dilma, a penitente, escalou a montanha de Davos por nutrir um temor reverencial aos "endinheirados" – não porque o "desenvolvimentismo" fracassou.

Lula é, antes de tudo, um pragmático: futuro, para ele, nunca representa mais que a próxima eleição. O presidente *de facto* intuiu o perigo na queda das taxas de crescimento do PIB, no repique inflacionário, na carantonha das agências de classificação de risco, nas manifestações de junho, na retomada americana, no destino da Argentina. Partiu dele a ordem de reorientar a política econômica e, não por acaso, também o nada discreto lançamento da "candidatura" de Henrique Meirelles ao Ministério da Fazenda. Dilma não é Cristina porque, aqui, existe Lula. A alma da presidente de direito inclina-se na direção do "desenvolvimentismo" – mas ela sabe quem manda. Ao preservar Guido Mantega, enquanto escala a montanha de Davos, Dilma abraça-se simbolicamente às suas convicções ideológicas, que já sacrificou materialmente.

Os malvados "endinheirados" não reclamaram antes e não reclamarão agora. O "desenvolvimentismo" dessa esquerda petista pós-socialista provocou uma explosão do consumo que girou a roda dos negócios, do varejo à construção civil, e expandiu como nunca os subsídios públicos para o alto empresariado, como atesta o caso extremo de Eike Batista. A volta do cipó de aroeira, tão bem evidenciada pela restauração das taxas de juros de dois dígitos, transfere recursos de um bloco de "endinheirados" para outro e freia o trem desgovernado do consumo popular. Não é muito alvissareiro realizar a manobra na antevéspera das eleições, mas a alternativa seria pior: pense na Argentina.

Dilma disse em Davos que ama o mercado, o investimento privado e a estabilidade econômica. As "oferendas de praxe" equivalem, até certo ponto, a uma abjuração de crenças pessoais, mas não a uma ruptura com a natureza do lulismo. Nas atuais circunstâncias internacionais, a mudança de rumo oferece as melhores chances de triunfo num embate eleitoral pontilhado de incertezas. Os "desenvolvimentistas" deveriam louvar o aguçado instinto político de Lula: sem a prudente reorientação ortodoxa em curso, o receituário econômico desastroso que eles pregam experimentaria o teste completo da história.

Utópicos? "Sonháticos"? Nem sempre: os "desenvolvimentistas" sabem, ao menos um pouco, onde o calo aperta no ano das eleições. Na conclusão de seu artigo, Singer faz um alerta: "em fevereiro, o mercado vai exigir um superávit primário robusto e um contingenciamento idem para garanti-lo". O recado é claro como o sol do meio-dia. Ele está dizendo que Mantega precisa voltar atrás nos sugeridos compromissos de contenção fiscal porque, afinal, as urnas estão aí, na esquina. Não é "luta de classes", mas apenas o natural desejo político de conservar o poder. Em nome do "povo", bem entendido.

*30.1.2014*

# #VaiTerCopa

"Protesto é quando digo que não gosto disso ou daquilo. Resistência é quando faço com que as coisas de que não gosto não mais aconteçam." O mês era maio; o ano, 1968; o lugar, Berlim Ocidental; a autora, Ulrike Meinhof, uma jornalista de extrema esquerda que, dois anos depois, organizaria o ato terrorista inaugural do grupo Baader-Meinhof. O "protesto" contra a Copa no Brasil impulsionou as manifestações de massa de junho do ano passado. A "resistência" à realização da Copa, expressa no dístico "#NãoVaiTerCopa", ameaça degradar ainda mais nossa democracia, dissolvendo a política no caldo da arruaça e da violência.

A Copa é uma desgraça – ou melhor, é uma síntese de diversas desgraças: desperdício de recursos escassos, desvio de dinheiro público para negócios privados, desprezo a prioridades sociais, desrespeito aos direitos de moradores submetidos a remoções compulsórias. Mas a Copa é legítima: dois governos eleitos, o de Lula e o de Dilma, decidiram sobre a candidatura brasileira, a legislação do evento e a mobilização de recursos para a sua realização. "#NãoVaiTerCopa" é a bandeira de grupúsculos políticos que não reconhecem as regras do jogo da democracia.

A Copa da Fifa, dos "patrocinadores oficiais" e das "marcas associadas" é um "negócio do Brasil" fincado no terreno do sequestro legal de dinheiro público. A Copa da Fifa, de Lula e de Dilma é uma tentativa política de restaurar o passado, em novas roupagens: o "Brasil Grande" dos generais Médici e Geisel, emblema da coesão social em torno do poder. O "protesto" contra a Copa evidencia o fracasso do governo na operação de ludibriar o país inteiro, embriagando-o num verde-amarelismo reminiscente da ditadura militar. Mas a "resistência" contra a Copa só revela que, no 12º ano do lulopetismo, a praça do debate público converteu-se no pátio de folguedos de vândalos e extremistas.

Quando escreveu sobre "protesto" e "resistência", Meinhof concluíra que a Alemanha Ocidental era um "Estado fascista", disfarçado sob o véu da democracia representativa. Fanáticos sempre podem dizer isso, descartando com um gesto banal todo o aparato eleitoral, institucional e jurídico das democracias. "Estado policial" é a versão brasileira do diagnóstico de Meinhof. Ao abrigo dessa invocação, configura-se uma perigosa aliança tática entre lideranças radicalizadas de "movimentos sociais", pseudoanarquistas, extremistas de direita e *black blocs*. Nas suas redes sociais, misturam-se delírios revolucionários, iracundas acusações contra a "mídia" e líricos elogios ao regime militar. Depois do "#NãoVaiTerCopa", emergirá o "#NãoVaiTerEleições", prometem esses depredadores da política, enquanto acumulam arsenais de rojões de vara.

O "protesto" contra a Copa tocou fundo na consciência das pessoas. Contudo, foi represado pela lona impermeável da coalizão governista e, ainda, pela adesão voluntária de governadores e prefeitos dos partidos de oposição à farra da Copa. Na Copa das Confederações, os cordões policiais de isolamento de um "perímetro de segurança" em torno dos estádios atestaram que, no Brasil rendido à Fifa, o direito à manifestação pacífica tem uma vergonhosa cláusula de exceção. Os incautos interpretam o "#NãoVaiTerCopa" como prosseguimento dos protestos de junho. Mas, de fato, o estandarte autoritário funciona como antídoto contra manifestações pacíficas e pretexto ideal para a repressão ao protesto legítimo.

"Agora, depois que se demonstrou que existem instrumentos outros além de simples manifestações; agora, quando se quebraram as algemas da decência comum, a discussão sobre violência e contraviolência pode e deve começar novamente", escreveu Meinhof. O "#NãoVaiTerCopa" é uma atualização tupiniquim daquela conclamação à "contraviolência". A resposta certa a ela é dizer: #VaiTerCopa – infelizmente.

15.2.2014

# "Morte aos gays!"

"Homossexuais são, no fundo, mercenários. Eles são heterossexuais, mas, porque lhes pagam, dizem que são homossexuais." As sentenças do presidente Yoweri Museveni acompanharam a assinatura de uma das mais drásticas leis homofóbicas do mundo, conhecida no país como "lei da morte aos gays!". Uganda radicalizou, mas está com a maioria: 38 dos 54 países da África criminalizam a homossexualidade. Segundo a narrativa dos dirigentes homofóbicos africanos, a homossexualidade é uma perversão cultural inoculada de fora para dentro na África. Segundo a narrativa de uma corrente de intelectuais "anti-imperialistas", a homofobia é uma perversão política inoculada de fora para dentro na África. As duas narrativas estão erradas – e por um mesmo motivo.

Museveni e seus colegas nos 38 países argumentam que os gays desembarcaram na África junto com os colonizadores europeus – isto é, que a homossexualidade é estranha à "cultura africana". Num paradoxo esclarecedor, agentes evangelizadores americanos que operam na África dizem o mesmo. Com a palavra, Stephen Phelan, da ONG católica Human Life International: "Achamos que é importante estarmos na África porque a investida contra os valores africanos naturais pró-vida e pró-família está vindo dos EUA. Então, nos sentimos na obrigação de ajudá-los a entender a ameaça e a reagir a ela com base em seus próprios valores e culturas".

A postulação de uma "cultura africana" nasceu fora da África, no ventre do pan-africanismo, uma doutrina elaborada por intelectuais americanos e caribenhos no anoitecer do século XIX. O pan-africanismo "africanizou-se" no pós-guerra, quando foi adotado por jovens intelectuais africanos que estudavam na Europa e nos Estados Unidos. Aqueles intelectuais viriam a liderar os movimentos de independência, convertendo-se em "pais fundadores" das atuais nações africanas. O sonho da unidade política da África esvaiu-se, mas a doutrina pan-africana sobreviveu como discurso legitimador dos novos regimes africanos. Sua pedra de toque é a noção de "cultura africana". Ela proporciona às elites dirigentes o álibi de culpar o "estrangeiro" (o colonizador, no passado; os EUA ou a Europa, no presente) pelos males que afligem seus países.

"Cultura africana", assim, no singular, é uma noção enraizada no pensamento racial. Os intelectuais "anti-imperialistas" também a adotam, eximindo os dirigentes africanos da responsabilidade pelas leis homofóbicas. Eles argumentam que a homossexualidade era tolerada em certos povos africanos antes da colonização. É uma verdade de escasso significado: os gays não sofreram discriminação em diversas sociedades tradicionais, nos mais diferentes lugares do mundo, ao longo da história. Eles registram, ainda, que as primeiras "leis antissodomia" foram introduzidas na África pelos impérios europeus. Contudo, não se atrevem a explicar por que tais leis são restauradas na África muito depois de sua anulação nas antigas metrópoles europeias.

A homossexualidade não é, evidentemente, "antiafricana" – assim como não é "antiocidental". A homofobia não é "antiafricana" – nem, tampouco, "africana". Como os EUA seriam governados se Stephen Phelan ocupasse o lugar de Barack Obama? O que faria nosso Marcos Feliciano se dispusesse de um poder absoluto? A difusão das leis antigays na África só pode ser entendida se nos desvencilhamos da tese da "cultura africana", uma ideia patrocinada no Brasil pelos arautos das políticas de raça.

O grito de "Morte aos gays!" é um fruto do poder despótico de elites políticas não cerceadas pelas instituições da democracia, em sociedades traumatizadas por céleres processos de modernização. As campanhas homofóbicas na África são ferramentas de perseguição política e de cristalização de controle social. Essa abominação nada tem de especificamente "africano".

1.3.2014

# A cena que Garcia viu

Temos dois ministros das Relações Exteriores. O ministro oficial, Luiz Alberto Figueiredo, não tem jurisdição na América do Sul, esfera de operação do ministro fantasma, Marco Aurélio Garcia, que opera como plenipotenciário do presidente fantasma, Lula da Silva. Garcia assistiu, na Venezuela, às cerimônias governamentais que marcaram o primeiro aniversário da morte de Hugo Chávez. Ele viu, mas não falará.

Ele viu o desfile no Paseo Los Próceres, a esplanada de Caracas delimitada por postes de iluminação, situada no perímetro do Forte Tiuna e adornada por objetos esculturais de inspiração helenística que se abre para o monumento aos heróis da independência. Não foi exatamente um evento em memória ao caudilho "bolivariano", mas uma exibição do equipamento militar importado da Rússia e da China: caças Sukhoi, mísseis terra-ar, blindados T72. Nos discursos, entremeados por torrentes de palavras de ordem, Chávez foi mencionado como "comandante eterno", "nosso pai" e "líder supremo", enquanto a Venezuela ganhou a qualificação de "pátria socialista, revolucionária e majoritariamente chavista".

A nação, Garcia viu, é um movimento, um partido, um ponto de vista político, uma ideologia. Isso, porém, não passa de *déjà vu*. O novo é outra coisa, que Garcia também viu. O presidente Nicolás Maduro alertou que "somos um povo valente na defesa de nossos direitos" e – mensagem direta! – insistiu em esclarecer o sentido de conjunto da performance em curso. Maduro disse que as tropas equipadas, as milícias armadas e os franco-atiradores treinados cumprem uma função política: estão ali para enfrentar "quem ouse se contrapor ao projeto cívico-militar". O "povo valente" de Maduro não são os venezuelanos, mas apenas os chavistas. Garcia viu e ouviu.

O conceito de "inimigo interno" tem história na América do Sul. À sua sombra, deflagraram-se os golpes militares no Brasil, na Argentina, no Chile e no Uruguai. Em nome do combate ao "inimigo interno", a Junta Militar promulgou o AI-5 e, entre tantos outros, Dilma Rousseff foi presa e torturada. A linguagem da "revolução bolivariana", expressa tanto em discursos oficiais como nos palanques dos comícios, estrutura-se em torno do mesmo conceito que sustentou as "ditaduras de segurança nacional". Garcia permaneceu calado. O governo brasileiro afunda-se na cumplicidade com um regime que, imitando Cuba, qualifica a divergência política como traição à pátria.

A Venezuela não é, ainda, uma ditadura: ditaduras não promovem eleições em cenários de liberdade partidária. Contudo, já não é uma democracia: democracias conservam a independência do Judiciário e não restringem a liberdade de imprensa. A ditadura nasce no solo da linguagem. Leopoldo López, uma destacada liderança da oposição, foi preso na onda de protestos sem nenhuma acusação específica: o governo substituiu o ônus de acusá-lo pela facilidade de insultá-lo, crismando-o como "fascista" e "incitador do ódio". Entidades de direitos humanos pedem a sua libertação; Garcia, não.

A linguagem importa. Numa entrevista em que criticou a "metodologia" de bloqueios de ruas dos protestos oposicionistas nos bairros de classe média do leste da capital, um líder opositor local de Catia, na periferia da Grande Caracas, ofereceu uma aula gratuita de ciência política aos jornalistas. Saverio Vivas disse que os "coletivos" (as milícias chavistas) servem, principalmente, para atemorizar a população das periferias pobres. Nessas periferias, também ocorrem manifestações. Mas, explicou Vivas, sob a intimidação dos "coletivos", os manifestantes apressam-se em qualificá-las como "sociais", não "políticas". Na Venezuela, "política" é para poucos: só pode ser feita pelo regime – e, ainda, mas cada vez menos, por opositores nos santuários de classe média. Isso é o que Garcia viu.

8.3.2014

# Estado de exceção

Os cubanos estão chegando. O governo anunciou que 4 mil novos profissionais cubanos desembarcarão no país, para se juntarem aos 7.400 já integrados ao Mais Médicos. Mirando o acessório, críticos provincianos diagnosticam a natureza eleitoreira de um programa movido, essencialmente, por razões de política internacional. Essa linha de crítica embaça o olhar, auxiliando o governo a ocultar o impacto mais desastroso do compromisso ideológico com Havana: o Mais Médicos introduz uma "exceção cubana" nas regras de nossa democracia.

Num discurso de 1960 às Milícias Cubanas, Che Guevara anunciou o surgimento, no pote quente da revolução, de "um novo tipo de homem" e de uma "medicina revolucionária". Menos de três anos depois, 58 médicos cubanos apresentaram-se ao primeiro governo da Argélia independente, inaugurando a política de "missões internacionalistas". Os ecos da ideia original reverberam no lema "um exército de batas brancas", que acompanha as solenidades de despedida dos profissionais de saúde enviados ao exterior. Contudo, há muito, o objetivo de exportar a revolução foi substituído por outras metas, ligadas à sobrevivência do regime castrista. É disso que trata o Mais Médicos.

O "Maleconazo", uma revolta popular na esplanada costeira da capital cubana, em 1994, acendeu um sinal vermelho de alerta, evidenciando que a depressão econômica do período pós-soviético ameaçava o poder de Fidel Castro. A "medicina internacionalista" converteu-se, então, em uma das ferramentas de restauração da estabilidade política. A Escola Latino-americana de Medicina (Elam), uma instituição destinada a atrair estudantes estrangeiros oferecendo bolsas integrais, fundada em Havana, em 1998, tinha a função de romper o isolamento diplomático do regime. As missões médicas no exterior, por sua vez, converteram-se em fonte crucial de divisas e, desde a consolidação do chavismo, em moeda de troca nas importações de petróleo subsidiado da Venezuela. O Mais Médicos entra em cena na hora do esgotamento da "solução venezuelana".

Mais de 15 mil médicos cubanos foram enviados à Venezuela e milhares de outros à Bolívia, ao Equador e à Nicarágua. Na última década, um em cada três médicos de Cuba trabalhava no exterior em qualquer momento determinado, o que provocou carências em hospitais da ilha já premidos por falta de remédios e deterioração de equipamentos. O Mais Médicos nasceu de uma articulação secreta entre Lula e o regime castrista concluída nas semanas dramáticas da agonia de Hugo Chávez em Havana, como resposta à hipótese de interrupção do programa de intercâmbio de médicos por petróleo. O novo contingente de "missionários" de Cuba chega ao Brasil na moldura do aprofundamento da crise econômica venezuelana e das incertezas sobre o futuro do governo de Nicolás Maduro.

Mas toda a operação de importação de médicos cubanos exige que se congele a vigência das leis brasileiras que asseguram direitos políticos e trabalhistas. Os primeiros precisam ser suspensos para assegurar o controle de Havana sobre "soldados de batas" inclinados a "desertar". Os segundos, a fim de propiciar a transferência da quase totalidade dos recursos para o caixa do Estado cubano. Evidentemente, o esquema não funcionaria sem a cumplicidade ativa do governo brasileiro.

Na Venezuela, as oportunidades de "deserção" são menores, pois, na ausência de um Judiciário independente, praticamente inexistem obstáculos à deportação de médicos cubanos pelo regime chavista. No Mais Médicos, a forma encontrada para reduzir esse risco é submeter os médicos ao controle de agentes policiais de Havana, que atuam sob o disfarce de funcionários da "Brigada Médica Cubana". Os "missionários internacionalistas" não podem receber visitas ou deslocar-se para outras cidades sem informar tais agentes. O Brasil, de fato, sob o silêncio desavergonhado do Parlamento e do Ministério Público, colocou entre parênteses o direito de ir e vir.

A Organização Pan-Americana de Saúde, um órgão internacional capturado pelo governo cubano, intermedeia a contratação pelo Brasil dos médicos cubanos. Celebrados com uma certa "Comercializadora de Serviços Médicos Cubanos S.A.", fachada do próprio regime castrista, os contratos conferem aos profissionais apenas uma fração do salário, reservando a maior parcela à misteriosa empresa. O Ministério da Saúde mentiu ao declarar que são contratos similares aos de médicos cubanos atuando na França, no Chile e na Itália. Tanto no caso francês quanto no chileno, os profissionais recebem a integralidade do salário; a Itália nem sequer contrata médicos cubanos. O Brasil colocou entre parênteses sua legislação trabalhista – e o Ministério Público do Trabalho só começou a reclamar quando eclodiu a denúncia da "desertora" Ramona Rodríguez.

A solidariedade política entre uma democracia e uma ditadura destila, inevitavelmente, um ácido que corrói os valores da primeira. Tradicionalmente, a política externa brasileira é avessa ao embargo econômico americano contra Cuba – uma posição que pode ser defendida com base em princípios. Os governos Lula da Silva e Dilma Rousseff deram um passo à frente (ou melhor, atrás!), produzindo declarações asquerosas sobre presos políticos em Cuba – e o ex-ministro Tarso Genro ultrapassou tanto as fronteiras da legalidade quanto as da decência ao deportar os pugilistas cubanos. O Mais Médicos, porém, eleva a solidariedade a um novo grau. Ao importar, junto com os médicos, as normas jurídicas da ditadura castrista para o Brasil, o programa instala um Estado de exceção.

A crise do regime castrista já não se limita a provocar tensões na política externa brasileira. Agora, ela mutila o arcabouço de direitos políticos e sociais vigentes no Brasil. Que isso aconteça sem maior escândalo é atestado da falência das oposições e de um perigoso amortecimento moral da opinião pública.

13.3.2014

# O mundo de Putin

Depois de conversar com Putin, Angela Merkel disse a Obama que o presidente russo "está em outro mundo". No mundo de Putin, história é igual a geopolítica. Desde a dissolução da URSS, "a maior catástrofe do século XX", o Ocidente entrega-se noite e dia a conspirar contra a Rússia, imagina o chefe do Kremlin. A Revolução Laranja, na Ucrânia, em 2004, o desafio da Geórgia a Moscou, em 2008, e a insurreição de Kiev seriam componentes de uma persistente estratégia antirrussa. Na sua visão, a operação militar na Crimeia representa um gesto defensivo, pois a ruptura da Ucrânia com Moscou equivaleria a uma nova catástrofe: a destruição da Grande Rússia. De certo modo, Putin tem razão – mas suas ações precipitam o desenlace que ele quer evitar.

No mundo de Putin, a mão dos governantes faz (e desfaz) a história. Atrás da insurreição de Kiev, o presidente russo enxergou os fantasmas superpostos do antigo reino da Lituânia e das forças invasoras da Alemanha nazista. No mundo real, a história não é uma conspiração. A revolução ucraniana não obedeceu, obviamente, a um comando ocidental. Hoje, diante do punho cerrado de Moscou, borram-se as fronteiras entre os ucranianos de língua ucraniana e os de língua russa. Mesmo no leste russófono da Ucrânia, as manifestações pró-Rússia expressam aspirações minoritárias. "Você descobre que o mundo enlouqueceu quando ouve a Alemanha dizer à Rússia para não invadir a Ucrânia", exclamou um jovem na Universidade de Carcóvia, sob aplausos e gargalhadas. Inadvertidamente, Putin empurra a Ucrânia na direção do Ocidente.

No mundo real, Putin tinha a chance de conservar alguma influência sobre a Ucrânia se colaborasse com a União Europeia (UE) para estabilizar o país. A UE não almejava mais que um tratado frouxo com a Ucrânia, e a Alemanha resiste à pressão americana por uma reação mais forte à agressão russa. Mas, ameaçando sufocar a economia ucraniana, Moscou dinamita as pontes. Bruxelas, Washington e o FMI articulam um pacote financeiro de resgate da Ucrânia, enquanto a Otan ensaia uma cooperação com Kiev. Putin está convencendo os ucranianos de que sua almejada soberania só pode ser sustentada pelo alicerce das instituições ocidentais.

O mundo real e o mundo de Putin coincidem apenas na Crimeia. A península, que sedia a frota russa do mar Negro e é habitada por uma maioria de russos étnicos, não faz parte da Ucrânia histórica. Nikita Kruschev presenteou a Ucrânia com a Crimeia, em 1954, para soldar definitivamente o destino ucraniano ao da Rússia. Pela força ou pela persuasão, Moscou pode separar a Crimeia da Ucrânia, como fez com as regiões georgianas da Ossétia do Sul e da Abkazia. A ironia é que as ações de Putin aceleram a implosão do mundo de Putin: sem a âncora da Crimeia, a Ucrânia derivaria mais rapidamente rumo à Europa.

O mundo de Putin é um edifício que desmorona em câmera lenta. O nome do edifício é Grande Rússia: o império dos czares que, graças à revolução de 1917, escapou da implosão, convertendo-se no império vermelho dos czares soviéticos. Putin tem razão no diagnóstico de que, sem a Ucrânia, a Grande Rússia se reduz a uma imagem espectral. Mas aquilo que aparece como uma catástrofe existencial para o último czar descortina oportunidades históricas para a Rússia.

O mundo real não cabe no mundo de Putin. O triunfo da revolução ucraniana salvaria a Rússia do fardo imperial. Sem esse peso esmagador, a Rússia se inclinaria na direção da Europa, seguindo a trilha da Ucrânia. Mais que isso, uma Rússia pós-imperial teria de redefinir sua própria identidade, tornando-se um Estado-Nação. Impérios não precisam confrontar o enigma da democracia, mas o Estado-Nação não tem como circundá-lo impunemente. Os czares diziam que a Rússia nasceu em Kiev. Hoje, Kiev oferece à Rússia a chance de um novo começo.

15.3.2014

# Vocês que amam tanto as estatais

Peter Evans escreveu, em 1979, que as empresas estatais no Brasil da ditadura militar funcionavam como elos indispensáveis para os negócios das multinacionais. Mas mesmo ele se surpreenderia com a notícia da transferência líquida e direta de recursos da Petrobras para a belga Astra Oil na transação da refinaria de Pasadena. Os detalhes, que começam a emergir, descortinam uma hipótese "benigna", de incompetência crassa de Dilma Rousseff e da diretoria da Petrobras, e uma maligna, fácil de imaginar. Abaixo da superfície, porém, o episódio lança luz sobre um tema político crucial: o tórrido amor da esquerda brasileira pelas empresas estatais.

É um amor recente – ou melhor, um renascimento recente da chama extinta de uma paixão antiga. Evans, sociólogo americano de esquerda, publicou *A tríplice aliança* no outono da ditadura militar. O livro analisa a articulação do capitalismo de Estado brasileiro, de Getúlio Vargas a Ernesto Geisel. Nele, delineiam-se os contornos do tripé formado por estatais, multinacionais e empresas privadas nacionais que sustentou a modernização econômica do país. As estatais, prova o autor, operavam como alavancas da acumulação de capital privado, subsidiando as multinacionais e as empresas privadas de grande porte. A crítica de esquerda ao modelo econômico do regime militar inspirou-se largamente no estudo de Evans.

Três décadas atrás, a esquerda brasileira não era estatista. Confrontada com o modelo da "tríplice aliança", que alcançara o zênite nos anos de Geisel, a esquerda aprendeu que as estatais não representavam um "patrimônio do povo" – nem, muito menos, um degrau na escada utópica que conduziria ao socialismo. A vertente social-democrata, fixada nas ideias de democracia e de combate às desigualdades, pensava o futuro em termos de direitos sociais universais (salários, educação, saúde). A vertente revolucionária, por sua vez, almejava a destruição de um capitalismo que andava sobre as próteses das empresas estatais. As duas sorriam, ironicamente, diante dos nostálgicos do varguismo, apontando as linhas de continuidade entre o nacionalismo populista e o modelo estatista do regime militar.

A paixão reativada pelas estatais é um indício, entre outros, da regressão política e intelectual da esquerda brasileira. O amor à Petrobras – que corresponde, no plano iconográfico, à associação das imagens de Vargas e Lula – revela uma dupla renúncia: à revolução socialista e ao horizonte democrático de universalização de direitos sociais. No lugar daquelas metas de um passado esquecido, a esquerda entrega-se a um projeto restauracionista que obedece a razões de poder. No capitalismo de Estado, descobriu o lulopetismo em sua jornada rumo ao Palácio, as estatais oferecem ao governo as chaves de comando da política e da economia.

O amor recente às estatais é uma história de conveniência, não de paixão ideológica. Do ponto de vista do lulopetismo, as estatais funcionam como portas de entrada na esfera das altas finanças. Controlando mercados, formando parcerias de negócios ou adquirindo equipamentos, elas fornecem as ferramentas para a subordinação do empresariado ao governo. Servem, ainda, como porto seguro para aliados políticos e como nexos entre a militância partidária/sindical e a tecnoburocracia estatal. Finalmente, operam nas catacumbas da baixa política, transferindo recursos a empresas de publicidade selecionadas, financiando "movimentos sociais" e pagando os serviços baratos do "jornalismo" chapa-branca.

É um amor que mata. Dilma, a gerente perfeita (ui!), já desviou 15 bilhões de reais do Tesouro para cobrir o rombo que abriu no setor elétrico. A Petrobras, com produção estagnada e eficiência declinante, vive de aportes multibilionários do BNDES – isto é, no fim, nossos. Pasadena? 1,1 bilhão de dólares? Dinheiro de troco.

22.3.2014

# A maldição da linguagem racial

Carolus Linnaeus (Lineu), o pai fundador da taxonomia biológica, sugeriu uma divisão da espécie humana em quatro raças: *Europeanus* (brancos), *Asiaticus* (amarelos), *Americanus* (vermelhos) e *Africanus* (negros). Naturalmente, explicou Linnaeus, a raça europeia era formada por indivíduos inteligentes, inventivos e gentis, enquanto os asiáticos experimentavam inatas dificuldades de concentração, os nativos americanos deixavam-se dominar pela teimosia e pela irritação e os africanos dobravam-se à lassidão e à preguiça. Isso foi em meados do século XVIII, na antevéspera do surgimento do "racismo científico". Como admitir que uma linguagem paralela seja utilizada por Ricardo Noblat, um jornalista culto e respeitado, na segunda década do século XXI?

O presidente do STF, Joaquim Barbosa, moveu representação contra Noblat, acusando-o pelos crimes de injúria, difamação e preconceito racial. Três frases numa coluna do jornalista publicada em *O Globo* (18 de agosto de 2013) formam um alvo legítimo da representação criminal: "Para entender melhor Joaquim acrescente-se a cor – sua cor. Há negros que padecem do complexo de inferioridade. Outros assumem uma postura radicalmente oposta para enfrentar a discriminação". Noblat resolveu "explicar" Joaquim Barbosa a partir de presumidos traços gerais do caráter dos "negros": é Lineu, no século errado...

As três frases deploráveis – e preconceituosas, sim! – oferecem aos "negros" as alternativas de sofrerem de "complexo de inferioridade" ou de arrogância, que seria a "postura radicalmente oposta". Contudo, no conjunto do raciocínio, há algo pior: a cassação da personalidade de Joaquim Barbosa, a anulação de sua individualidade. Joaquim não existe como indivíduo, mas como representação simbólica de uma "raça"; ele é o que é porque "sua cor" esculpe sua alma – eis a mensagem de Noblat. Podemos aceitar assertivas sobre caráter e atitudes baseadas na "raça" dos indivíduos? Essa é a questão que Joaquim Barbosa decidiu repassar para tribunais criminais.

O problema de fundo da representação é que o Estado brasileiro oficializou as "raças", por meio de políticas raciais adotadas pelo Executivo, votadas pelo Congresso e avalizadas pelo Judiciário – inclusive, pessoal e diretamente, por Joaquim Barbosa. De acordo com as políticas raciais em vigor, fundaram-se "direitos raciais" ligados ao ingresso no ensino superior, na pós-graduação e em carreiras do funcionalismo público. Os indivíduos beneficiários das cotas privilegiadas são descritos como "representantes" de uma "raça" – do presente e, também, do passado histórico dos "negros". Foi o próprio Estado que introduziu a "raça" (e, com ela, a linguagem racial!) no ordenamento político brasileiro. Os juízes que darão um veredicto sobre a ação contra Noblat provavelmente circundarão o problema de princípio – mas isso não o suprime.

Na democracia, a linguagem tem importância maior que a força. A linguagem racial introduziu-se entre nós a partir do alto. Pais são compelidos a definir a "raça" de seus filhos nas fichas de matrícula escolar. Jovens estudantes devem declarar uma "raça" nos umbrais de acesso às universidades. Na política, a cor e a "raça" converteram-se em referências corriqueiras. Lula da Silva invocou a cor da pele de Joaquim Barbosa como motivação para sua indicação ao Supremo (algo mencionado, aliás, em outra linha da coluna de Noblat). "Brancos" e "negros", essas entidades da imaginação racial, transformaram-se em objetos discursivos oficializados. Joaquim Barbosa tem sua parcela de responsabilidade nisso, junto com seus colegas do STF.

Cotas raciais não existem para promover justiça social, mas para convencer as pessoas a usarem rótulos de identidade racial. Anos atrás, um amigo dileto confessou-me que, para produzir artigos contrários às políticas de raça, tinha de superar uma profunda contrariedade íntima. Perdemos cada vez que escrevemos as palavras "branco" e "negro", explicou-me com sabedoria, pois contribuímos involuntariamente na difusão da linguagem racial. Raças não existem – mas passam a existir na consciência dos indivíduos quando se cristalizam na linguagem cotidiana. Caminhamos bastante na estrada maldita da naturalização das raças, como atesta a coluna de Noblat.

Na sua defesa, Noblat talvez argumente que apenas jogou de acordo com as regras implícitas nas políticas de raça julgadas constitucionais por um STF pronto a ignorar as palavras da lei sobre a igualdade entre os cidadãos. Seu advogado poderia dizer que o jornalista não inventou a moda de julgar as pessoas pela cor da pele – que isso, agora, é prática corrente das autoridades públicas e das universidades. Mas ele continuará errado: a resistência à racialização da sociedade brasileira exige, antes de tudo, que se rejeite a linguagem racial. Temos a obrigação de ser subversivos, de praticar a desobediência civil, de colocar os termos "raça", "brancos" e "negros" entre as devidas aspas.

A "pedagogia da raça" entranhou-se nas políticas de Estado. Dez anos atrás, um parecer do Conselho Nacional de Educação, que instruiu o "Ensino de História e Cultura Afro-Brasileira e Africana", alertou os professores sobre "equívocos quanto a uma identidade humana universal". Segundo o MEC, os princípios da Declaração Universal dos Direitos Humanos constituem, portanto, "equívocos": humanidade é uma abstração; a realidade encontra-se nas "raças". As três frases de Noblat, que abolem a individualidade de Joaquim Barbosa, situam-se no campo de força daquele parecer. A resposta antirracial a elas pode ser formulada em duas frases simples – mas, hoje, subversivas: 1) Joaquim Barbosa é igual a todos os demais seres humanos, pois existe, sim, "uma identidade humana universal"; 2) Joaquim Barbosa é um indivíduo singular, diferente de todos os demais seres humanos, que são diferentes entre si.

27.3.2014

# Os idos de março (e o 1º de abril)

"O esquecimento, e eu diria mesmo o erro histórico, é um fator essencial na criação de uma nação – e, por isso, o progresso dos estudos históricos representa um perigo para a nacionalidade." O nacionalista Ernest Renan queria que, em nome da unidade francesa, os cidadãos de seu país esquecessem as matanças do Midi, no século XIII, e o massacre de protestantes da noite de São Bartolomeu, em 1572. Nosso problema é o oposto: são as revisões políticas de 1964, expressas nas simétricas (e patéticas) Marcha da Família e Marcha Antifascista, que representam perigo – não para a nacionalidade, mas para a convivência democrática.

O golpe de 1964 não nos salvou da "ameaça comunista", que inexistia, nem foi urdido por um "fascismo" puramente imaginário. Os militares não estavam sós. Ulysses Guimarães os apoiou. Depois, com justiça, virou herói da resistência. Todos os grandes jornais, exceto o *Última Hora*, também os apoiaram. O célebre editorial "Basta!", de 31 de março de 1964, marcou a virada golpista do *Correio da Manhã*. Foi escrito por jornalistas de esquerda: Edmundo Moniz (exilado em 1968), Osvaldo Peralva (preso em 1968), Newton Rodrigues, Otto Maria Carpeaux e Carlos Heitor Cony (preso em 1965 e 1968, tornou-se beneficiário de uma gorda "bolsa anistia"). Na mesma linha estavam Alberto Dines e Antonio Callado. "Fascismo", sério mesmo?

A "ditabranda" (*Folha dixit!*) converteu-se em ditadura dura em 1968. O AI-5 teve dezessete signatários, entre os quais Delfim Netto, que se tornaria um dileto conselheiro de Lula. Depois dele, o *Estadão* virou herói da resistência – com justiça, e ao contrário da *Folha* e de *O Globo*. Ninguém, porém, na grande imprensa, veiculou elogios tão rasgados ao general Médici e à Operação Bandeirante, o aparelho subterrâneo de tortura, como a *Veja* dirigida por Mino Carta com pulso de ferro (seu lugar-tenente *dixit!*), em editoriais e reportagens publicados na hora mais sombria (curiosos podem consultar, entre outras, as edições de 4/2/1970 e de 1/4/1970 no arquivo digital da revista). Viva a memória, abaixo a caça às bruxas.

Nem "fascismo", nem "neoliberalismo". A efêmera etapa liberal de Roberto Campos deu lugar ao neonacionalismo militar de Médici e Geisel, aplaudido de pé por um alto empresariado que amava as estatais (como ainda ama) e adorava girar em torno da luz do poder (como ainda adora). Rupturas, mas também continuidades: pouco antes do primeiro triunfo eleitoral, Lula prometeu restaurar o "planejamento de longo prazo" do regime militar. Você prefere a memória ou o esquecimento?

Caçadas de bruxas: jovens saíram às ruas para insultar idosos militares reformados, alegadamente ligados às torturas. Os torturadores não eram "maças podres", mas peças de uma engrenagem comandada pela cúpula do regime e financiada por respeitados empresários. Promulgada pelo último general-presidente, a Lei de Anistia paralisa a ação dos tribunais, protegendo a máquina inteira de repressão política da ditadura. Em troca da impunidade, ofereceram as "bolsas anistia", tanto as justas quanto as escandalosas. De Sarney a Dilma, todos os governos civis aceitaram o intercâmbio vergonhoso.

Comissão da Verdade, pá de cal. Sem justiça, proibida pela lei, temos um simulacro de memória esculpido segundo as conveniências do presente – e os teatros de máscaras dos marchadores que seguem um crucifixo ou aquela chata canção do Vandré. Criança ainda, no aeroporto, eu vi os cartazes sinistros com as fotos dos "terroristas procurados" – um deles, o pai de um colega de escola. Adolescente, permaneci estático, como os demais, nas escadarias da Catedral da Sé, após o ato ecumênico em memória de Vladimir Herzog, aguardando o chamado a uma passeata que nunca veio. Minha geração tinha direito a coisa melhor que as encenações em curso do nosso *punto final*.

29.3.2014

# Eu sei o que você escreveu ontem

"Os senhores escravocratas do século XXI ainda se movem ao sabor das crenças de cinquenta anos atrás [...]", escreveu Mino Carta na revista *CartaCapital* do dia 2/2, para concluir: "Daí a oposição sistemática aos governos Lula e Dilma". Na política, o passado é uma massa de modelagem sempre disponível para servir aos interesses do presente. Sugerir que os críticos do lulismo são reencarnações dos golpistas de 1964 já se tornou um clássico da "imprensa" chapa-branca. Quando, porém, a fábula emana do teclado de Carta, um cheiro de queimado espalha-se no ar.

Nos idos de 1970, Carta ocupava o cargo de diretor de Redação de *Veja* e assinava os editoriais com suas iniciais. O que M.C. escreveu em 1º de abril de 1970, sexto aniversário do golpe, está no acervo digital da revista:

"Propostos como solução natural para recompor a situação turbulenta do Brasil de João Goulart, os militares surgiram como o único antídoto de seguro efeito contra a subversão e a corrupção [...]. Mas, assumido o poder, com a relutância de quem cultiva tradições e vocações legalistas, eles tiveram de admitir a sua condição de alternativa única. E, enquanto cuidavam de pôr a casa em ordem, tiveram de começar a preparar o país, a pátria amada, para sair da sua humilhante condição de subdesenvolvido. Perceberam que havia outras tarefas, além do combate à subversão e à corrupção – e pensaram no futuro." Fofo?

Enquanto Paulo Malhães lançava corpos em rios, M.C. batia bumbo para Médici. A censura não tem culpa: os censores proibiam certos textos, mas nunca obrigaram a escrever algo. Os proprietários da Abril não têm culpa (ou melhor, são culpados apenas pela seleção do diretor de Redação): segundo depoimento (nesse caso, insuspeito) de um antigo editor da revista e admirador do chefe, hoje convertido, como ele, ao lulismo, Carta dispunha de tal autonomia que os Civita só ficavam sabendo do conteúdo de *Veja* depois de completada a impressão.

Carta foi quercista quando Orestes Quércia tinha poder (e manejava verbas publicitárias). Hoje, é lulodilmista até o fundo da alma. Na democracia, não é grave ter preferências político-partidárias, mesmo se essas (mutáveis) inclinações tendem quase sempre na direção do poder de turno. Mas aquilo era abril de 1970, bolas! As máquinas da tortura operavam a plena carga – algo perfeitamente conhecido, não pelo povo, mas por toda a imprensa. A bajulação condoreira a Médici não deve ser qualificada como um equívoco de avaliação: era outra coisa, que prefiro não nomear.

*CartaCapital* de 2 de abril publicou, também, um ensaio histórico sobre as relações entre a imprensa e a ditadura no qual – surpresa! – não há menção aos editoriais de *Veja* assinados por M.C. em 1970. A revista de Carta faz coro com os arautos do "controle social da mídia", eufemismo de censura em tempos de democracia. Cada um a seu modo, os grandes jornais acertaram as contas com o próprio passado, oferecendo desculpas (*O Globo*), reconhecendo erros (*Folha*) ou produzindo revisões circunstanciadas (*Estadão*). Carta optou por um caminho diferente: a camuflagem.

O artigo de Carta na *CartaCapital* é uma catilinária contra os "reacionários nativos", que, "instalados solidamente na casa-grande" e "com a colaboração dos editorialistas dos jornalões", perpetraram o golpe de 1964. De tão santa e barulhenta, a indignação editorializada induzirá algum desavisado leitor estrangeiro a imaginar que o autor denuncia, corajosamente, um golpe militar em 2014. Mas, no fim, é mesmo do presente que trata o grito rouco, o adjetivo sonante e o chavão escandido: por meio dessas técnicas, Mino Carta esconde M.C.

Acervos digitais são uma dessas maravilhas paridas pela revolução da informação. A França do pós-guerra não tinha algo assim, para sorte dos colaboracionistas de Vichy. O Brasil de hoje tem. Sorte nossa.

5.4.2014

# Controle-se, Mino!

Estimado Mino Carta:

Desde que registrei, neste espaço, os textos de bajulação sistemática da ditadura militar publicados sob a sua direção na revista *Veja*, em 1970, você dedicou-me dois editoriais, que apareceram em edições sucessivas de *Carta Capital* (4/4 e 11/4). São peças verborrágicas, odientas, patéticas. Compreendo seu tormento, mas creia-me: estou do seu lado. Esclarecendo a verdade factual, liberto-o do fardo de ocultar seu passado.

Os editoriais trouxeram-me à mente o sarcástico ensaio "A arte de ter razão", escrito por Schopenhauer em 1831. Nele, o filósofo enumerava as técnicas polêmicas vulgares destinadas a circundar um problema – e também ensinava a arte da refutação. Leia-o – ou, se preferir uma síntese didática, veja a "pirâmide do desacordo" de Paul Graham. Seus editoriais circulam nos níveis inferiores da "pirâmide": o xingamento e o ataque *ad hominem*. Num voo mais alto de um único parágrafo, o segundo deles atinge o medíocre nível intermediário: a contradição (você afirma, contra provas documentais, que não bajulou a ditadura). Entendo: a refutação é, no caso, impossível.

O tal parágrafo diz que a bajulação era de brincadeirinha – uma ironia genial do herói da resistência. Mino, Mino, aí está o "argumento" perfeito para todos os jornais que, em momentos e países diferentes, bajularam os tiranos! Mas leia novamente, na minha coluna de 5/4, o que você escreveu e assinou. É a narrativa histórica completa fabricada pelo regime militar, que Médici enunciava e você repetia – a mesma que Bolsonaro ainda repete hoje. Brincalhões esses dois aí, não?

Você brincou sem parar, naqueles anos. São edições e mais edições da *Veja* consagradas à puxação de saco explícita (não exagero, convenhamos: o acervo digital da revista está à distância de dois cliques do mouse de qualquer um). Na edição de 1/4/1970, deparo-me com uma longa "ironia": a reportagem de capa "Os militares". São seis páginas dedicadas à apologia do poder militar que poderiam ter sido escritas pela assessoria de imprensa de Médici. Na edição de 4/2/1970, à página 25, encontro uma "ironia" breve: a manufatura de um álibi para os torturadores e o elogio da Oban (Operação Bandeirante). Desculpe-me, Mino, mas cito entre aspas.

O álibi: "[...] policiais e militares também sabem agora evitar melhor os erros. As notícias de prisões e confissões de terroristas não são mais anunciadas com tanta pressa, como antes. [...] A tática é não fornecer ao inimigo informações preciosas que lhe permitam [...] a recomposição de seus esquemas antes de qualquer ação repressiva". Dá vontade de vomitar, não, Mino? A "tática", você sabia muito bem (até eu sabia, aos onze anos!), tinha outra finalidade: gerar a "janela da tortura", um intervalo apropriado antes que as "informações preciosas" chegassem a entidades de defesa dos direitos humanos.

O elogio: "Na semana passada, a Organização Bandeirante, que coordena o combate ao terror em São Paulo, divulgou todo o trabalho feito para desarticular [...] grupos terroristas. Foi uma notícia dada em momento oportuno, tranquilizando o povo e, ao mesmo tempo, evitando prestar serviço ao terrorismo". Vontade de vomitar, Mino.

Você não escreveu, diretamente, essas reportagens "brincalhonas". Mas, segundo seu próprio depoimento, dirigia a revista com plenos poderes e seus patrões só a liam depois de impressa. Você recomendou as reportagens repulsivas na Carta ao Leitor. Compreendo seu descontrole.

Hoje, contorcendo-se na jaula dos níveis inferiores da "pirâmide de Graham", você (justo você!) cobra críticas minhas ao apoio prestado pela *Folha* ao regime militar. Já o fiz, duas vezes, mas atenção: nunca editei a *Folha*; apenas escrevo colunas de opinião. Você é quem deve achar um modo de viver com seu passado. Quanto a mim, nesses tempos de Comissão da Verdade, tento ajudá-lo. Sério.

19.4.2014

## Um por todos, todos por um

De volta ao passado: os EUA deslocaram doze caças F-16 para a Polônia e dez caças F-15 para os países bálticos, aos quais se juntarão quatro Typhoons britânicos. Depois do longo parêntesis do Afeganistão, a Otan retoma sua função original de defesa territorial coletiva. "Enxergamos a Rússia falando e se comportando mais como um adversário que como um parceiro", declarou Anders Fogh Rasmussen, secretário-geral da Aliança Atlântica, enquanto 50 mil soldados russos concentravam-se junto à fronteira oriental da Ucrânia. François Heisbourg, que preside o Instituto Internacional de Estudos Estratégicos, foi mais direto: "Ingressamos numa era de profundo e prolongado antagonismo com a Rússia".

Vladimir Putin justificou a anexação da Crimeia invocando os "laços históricos" da região com a Rússia e o precedente da intervenção da Otan em Kosovo, em 1999. Um surpreendente, deplorável artigo de Anne-Marie Slaughter, ex-diretora de Planejamento Político no Departamento de Estado, repetiu os pretextos do Kremlin, fornecendo álibis para o crônico antiamericanismo de nosso Itamaraty. De fato, na esfera das leis internacionais, o paralelo apropriado para os discursos de Putin encontra-se nas razões brandidas por Hitler na hora da invasão dos Sudetos. A "proteção" da "minoria russa" na Ucrânia, como a da "minoria alemã" na Tchecoslováquia em 1938, cancela o princípio do Estado contratual, substituindo-o pelo da "nação de sangue". E a menção a Kosovo não passa de um primitivo recurso confusionista.

As potências da Otan interromperam um massacre étnico na antiga província sérvia, algo que, vergonhosamente, o Conselho de Segurança da ONU negara-se a fazer em Ruanda, durante o genocídio iniciado exatas duas décadas atrás, em abril de 1994. Na Crimeia, ao contrário, nenhuma ameaça genocida pairava sobre a população russófona. A proteção dos albaneses étnicos de Kosovo não servia como pretexto para a anexação de territórios.

A província tornou-se independente apenas uma década mais tarde, por decisão de um parlamento democraticamente eleito. A Crimeia, por outro lado, inscreve-se na coleção de territórios secessionistas criados pela geopolítica neoimperial russa, que abrange ainda a região moldova da Transdnístria e as regiões georgianas da Ossétia do Sul e da Abkazia.

Um por todos, todos por um. A rocha sobre a qual se ergue a Otan é o artigo v do Tratado da Aliança Atlântica, que define um ataque contra um integrante como uma agressão contra todos. Na Guerra Fria, o compromisso implicava o engajamento militar dos EUA na hipótese de avanço de forças soviéticas em território da Alemanha Ocidental. Prudentemente, a URSS nunca pagou para ver – nem mesmo na crise de Berlim de 1961. Na década de 1970, os partidos social-democratas europeus, antes avessos à Otan, reconheceram que a aliança militar representava o escudo de segurança das democracias: uma garantia das liberdades políticas e dos direitos dos sindicatos. De um modo muito direto, a queda do Muro de Berlim testemunha o papel histórico desempenhado pela Aliança Atlântica. É essa herança que está em jogo hoje, diante de uma Rússia envenenada pelo revanchismo.

"Na hora da retirada soviética da Europa Oriental, o secretário-geral da Otan prometeu à Rússia que ela não deveria temer uma expansão da Otan além das suas fronteiras da época." A acusação, explicitada por Putin em 2007, é compartilhada por quase toda a elite política russa – inclusive por Mikhail Gorbatchov, o último presidente soviético. Documentos e depoimentos revelaram que inexiste uma resposta firme para a questão de saber se os russos foram vítimas de trapaça. Não se assinou nenhum acordo desse tipo entre 1989 e 1991, durante o desmantelamento do bloco soviético. Porém, figuras como o secretário de Estado americano, James Baker, e o ministro do Exterior alemão, Hans-Dietrich Genscher, ofereceram compromissos informais que podem ser interpretados dessa forma.

O problema reside na interpretação do que disseram os estadistas à luz das circunstâncias da época. No momento da reunificação alemã, o Pacto de Varsóvia ainda existia – e, portanto, não se colocava como tema prático o futuro geopolítico dos países do bloco soviético. Na mesa de negociações, a URSS aceitou a incorporação da totalidade da Alemanha na zona da Otan, com a condição de que não se estacionassem forças da aliança militar no território da antiga Alemanha Oriental. As potências ocidentais cumpriram o compromisso. Também deram a entender que não se projetava expansão futura da Otan, algo bastante abstrato numa conjuntura de rápida, turbulenta transição geopolítica.

O futuro chegou cedo, com a Guerra da Bósnia e a implosão da Iugoslávia, a partir de 1992. Naquele ponto da transição, um ano após a dissolução do Pacto de Varsóvia, os países do antigo bloco soviético ansiavam pela segurança geopolítica que o artigo v da Aliança Atlântica proporcionaria. Começava a expansão da Otan – e as palavras intercambiadas por Baker, Genscher e Gorbatchov convertiam-se em objeto de estudo dos historiadores.

A expansão foi ancorada pelo Ato de Fundação Otan-Rússia, assinado em 1997, que continha três "nãos". A aliança declarava não intencionar, não planejar e não ter motivos para instalar ativos militares significativos nos países incorporados após o colapso da URSS. Hoje, quando Moscou esgrime um discurso étnico que viola as leis internacionais e ameaça invadir o leste da Ucrânia, os três "nãos" do Ato de Fundação transformaram-se na fumaça de uma perigosa política de apaziguamento. Nos países bálticos, sempre é bom lembrar, também existem "minorias russas".

A Crimeia é o sinal de alerta. Mikhail Saakashvili, o chefe de Estado da Geórgia que experimentou a invasão russa de 2008, trouxe à tona o espectro da capitulação de Munique em artigo recente. Não vale a pena ignorá-lo.

10.4.2014

# Dilma é Lula?

"Lula é Dilma, Dilma é Lula: Dilma é o pseudônimo de Lula" – a mensagem, propagada incessantemente, produziu os efeitos desejados nas eleições de 2010. Contudo, para além do teatro eleitoral, será verdadeira? Mais que interesse intelectual, a questão tem evidente relevância política quando soam as cornetas do "Volta, Lula!".

"Volta, Lula!" é a bandeira de uma facção do PT, mas, sobretudo, de setores do alto empresariado que a difundem com discrição, operando nas sombras. Por motivos distintos, esses dois grupos acreditam que não: Dilma não é Lula. Os petistas engajados no neossebastianismo creem que Lula possui "habilidade política" superior, um eufemismo para louvar o desembaraço do ex-presidente na arte da distribuição de fragmentos da máquina pública aos "companheiros". Os empresários empenhados na mesma campanha, por sua vez, elogiam o "pragmatismo" lulista, que deve ser traduzido como um desprezo básico por qualquer tipo de convicção ideológica – e uma propensão irrefreável a distribuir a "bolsa empresário" do BNDES aos magnatas "companheiros".

De certo modo, uns e outros têm razão. Dilma pode não ser a gerente perfeita, uma lenda que sobrevive apenas entre fanáticos oficialistas, mas conserva uma ética gerencial fundada no conceito de eficiência absolutamente estranha a Lula. A substituição do militante Gabrielli pela administradora Graça Foster na Petrobras é uma prova dramática da diferença. Ao mesmo tempo, Dilma acredita realmente no modelo do capitalismo de Estado. Oriunda do brizolismo, petista da undécima hora, a presidente nutre uma desconfiança fundamental em relação ao mercado. Não é fortuito que, resistindo às pressões de Lula, ela tenha bancado a permanência de um cambaleante Guido Mantega na pasta da Fazenda.

Lula só acredita no que serve às suas conveniências de poder: o ex--presidente pode ser "mercadista" ou "estatista", conforme as circunstâncias.

Dilma também pode ser "mercadista", mas apenas a contragosto, premida pela conjuntura – ou por Lula. É por isso que a ala "desenvolvimentista" do PT prefere Dilma a Lula. André Singer, um arauto dessa ala, justificou a preferência em coluna publicada na *Folha* (9/11/2013). Caracteristicamente, o texto descrevia uma suposta conspiração dos "donos do dinheiro", conduzida pela afinada "orquestra" do mercado financeiro (o FMI, a revista *Economist* e a agência Moody's) contra o indômito governo Dilma. E, como conclusão, sugeria que Lula desempenhava um papel na macabra trama "mercadista".

Dilma, então, não é Lula, do ponto de vista dos interesses dos magnatas nacionais, dos petistas ocupados noite e dia na colonização do aparelho de Estado e da ala convictamente estatista do PT. Contudo, no que concerne aos interesses da esmagadora maioria dos brasileiros, Dilma é o pseudônimo de Lula pelo simples motivo de que a presidente de direito não exerce a plenitude do poder presidencial. Dilma é Lula no sentido bem preciso de que, nos momentos cruciais, a prerrogativa de decidir repousa nas mãos do presidente *de facto*.

Lula, o "pragmático", não Dilma, a "estatista", deflagrou a política econômica estatista durante seu segundo mandato. O mesmo Lula, não Dilma, deu o sinal de mudança de rota no ano passado, quando a falência do modelo tornou-se evidente para todos (exceto, claro, para os ideólogos "desenvolvimentistas"). Dilma poderia, em tese, ter obtido um grau razoável de independência – mas o fracasso de seu governo impediu que a criatura se libertasse da tutela do criador. Hoje, às vésperas das eleições, tal como há quatro anos, Dilma carece de qualquer lastro político próprio. Num eventual segundo mandato (que o céu nos proteja!), a presidente permaneceria tão refém de Lula quanto sempre foi.

"Volta, Lula"? Lula nunca saiu – como Lula e Dilma asseguram, nesse caso com razão.

26.4.2014

# "Nós temos que fazer distinções"

Três de maio de 1994 é um dia da infâmia. Exatos vinte anos atrás, Bill Clinton assinou a PDD-25, uma ordem executiva que limitava o envolvimento dos EUA em missões de paz da ONU: forças americanas só seriam engajadas em operações associadas a um "interesse nacional vital". "Temos que fazer distinções", explicou à imprensa o assessor presidencial Anthony Lake. Enquanto ele falava, as matanças em Ruanda atingiam o apogeu, desenhando os contornos de um genocídio comparável ao promovido por Pol Pot no Camboja, duas décadas antes. A diferença crucial é que, no país africano, as potências podiam evitar a catástrofe, se não tivessem escolhido olhar para outro lado.

Não faltam histórias de heroísmo verdadeiro durante os cem dias do genocídio ruandês. Os feitos do hutu Paul Rusesabagina, gerente do Hotel das Mil Colinas, que protegeu mais de um milhar de tútsis, estão imortalizados no filme *Hotel Ruanda*. Os atos de incomensurável bravura do capitão senegalês Mbaye Diagne, oficial da missão da ONU em Ruanda, que salvou cerca de oitocentas pessoas, começaram a ser reconhecidos pela narrativa do jornalista Mark Doyle, da BBC. É sobre o pano de fundo deles que ganha relevo a infâmia das potências. Anos depois de assinar a PDD-25, Clinton admitiu que uma força de intervenção de 5 mil soldados seria suficiente para interromper o genocídio.

No dia 7 de abril, primeiras horas da tragédia, a falange hutu capturou, torturou e matou dez soldados belgas a serviço da ONU que protegiam a moderada primeira-ministra Agathe Uwiliniyimana, também assassinada. Uma semana depois, a Bélgica retirou-se da missão das Nações Unidas. Mas a vereda da infâmia já estava pavimentada desde a noite de 9 abril, quando tropas francesas e belgas aterrissaram com o objetivo exclusivo de retirar seus nacionais do país. Os comboios destinados ao aeroporto não ofereceram lugares nem mesmo para os funcionários ruandeses das embaixadas ocidentais. "Para um homem que era soldado da ONU, a evacuação de europeus por soldados europeus representou um escândalo absoluto", escreveu Doyle num texto em memória de Diagne. "Distinções", segundo Lake.

No dia 21 de abril, quando a Cruz Vermelha estimava o número de mortos em centenas de milhares, o Conselho de Segurança (CS) votou, unanimemente, pela redução do contingente da ONU de 2,5 mil para 270 soldados. No dia 28, a porta-voz do Departamento de Estado americano questionou a aplicação do termo "genocídio" para os massacres em Ruanda, embora ele estivesse grafado num relatório confidencial do mesmo ministério. No dia 30, o CS aprovou uma resolução condenando os massacres que, omitindo a palavra sinistra, circundava a obrigação legal de agir. Em 5 de maio, perante o Congresso americano, a embaixadora nas Nações Unidas, Madeleine Albright, disse que "o CS perdeu o barco" em Ruanda.

A França, porém, estava "no barco" desde o início. Os militares franceses colaboravam havia anos com o governo hutu em operações de contrainsurgência designadas para quebrar a espinha da FPR, a guerrilha tútsi baseada em Uganda. Na equação da geopolítica francesa, a FPR constituía a ponta-de-lança da "África anglófona" e uma ameaça à esfera de influência neocolonial francófona. No dia 18 de junho, enquanto a guerrilha avançava em Ruanda, a França anunciou a Operação Turquesa. Cerca de 3 mil soldados irromperam no sudoeste do país, sob um mandato humanitário concedido pela ONU, criando "zonas seguras".

"Seguras" para quem? A Operação Turquesa evitou alguns massacres locais, mas o genocídio já fora interrompido pela ofensiva da FPR. Altos oficiais do derrotado exército ruandês e milhares de milicianos hutus escaparam para as "zonas seguras", antes de cruzar a fronteira congolesa. Naquelas horas, semeou-se a guerra crônica que devasta até hoje o leste da República Democrática do Congo. "Distinções"...

3.5.2014

# Raízes do Boko Haram

O Boko Haram é um dos mais repugnantes grupos terroristas do mundo. Ele não representa os muçulmanos da Nigéria, cujas organizações o condenam, apontando sua natureza anti-islâmica. Seu líder original, Mohammed Yusuf, um fanático jihadista, denunciava a teoria da evolução e a esfericidade da Terra como abominações do pensamento ocidental. Contudo, é um equívoco imaginar que o grupo não passa de uma milícia isolada de extremistas ou uma emanação da Al-Qaeda. O Boko Haram é um fruto escatológico da crise de um sistema de poder organizado em torno de identidades étnicas oficiais.

A Nigéria é uma invenção britânica. Um ato da potência imperial unificou, em 1914, os territórios que compõem o país e abrangem cerca de 250 etnias. O sistema de "governo indireto" britânico apoiou-se nas elites cristianizadas dos iorubas e dos igbos, etnias majoritárias no oeste e no sudeste, marginalizando os muçulmanos do norte, em sua maioria haussá-fulanis. A independência, negociada com Londres, baseou-se numa Constituição Federal que dividia o país em Norte, Ocidente e Oriente, cristalizando o poder regional das três principais etnias. Logo depois, a elite haussá-fulani estabeleceu mecanismos de cotas étnicas no funcionalismo público da Nigéria Setentrional.

Um líder político do Norte admitiu que, para implantar as cotas, "nós tivemos de ensinar o povo a odiar os sulistas, a enxergá-los como pessoas que expropriavam seus direitos". A guerra separatista dos igbos de Biafra, entre 1967 e 1970, assinalou o colapso do Estado nigeriano. Uma primeira reconstrução, refletida na Constituição de 1979, dividiu o país em dezenove Estados. Uma segunda, expressa na Constituição de 1999, ampliou o número de Estados para 36. Procurava-se garantir a unidade nacional por meio de acordos abrangentes entre as elites étnicas regionais. Tais acordos conferiam aos governos estaduais a prerrogativa de criar cotas para os "habitantes nativos" no funcionalismo, no mercado de trabalho, nas universidades e até na esfera da posse da terra. A pedagogia do ódio étnico difundiu-se por todo o país.

São 36 Estados, mas 250 etnias. As etnias minoritárias, além de todos os migrantes, estão excluídas das reservas de cotas, pois não ostentam o rótulo de "habitantes nativos". Na Nigéria Setentrional, região mais pobre, e especialmente às margens do lago Chade, que perdeu 90% de seu volume de água desde 1963, a miséria, o desespero e a privação de direitos nutrem o extremismo político-religioso. Um precedente do Boko Haram encontra-se na sangrenta revolta liderada em 1979 por Mohammed Marwa (o Maitatsine, "aquele que condena"), um autodenominado profeta cuja base de apoio estava entre as etnias minoritárias da região.

Yusuf, o fundador do Boko Haram, era um pregador puritano local que rompeu com a seção nigeriana da Irmandade Muçulmana e se tornou popular entre os jovens pobres da etnia Kanuri. Seu assassinato, sob custódia policial, em 2009, abriu caminho para a ascensão de lideranças ainda mais radicais, que conectaram o grupo a organizações jihadistas do Mali, do Níger e do Chade. Segundo o presidente nigeriano Goodluck Jonathan, o Boko Haram infiltrou-se nas forças armadas, nos serviços de inteligência e no Parlamento da Nigéria, aproveitando-se de extensas redes de corrupção e clientelismo.

A bandeira do Boko Haram é a criação de um Estado Islâmico na Nigéria Setentrional. Diante da discriminação étnica institucional, a miragem de uma igualdade baseada na fé islâmica funciona como poderoso ímã político. Depois da onda de repulsa provocada pelo asqueroso sequestro de meninas, abre-se a hipótese de eliminação militar do grupo terrorista. Mas o fanatismo jihadista não é um raio no céu claro. Ele não desaparecerá enquanto a Nigéria continuar rejeitando o princípio da igualdade perante a lei.

10.5.2014

# A "imagem do Brasil"

Fernando Haddad proferira a palavra "guerrilha" referindo-se à greve dos motoristas de ônibus. Na terça, Dilma Rousseff pronunciou a palavra "baderna", referindo-se às manifestações de rua. Minutos depois, lideradas por um movimento de sem-teto e por índios armados com arcos e flechas, 2,5 mil pessoas interromperam o trânsito em Brasília. "É a imagem do Brasil que estará em jogo", explicou a presidente, avisando que "vai chamar o Exército imediatamente" para reprimir a "baderna" durante a Copa do Mundo. A "imagem" toca num nervo sensível do governo. Em nome dela, por um mês e às custas da ordem democrática, Dilma promete assegurar o direito de ir e vir das pessoas comuns.

A "baderna" é, há tempo, a "imagem do Brasil" – com a diferença, apenas, de que o mundo não estava vendo. Sob o influxo do PT, movimentos minoritários aprenderam que, reunindo algumas centenas de manifestantes, têm a prerrogativa de parar cidades inteiras. A tática, esporádica durante anos, tornou-se rotineira depois das multitudinárias jornadas de junho. Nas metrópoles, os cidadãos converteram-se em reféns de militantes iracundos, que não buscam persuadir maiorias, mas unicamente provocar o colapso da vida urbana. O problema de Dilma é que chegou a hora da Copa: agora, a "baderna" ameaça a sacrossanta "imagem do Brasil", não os desprezíveis direitos das pessoas.

O conflito entre direitos é um traço marcante das democracias. A liberdade de expressão é regulada por leis que protegem a privacidade e a imagem dos indivíduos. O direito de greve é regulado por disposições que asseguram o funcionamento de serviços essenciais. O direito de manifestação pública é limitado por regras que impedem a anulação do direito de circulação das pessoas. No Brasil do lulopetismo, contudo, aboliu-se tacitamente o direito de ir e vir. Acuadas pelo PT, as autoridades renunciaram ao dever de garanti-lo, curvando-se à vontade soberana de dirigentes sindicais e lideranças de movimentos sociais.

Nas democracias, o equilíbrio entre os direitos de manifestação e de circulação no espaço público deriva de uma série de regras. Manifestações são autorizadas mediante aviso prévio às autoridades e acertos sobre lugares de concentração e trajetos de passeatas. No Brasil, nada disso existe, pois não interessa ao Partido: a vigência de regras gerais, de aplicação indistinta, restringiria as oportunidades de orquestração de ações de "baderna" moduladas em cenários de disputa eleitoral. O problema de Dilma é que, na hora da Copa, emergiram movimentos que nem sempre se subordinam às conveniências do Partido. A presidente resolveu, então, militarizar provisoriamente o país. No poder, o lulopetismo oscila entre a política da "baderna" e o recurso ao autoritarismo.

"Não vai acontecer na Copa do Mundo o que aconteceu na Copa das Confederações", garantiu Dilma a uma plateia de aflitos empresários. Não mesmo. Os protestos multitudinários provavelmente não se repetirão porque os *black blocs* cumpriram a missão de afastar das ruas as pessoas comuns. Os envelopes urbanos das "arenas da Fifa", perímetros consagrados aos negócios, serão circundados por cordões policiais de magnitude inédita. Já a "baderna" arquitetada para provocar colapsos de circulação em dias de jogos terá de desafiar a hipótese de resposta militar. Na Copa, excepcionalmente, o direito de ir e vir estará assegurado.

Dilma promete "chamar o Exército". A força militar aparece, hoje, como a única mola capaz de conciliar o "padrão Fifa" com o "padrão Brasil" de ordem pública. Um estado de sítio não declarado instaurará um efêmero parêntesis no tormento cristalizado pela política da "baderna" nas principais cidades do país. Nos trinta dias da competição, a "imagem do Brasil" brilhará sobre um pano de fundo verde-oliva. Depois, tudo volta ao "normal".

31.5.2014

# Quarenta garotos

"Num país onde mais de 50 mil pessoas são mortas por ano, como é possível essa histeria com quarenta garotos?", indagou a socióloga Esther Solano, da Universidade Federal de São Paulo (Unifesp), segundo reportagem de Lourival Sant'Anna publicada em O *Estado de S. Paulo* (1/6). A indagação refere-se aos *black blocs* e revela as evidentes dificuldades da professora com o raciocínio lógico, que são multiplicadas por uma dramática carência de referências históricas. Contudo, atrás dela, é possível identificar os contornos de um fenômeno relevante. Os "quarenta garotos" não estão sós: são uma superfície emersa, ainda que mascarada, da profunda crise na qual se debate a esquerda brasileira.

A violência que se espraia, oriunda de bandidos ou policiais-bandidos, obviamente não pode servir como justificativa para a colonização de manifestações políticas por grupos dedicados à violência. No plano lógico, há mais: a violência dos "quarenta garotos" não é uma resposta à criminalidade, mas uma apropriação política dos métodos dos criminosos. A declaração de um dos líderes dos *black blocs*, reproduzida na reportagem, evidencia uma deriva perigosa, mas bastante previsível: "Não temos aliança nem somos contra o Primeiro Comando da Capital (PCC). Só que eles têm poder de fogo muito maior que o Movimento Passe Livre (MPL). Eles fazem por lucro, e a gente, contra o sistema". Solano não vê nisso nenhum problema – e o problema é justamente esse.

Os "quarenta garotos" não são um raio no céu claro – nem, muito menos, como sugeriram alguns intelectuais hipnotizados pela política da violência, um fruto natural da vida nas "periferias". As táticas que utilizam, a estética que os define e as ideias que os mobilizam têm significados inteligíveis. Como tantos outros intelectuais-militantes, Solano provavelmente sabe decifrá-los, mas prefere ocultá-los.

A estética tem importância. Os "quarenta garotos" cobrem o rosto não apenas para praticar atos criminosos no anonimato, mas, essencialmente, com a finalidade de traçar uma fronteira entre eles mesmos e os demais manifestantes. Os *black blocs* enxergam a si próprios como uma vanguarda, um modelo e um exemplo. Eles sabem o que os outros (ainda) não sabem. "Estamos mostrando na rua a tática, e queremos que as pessoas se apropriem", explicou uma *black bloc*, estudante de ciências sociais. Nesse sentido preciso (e só nesse!), os *black blocs* inscrevem-se na correnteza histórica dos grupos terroristas e das organizações de guerrilha urbana.

As táticas têm importância. Os "quarenta garotos" atacam policiais, depredam e vandalizam com a finalidade de provocar a reação repressiva mais violenta possível. No cenário ideal, policiais despreparados e assustados devem investir contra manifestantes pacíficos, ferindo-os ou (sonho dourado!) matando-os. Os *black blocs* são descendentes das organizações de "ação direta" que emergiram na Alemanha e na Itália entre as décadas de 1970 e 1980. "A manifestação não pode ser pacífica, sendo que é resposta à repressão estatal e capitalista", teorizou um dos "quarenta garotos". Os *black blocs* almejam promover o caos para comprovar a tese política que abraçaram.

As ideias têm importância. Os "quarenta garotos" inspiram-se no filósofo Herbert Marcuse, que interpretava as democracias representativas como regimes autoritários disfarçados sob uma película irrelevante de falsas liberdades. A rejeição marcusiana às instituições da "falsa democracia" funcionou como mola das organizações de "ação direta" que emergiram no rescaldo do Maio de 1968 na Europa. Dos destroços da "ação direta", surgiram grupos terroristas como o Baader-Meinhof e as Brigadas Vermelhas. Os ancestrais dos *black blocs* eram "garotos" alemães e italianos cujas vidas – e as de tantos outros da mesma geração não envolvidos em atos de terror – foram tragadas no caldo letal das ideias formuladas por intelectuais-militantes.

A professora da Unifesp só tem relevância como sintoma. Na hora da repressão, ela estará defendendo sua tese acadêmica ultrarradical numa sala climatizada, entre pares ideológicos. Mas as bobagens rasas que diz e escreve descortinam um panorama trágico: uma parte da esquerda brasileira não aprendeu nada e ensaia reproduzir experiências catastróficas bem conhecidas.

Infelizmente, os "quarenta garotos" não estão sós. A conversão do PT em "partido da ordem" – e, em seguida, da "velha ordem" – abriu um vazio político que começa a ser preenchido pelo discurso e pela prática da "contraviolência". O MPL jamais condenou as intervenções dos *black blocs* nas passeatas que convocaram. Setores do PSOL piscaram um olho para eles, como se viu tanto na greve dos professores municipais quanto na ocupação da Câmara Municipal do Rio de Janeiro.

"Um país que naturaliza tanto a sua violência não tolera ver a violência na avenida Paulista", disse Solano ao repórter. "É legítimo quebrar banco. Quantas pessoas um banco quebra por dia?", explicou o líder *black bloc*, que também justificou a depredação de bens públicos: "O imposto já é roubado. Dizer que o dinheiro vai sair do nosso bolso é mentira, porque já saiu. Alguém tem saúde digna? Então não reclame de vandalismo". Marcuse depositava suas esperanças revolucionárias no que os marxistas caracterizaram como "lumpen-proletariado", isto é, a camada marginalizada de desempregados crônicos, jovens revoltados, pequenos criminosos, vigaristas e desordeiros dos centros urbanos. Seguindo a trilha do mestre, os intelectuais-*black blocs* enxergam nos "quarenta garotos" a centelha de uma grande fogueira purificadora.

De fato, os "quarenta garotos" expulsaram as pessoas comuns das ruas, transformando-as em cenários de pequenas guerras urbanas. O espectro da violência serve, hoje, como argumento para a militarização das cidades-sede da Copa. Solano já pode comemorar: os seus "garotos" estão "provando" a tese de que democracia é igual a ditadura.

*5.6.2014*

# Supercorporativismo

No septuagésimo aniversário da proclamação do Estado Novo, em 2007, Lula celebrou a Consolidação das Leis do Trabalho e, num português claudicante, definiu Getúlio Vargas como o presidente "que tirou toda uma nação de um estágio de semiescravidão para tornar os cidadãos com direito a terem um emprego com carteira assinada". Vargas usinou o Estado brasileiro no torno mecânico do corporativismo. Por meio do Decreto 8.243, o lulopetismo pretende reinventá-lo no torno do supercorporativismo. Como no Estado Novo, a meta é degradar a democracia representativa, subordinando os cidadãos ao império das corporações estatizadas.

O varguismo fez da carteira de trabalho a prova da cidadania e dos sindicatos a representação da sociedade. Depois de reiterar o corporativismo tradicional, incorporando as centrais sindicais às estruturas do Estado, o lulismo dá um passo adiante, criando uma segunda prova de cidadania, que é a militância organizada num "movimento social". No fundo, o supercorporativismo cinde a sociedade em duas categorias de cidadãos, conferindo uma cidadania de segunda classe aos indivíduos que não militam em "movimentos sociais".

O Estado Novo organizava-se num Conselho da Economia Nacional dividido em seções da indústria, da agricultura, do comércio, dos transportes e do crédito formadas pelo governo e pelos sindicatos patronais e de trabalhadores. O supercorporativismo projeta erguer um Estado Novíssimo constituído por "conselhos de políticas públicas" formados pelo governo e pelos "movimentos sociais". Segundo o decreto, os "conselhos" setoriais têm a prerrogativa de participar da gestão das políticas públicas. No Estado Novo, parlamento e partidos foram abolidos. No Estado Novíssimo do lulismo, eles seguem existindo, mas apenas como registros fósseis da democracia representativa.

O decreto que institui o Sistema Nacional de Participação Social (SNPS) tem como alvo verdadeiro a pluralidade política. Na democracia representativa, o foro institucional de debate político é o Congresso, constituído por representantes eleitos pelos cidadãos. Na "democracia participativa" inaugurada pelo SNPS, o povo passa a ser "representado" por líderes de "movimentos sociais" selecionados pelo governo. Os "conselhos" resultantes serão majoritariamente integrados por militantes que gravitam na órbita do PT. A natureza consultiva dos "conselhos" é quase um detalhe, pois sua característica forte é a permanência: a nova "representação" da "sociedade civil" não está sujeita ao crivo das eleições.

A ordem corporativa varguista repousava, diretamente, sobre o princípio da harmonia social. Arquitetado na moldura democrática, o supercorporativismo lulista almeja produzir a harmonia por meio da administração partidária do conflito. O decreto institui "mesas de diálogo" destinadas a "prevenir, mediar e solucionar conflitos sociais". De um lado, as tais "mesas" procuram abolir a negociação direta, sem mediação governamental, entre atores sociais. De outro, concluem o processo de estatização dos "movimentos sociais" aliados ao PT, que já são financiados pelo poder público.

O SNPS não pode ser comparado às audiências públicas eventuais convocadas pelos governos ou pelo Congresso. Nos termos do decreto, ele se configura como uma vasta estrutura burocrática de "conselhos", "mesas", "fóruns interconselhos" e "conferências", comandada por um "secretário-geral". Em termos práticos, isso significa que Gilberto Carvalho, secretário-geral da Presidência e imagem holográfica de Lula, converte-se no Lorde Protetor da "democracia participativa".

Vargas precisou de um golpe de Estado para instituir o Estado Novo. O lulopetismo instituiu o Estado Novíssimo por um mero decreto, na expectativa de que um Congresso desmoralizado curve-se à vontade soberana do Executivo.

7.6.2014

# O califado de Mossul

*Cavaleiros sob a bandeira do Profeta* foi escrito pelo egípcio Ayman al-Zawahiri nas cavernas da região de Kandahar, no Afeganistão, e publicado por um diário árabe de Londres em 2004. No livro, que oferece a mais completa exposição da política da Al-Qaeda, encontra-se a meta intermediária do movimento jihadista: a implantação de um "califado à moda do Profeta" no coração do mundo árabe. A conquista de Mossul pela organização Estado Islâmico do Iraque e do Levante (ISIS) assinala a realização da utopia regressiva do jihadismo. O caminho dos "cavaleiros" até Mossul foi pavimentado, em 2003, pela decisão do ex-presidente americano George W. Bush de invadir o Iraque.

O Iraque moderno nasceu há quase um século, inventado pela Grã-Bretanha. Na moldura da estratégia de controle das reservas de petróleo de Kirkuk, os britânicos unificaram as antigas províncias otomanas de Bagdá, Mossul e Basra, de modo a conectar os campos petrolíferos do norte ao porto marítimo do sul, no golfo Pérsico. O fruto da operação geopolítica foi um país constituído por um núcleo territorial árabe sunita, na região central, e pelas áreas de maioria curda, no norte, e árabe xiita, no sul. A invasão americana derrubou o regime sunita de Saddam Hussein e desmantelou o aparelho estatal autoritário que conservava a ordem interétnica. Do vácuo de poder, emergiu um Estado disfuncional, superficialmente democrático, dilacerado pelas disputas de poder entre as elites xiita, sunita e curda. O califado de Mossul ameaça destruir o castelo de areia erguido pela potência ocupante.

Mossul é o ápice de uma ofensiva lançada em dezembro, quando o ISIS capturou as cidades de Ramadi e Fallujah, nas proximidades de Bagdá. De Mossul, os jihadistas seguiram adiante, pelo eixo do rio Tigre, tomando Tikrit, a antiga base de poder de Saddam Hussein, e emergindo às portas de Samarra. Os "cavaleiros" são algo entre 3 mil e 5 mil milicianos. Mesmo coesionados pela bandeira da jihad, não deveriam representar uma ameaça militar às vastas forças do Estado, armadas e treinadas pelos EUA. Contudo, praticamente não encontraram resistência, avançando em meio à debandada das tropas de Bagdá. É na política, não na arte da guerra, que se encontram os motivos do sucesso da ofensiva jihadista.

O espectro da desintegração ronda o Iraque. Horas depois da tomada de Mossul, o Parlamento adiou, por falta de quórum, um voto sobre a declaração de estado de emergência. O governo iraquiano sustenta-se sobre uma instável coalizão xiita, inclina-se cada vez mais na direção do Irã e marginaliza os partidos sunitas. O ISIS não opera sozinho no Iraque setentrional, mas em aliança com uma extensa rede de lideranças tribais sunitas. Mossul situa-se nas proximidades do Curdistão iraquiano, mas o governo regional curdo não moveu nenhum soldado para conter a ofensiva jihadista. Em vez disso, preferiu aproveitar-se do caos, ocupando a estratégica Kirkuk, que o governo central recusa-se a entregar à administração autônoma curda.

Os jihadistas do ISIS operam no Iraque setentrional a partir de santuários consolidados no nordeste da Síria. A captura de Mossul inscreve-se no panorama de uma guerra regional entre poderes xiitas sustentados pelo Irã e insurgências sunitas financiadas pelas monarquias do golfo Pérsico. Logo após a queda da segunda maior cidade iraquiana, o presidente iraniano anunciou que seu país combaterá, diretamente, os extremistas sunitas no país vizinho.

"Eu não excluo nenhuma opção, pois temos um interesse imperativo em assegurar que os jihadistas não obtenham uma base permanente no Iraque", declarou um aturdido Barack Obama. Mais de uma década depois da ofensiva de Bush rumo a Bagdá, seu sucessor procura evitar a maior das derrotas no Oriente Médio. Ironicamente, o único aliado disponível para os EUA chama-se Irã.

14.6.2014

# A lista do PT

Lula só pensa naquilo. Diante das vaias (normais no ambiente dos estádios) e dos xingamentos (deploráveis em qualquer ambiente) a Dilma Rousseff na abertura da Copa, o presidente *de facto* construiu uma narrativa política balizada pela disputa eleitoral. A "elite branca" e a "mídia", explicou, difundem "o ódio" contra a presidente-candidata. Os conteúdos dessa narrativa têm o potencial de provocar ferimentos profundos numa convivência democrática que se esgarça desde a campanha de ataques sistemáticos ao STF deflagrada pelo PT.

O partido que ocupa o governo decidiu, oficialmente, produzir uma lista de "inimigos da pátria". É um passo típico de tiranos – e uma confissão de aversão pelo debate público inerente às democracias. Está lá, no site do PT, com a data de 16 de junho.* O artigo assinado por Alberto Cantalice, vice-presidente do partido, acusa "os setores elitistas albergados na grande mídia" de "desgastar o governo federal e a imagem do Brasil no exterior" e enumera nove "inimigos da pátria" – entre os quais, este colunista. Nas escassas 335 palavras da acusação, o representante do PT não cita frase alguma dos acusados: a intenção não é provar um argumento, mas difundir uma palavra de ordem. "Cortem-lhes as cabeças!", conclama o texto hidrófobo. O que fariam os Cantalices sem as limitações impostas pelas instituições da democracia?

O artigo do PT é uma peça digna de caluniadores que se querem inimputáveis. Ali, entre outras mentiras, está escrito que os nove malditos "estimulam setores reacionários e exclusivistas a maldizer os pobres e sua presença cada vez maior nos aeroportos, nos shoppings e nos restaurantes". Não há,

---

* "A desmoralização dos pitbulls da grande imprensa". Disponível em: http://www.pt.org.br/alberto-cantalice-a-desmoralizacao-dos-pitbulls-da-grande-midia. Acesso em: abr. 2015.

claro, uma única prova textual do crime de incitação ao ódio social. Sem nenhuma sutileza, Cantalice convida seus seguidores a caçar os "inimigos da pátria" nas ruas. Comporta-se como um miliciano (ainda) sem milícia.

Os nove malditos quase nada têm em comum. Politicamente, mais discordam que concordam entre si. A lista do PT orienta-se apenas por um critério: a identificação de vozes públicas (mais ou menos) notórias de críticos do governo federal. O alvo óbvio é a imprensa independente, na moldura de uma campanha de reeleição comandada pelo ex-ministro Franklin Martins, o arauto-mor do "controle social da mídia". A personificação dos "inimigos da pátria" é um truque circunstancial: os nomes podem sempre variar, ao sabor das conveniências. O truque já foi testado uma vez, na campanha contra o STF, que personificou na figura de Joaquim Barbosa o ataque à independência do Poder Judiciário. Eles gostariam de governar um outro país – sem leis, sem juízes e sem o direito à divergência.

Cortem-lhes as cabeças! A palavra de ordem emana do partido que forma o núcleo do governo. Ela está dirigida, imediatamente, aos veículos de comunicação que publicam artigos ou difundem comentários dos "inimigos da pátria". A mensagem direta é esta: "Nós temos as chaves da publicidade da administração direta e das empresas estatais; cassem a palavra dos nove malditos". A mensagem indireta tem maior amplitude: no cenário de uma campanha eleitoral tingida de perigos, trata-se de intimidar os jornais, os jornalistas e os analistas políticos: "vocês podem ser os próximos", sussurra o persuasivo porta-voz do presidente *de facto*.

No auge de sua popularidade, Lula foi apupado nos Jogos Pan-Americanos de 2007. Dilma foi vaiada na Copa das Confederações. As vaias na abertura da Copa do Mundo estavam escritas nas estrelas, mesmo se o governo não experimentasse elevados índices de rejeição. O governo sabia que viriam, tanto que operou (desastrosamente) para esconder a presidente-candidata dos olhos do público. Mas, na acusação desvairada de Cantalice, os nove malditos figuram como causa original da hostilidade da plateia do Itaquerão contra Dilma! O ditador egípcio Hosni Mubarak atribuiu a revolução popular que o destronou a "potências estrangeiras". Vladimir Putin disse que o dedo de Washington mobilizou 1 milhão de ucranianos para derrubar o governo cleptocrático de Viktor Yanukovich. O PT bate o recorde universal do ridículo quando culpa nove comentaristas pela recepção hostil a Dilma.

Quanto aos xingamentos, o exemplo nasce em casa. Lula qualificou o então presidente José Sarney como "ladrão" e, dias atrás, disse que FHC "comprou" a reeleição (uma acusação que, nos oito anos do Planalto, jamais levou à Justiça). O que gritaria o presidente *de facto* no anonimato da multidão de um estádio?

Na TV Estadão, critiquei o candidato presidencial José Serra por pregar, na hora da proclamação do triunfo eleitoral de Dilma Rousseff, a "resistência" na "trincheira democrática". A presidente eleita, disse na ocasião, é a presidente de todos os brasileiros – inclusive dos que nela não votaram. Dois anos mais tarde, escrevi uma coluna intitulada "O PT não é uma quadrilha", publicada nos jornais O *Globo* e O *Estado de S. Paulo* (25/10/2012), para enfatizar que "o PT é a representação partidária de uma parcela significativa dos cidadãos brasileiros" e fazer o seguinte alerta às oposições: "na democracia, não se acusa um dos principais partidos políticos do país de ser uma quadrilha". A diferença crucial que me separa dos Cantalices do PT não se encontra em nossas opiniões sobre cotas raciais, "conselhos participativos" ou Copa do Mundo. Nós divergimos, essencialmente, sobre o valor da liberdade política e da convivência democrática.

Se, de fato, como sugere o texto acusatório do PT, o que mais importa é a "imagem do país no exterior", o "inimigo da pátria" chama-se Cantalice. Nem mesmo os *black blocs*, as violências policiais ou a corrupção sistemática são piores para a imagem de uma democracia que uma "lista negra" semioficial de críticos do governo.

19.6.2014

# Pátria e partido

Doze dias atrás, pela primeira vez na democracia, o Brasil ganhou uma "lista negra" semioficial de críticos do governo. A nota, publicada no site do PT pelo vice-presidente do partido, Alberto Cantalice, enumera nove nomes malditos – entre eles, o deste colunista – e, nesse passo, desvela a alma política de uma parcela de nossa elite dirigente. Substancialmente, o que existe ali é a pretensão autoritária de identificar a pátria ao partido.

Separemos o que é irrelevante. Ao responsabilizar os nove malditos pela recepção hostil do Itaquerão a Dilma Rousseff, o PT pratica uma inofensiva modalidade de terrorismo: tenta matar o país de tanto rir.

Isolemos o que é secundário. A afirmação de que os nove "estimulam a maldizer os pobres e sua presença nos aeroportos, nos shoppings e nos restaurantes" não passa de uma calúnia primária destinada a aquecer militantes e pautar blogueiros palacianos.

O principal está alhures. A nota acusa os nove de "desgastar a imagem do país no exterior" – ou seja, de trair a pátria. Por ridícula que seja, tal acusação traz uma marca inconfundível. Nos EUA, o macarthismo produziu suas "listas negras" por meio de um órgão parlamentar denominado Comitê de Atividades Antiamericanas. Desde a eleição de Obama, a ultradireita americana sugere que o presidente não nasceu nos EUA e/ou é muçulmano. A "pátria" torna-se, aí como no macarthismo, um pseudônimo da elite dirigente, não uma expressão do contrato nacional entre cidadãos livres e politicamente diversos. O PT ultrapassa uma barreira política e ética ao reclamar para si a propriedade da pátria.

A "lista negra" do macarthismo tupiniquim surgiu no dia 16, mas só chegou ao noticiário político dos grandes jornais brasileiros após a divulgação do protesto da respeitada entidade internacional Repórteres Sem Fronteira, no dia 20. O pesado silêncio de quatro dias dos jornais, rompido aqui e ali por colunas de opinião, é uma notícia tão relevante quanto a própria "lista negra". O "controle social da mídia" não começará por um decreto governamental, mas pela prática da autocensura.

O que aconteceria nos EUA se o Partido Democrata divulgasse uma "lista negra" de críticos do governo Obama, acusando-os de "desgastar a imagem do país no exterior"? O PT, como registrou o Repórteres Sem Fronteira, é o partido governante. A "lista negra" do PT surgiu logo que Lula atribuiu à "mídia" e à "elite branca" a culpa pela hostilidade de torcedores à presidente. A nota de Cantalice não é um ato oficial de governo, mas fica perto disso. Significativamente, nenhuma voz do Planalto veio a público informar que o governo não compactua com listas de "inimigos da pátria".

"Os integrantes dessa lista estão exultantes de serem chamados assim", especulou um leitor que aprecia "listas negras" semioficiais (com a condição, suponho, de que seu nome não esteja nelas). Tudo é possível debaixo do sol, mas seria uma rematada tolice. Os nove *blacklisted* não partilham um credo político ou ideológico: aparecem juntos apenas por obra dos fabricantes de "listas negras". Além disso, os nomes são circunstanciais: listas dessa natureza mudam ao sabor das conveniências, como admitiu certa vez o próprio Joseph McCarthy.

Joseph Cantalice McCarthy vive no tempo errado ou no país errado. Décadas atrás, no Brasil da ditadura, ele teria emprego assegurado na polícia política. Hoje mesmo, pode se candidatar com sucesso a um cargo de juiz no Egito, onde três jornalistas da Al Jazeera foram condenados à prisão por "difundir notícias falsas" e – atenção à coincidência! – "manchar a imagem do país no exterior". O problema é que, nesse país e nesse tempo, ele opera no almoxarifado do governo.

Tenho dois recados ao pequeno macarthista do PT: 1) Sua "lista negra" só incrimina o seu próprio partido; 2) A pátria é de todos.

28.6.2014

# A narrativa ausente

"Decifra-me ou devoro-te!". O eco do desafio mitológico da esfinge de Tebas acompanha a divulgação das sondagens eleitorais. Na etapa final da campanha, não existem enigmas difíceis: a trajetória das intenções de voto diz tudo o que importa. Contudo, nas etapas prévias, o panorama é mais complexo. Os analistas têm destacado as informações sobre a vontade de mudança do eleitorado e os índices de rejeição da presidente que busca a reeleição. São dados relevantes na equação, mas não deveriam obscurecer um outro, que configura um paradoxo: o crescimento das intenções de voto nos candidatos de oposição continua longe de refletir a vontade majoritária de mudança. Se não interpretarem corretamente o paradoxo, os oposicionistas oferecerão a Dilma Rousseff um triunfo que ela não pode obter por suas próprias forças.

Publicamente, o PSDB e o PSB asseguram que o crescimento das candidaturas de Aécio Neves e Eduardo Campos é só uma questão de tempo – ou seja, de exposição no horário eleitoral. Na hipótese benigna, eles não acreditam nisso, mas falam para animar suas bases. A hipótese maligna é que se refugiam no pensamento mágico, acalentando o sonho de uma vitória por *default*. De um modo ou de outro, parecem longe de admitir o que as sondagens eleitorais insistem em demonstrar: ambos carecem de uma narrativa política capaz de traduzir o desejo majoritário de mudança.

A candidatura de Eduardo Campos sofre de um mal de origem. O ex--governador de Pernambuco era, até ontem, um "companheiro de viagem" do lulismo, e sua vice, Marina Silva, fez carreira política no PT, ainda que sua dissidência já tenha uma história. Desse mal, decorre um frágil discurso eleitoral: a "terceira via", ao menos na versão de Campos, é um elogio do "lulismo sem Dilma". O discurso viola a verdade política, pois o governo Dilma representa, em todos os sentidos, o prolongamento dos mandatos de Lula.

De mais a mais, é inverossímil, pois o eleitorado aprendeu que "Lula é Dilma" e "Dilma é Lula".

A candidatura de Aécio Neves sofre de um mal distinto, evidenciado nas campanhas presidenciais de Geraldo Alckmin, em 2006, e de José Serra, em 2010: o PSDB não sabe explicar o motivo pelo qual quer governar o país. Oito anos atrás, Alckmin apostou suas chances na tecla da denúncia de corrupção. Há quatro anos, Serra investiu nas suas qualidades pessoais (a "experiência") e no tema da "gestão eficiente". A despolitização do discurso dos tucanos refletiu-se na apagada atuação parlamentar de Aécio, que nem sequer tentou transformar sua tribuna no Senado em polo de difusão de uma mensagem oposicionista. Não é fortuito que, a essa altura da corrida presidencial, suas intenções de voto permaneçam tão abaixo dos índices de rejeição à candidatura de Dilma.

O PSDB tem algo a aprender com o PT. Nos seus anos de oposição, o PT construiu uma narrativa sobre o governo e a sociedade que, mesmo se mistificadora, sintetizava uma crítica fundamental às políticas de FHC e indicava um rumo de mudança. Naquele tempo, o PT dizia que os tucanos governavam para a elite, acentuavam as desigualdades sociais e, no programa de privatizações, queimavam o patrimônio público no altar dos negócios privados. O PSDB desperdiçou seus anos de oposição sem fazer a defesa do legado de FHC, propiciando a cristalização da narrativa petista. Consequência disso, não formulou uma crítica de conjunto aos governos lulopetistas, limitando-se a aguardar que, num passe de mágica, o poder retornasse às suas mãos. Agora, Aécio só triunfará se produzir, em escassos meses, a narrativa que seu partido não elaborou ao longo de doze anos.

Lula disse, várias vezes, e com razão, que "os ricos nunca ganharam tanto dinheiro como nos seus governos". O PT governa para a elite, subsidiando pesadamente o grande capital privado enquanto distribui migalhas do banquete para os pobres, a fim de comprar seus votos. O contraste entre os valores envolvidos no "bolsa empresário" e os dispêndios no Bolsa Família conta uma história sobre o lulismo que o PSDB ocultou enquanto fingia fazer oposição. Terá Aécio a coragem de expô-la, mesmo às custas de desagradar o alto empresariado?

Nos três mandatos do lulopetismo, o governo promoveu o consumo de bens privados, descuidando-se da geração de bens públicos. Os manifestantes de junho de 2013 foram rotulados pelo PT como "despolitizados" por apontarem essa contradição, levantando as bandeiras da educação e da saúde ("escolas e hospitais padrão Fifa"). No fundo, as multidões que ocuparam as ruas até serem expulsas pelos vândalos e depredadores estavam tomando uma posição sobre as funções do Estado. Terá Aécio a lucidez de reacender esse debate, do qual o PSDB foge sempre que o PT menciona a palavra "privatização"?

O sistema político do país vive um longo outono, putrefazendo-se diante de todos. A "solução" oferecida pelo PT é uma reforma política que acentuaria seus piores aspectos, junto com a rendição do Congresso à pressão dos "conselhos participativos". Mas a raiz da crise crônica está fora do sistema político: encontra-se na própria administração pública, aberta de par em par à colonização pelos partidos políticos. Aécio promete operar uma cirurgia puramente simbólica, reduzindo o número de ministérios. Terá ele a ousadia de, desafiando o conjunto da elite política, propor um corte profundo, radical, no número de cargos públicos de livre indicação?

Ano passado, ouvi de uma assessora econômica tucana a profecia de que, antes do fim da Copa, um colapso econômico provocado pela inversão da política monetária americana decidiria a eleição presidencial brasileira. Era um sintoma da persistência do pensamento mágico que hipnotiza o PSDB desde a ascensão de Lula à Presidência. Não: o Planalto não cairá no colo de Aécio. Para triunfar, ele precisa oferecer ao país uma narrativa política coerente.

3.7.2014

# Anão diplomático

É possível errar o chute e balançar as redes do gol. Enquadra-se nessa categoria dos erros certeiros o rótulo de "ano diplomático" pregado ao Brasil por Yigal Palmor, porta-voz da chancelaria de Israel. Um país não é um anão diplomático por dizer sempre coisas equivocadas, mas por carecer de credibilidade mesmo quando faz declarações corretas. O Brasil converteu-se num anão diplomático desde que, onze anos atrás, Lula inaugurou a sua "nova política externa". Palmor pode ser uma figura insignificante, o "sub do sub do sub do sub do sub do sub", nas palavras gentis do assessor especial da Presidência para assuntos internacionais, Marco Aurélio Garcia, mas exprimiu em termos oficiais, pela primeira vez, o que é voz corrente nos meios diplomáticos internacionais.

A política externa constitui, de modo geral, uma esfera singular na qual os governos subordinam o jogo partidário doméstico a um certo consenso político que se costuma denominar interesse nacional. A marca da "nova política externa" lulista é a violação dessa regra. Desde que subiu a rampa do Planalto, Lula conferiu à política externa as funções de promover o seu prestígio pessoal e de atender às idiossincrasias ideológicas do PT, contrabalançando no plano simbólico a ortodoxia do governo no terreno da economia. Dilma Rousseff persistiu na linha de seu patrono, subtraindo apenas a primeira das funções (afinal, dois sóis não devem brilhar no mesmo firmamento). O produto final do desprezo pelo interesse nacional está sintetizado na expressão pouco diplomática de um "sub do sub do sub do sub do sub do sub" que não foi desmentido por nenhum de seus (supostos) seis chefes.

Nossa Constituição, no artigo 4, enumera os princípios que deveriam reger a política externa brasileira, esclarecendo o que são os interesses nacionais permanentes. A "prevalência dos direitos humanos" emerge, ali, como segundo princípio, antes da "não intervenção" nos assuntos internos de outras nações. Contudo, sob o lulismo, o Itamaraty acostumou-se a silenciar sobre as violações de direitos humanos cometidas por regimes autoritários "amigos", invocando como pretexto o princípio da "não intervenção". Cuba não será molestada por uma declaração brasileira se encarcerar ou fuzilar dissidentes, e a Venezuela nada ouvirá se utilizar um Judiciário submisso para cassar mandatos de opositores e aprisioná-los sem provas ou cercear as liberdades de expressão e imprensa. A exceção é Israel: no caso particular do Estado judeu, a "não intervenção" cede precedência à "prevalência dos direitos humanos", numa oscilação de pesos e medidas típica de um anão diplomático.

A inconsistência tem o condão de destruir a credibilidade diplomática dos países que negociam princípios. O Brasil calou-se diante da anexação da Crimeia pela Rússia, violando os princípios constitucionais da "não intervenção" e da "igualdade entre os Estados" com a finalidade mesquinha de não desagradar a Vladimir Putin pouco antes da cúpula dos Brics em Fortaleza e Brasília. Pelo mesmo motivo, logo após o encerramento da reunião, fechou-se em constrangedor mutismo diante da criminosa derrubada da aeronave da Malaysian Airlines no leste da Ucrânia. O ano diplomático não distingue o certo do errado: age caso a caso, segundo tortuosas conveniências políticas e deploráveis tiques ideológicos. Figuras muito mais qualificadas que um representante da ultradireita do gabinete israelense têm motivos para repetir o epíteto humilhante escolhido por Palmor.

Na nota oficial divulgada pelo Itamaraty, o governo brasileiro condena "o uso desproporcional da força por Israel na Faixa de Gaza", uma declaração precisa, embora incompleta. As leis de guerra obrigam os Estados a usar todos os meios para minimizar as vítimas civis dos efeitos de operações militares. Israel comete crimes de guerra ao bombardear cidades e campos de refugiados na Faixa de Gaza, uma área com estatuto de território ocupado, o que agrava os crimes. O ano diplomático não disse isso, mas por um motivo oportunista: a acusação precisaria se estender também ao Hamas, que lança foguetes desgovernados sobre Israel e, sistematicamente, utiliza os civis palestinos como escudos humanos para seus militantes.

Palmor talvez seja seis vezes "sub", mas falou em nome do governo de Israel. Marco Aurélio Garcia é "sub" uma vez só: tem status de ministro e opera como chanceler alternativo, algo como um comissário do lulopetismo para política externa. Não há, portanto, como duvidar da natureza oficial da declaração na qual caracterizou como "genocídio" a operação militar israelense na Faixa de Gaza. A palavra, escolhida com um propósito, é muito mais grave que a frase ofensiva de Palmor.

Genocídio é o extermínio deliberado de um povo. O massacre, deliberado ou não, de civis na Faixa de Gaza é um crime de guerra, mas não pode, nem de longe, ser classificado como genocídio. A Alemanha nazista praticou genocídio ao enviar milhões de judeus para as câmaras de extermínio durante a Segunda Guerra Mundial. A falsa acusação de genocídio é assacada regularmente contra Israel, desde a fundação do Estado judeu, por movimentos antissemitas de extrema direita e extrema esquerda. Por meio dela, fabrica-se um abominável paralelo entre Israel e a Alemanha nazista. A finalidade da manobra discursiva, como sabe perfeitamente Marco Aurélio Garcia, é negar a legitimidade da existência do Estado judeu. O anão diplomático rebaixa-se a um ponto extremo quando se refestela no pântano da delinquência ideológica antissemita.

É uma vergonha sem fim. Dilma Rousseff disse que, na sua "opinião", não ocorre um "genocídio", mas um "massacre" na Faixa de Gaza, deixando implícita a avaliação de que a seleção da palavra é uma questão de gosto. O anão diplomático simula desconhecer tanto o significado das palavras quanto o peso da história.

31.7.2014

# O sofisma antissemita

O antissemitismo em estado cru, aquele dos *Protocolos dos sábios do Sião*, sobrevive nos subterrâneos, quase clandestino, mas seus axiomas formam o texto oculto de uma versão repaginada, publicável, da aversão aos judeus. "Israel é aberração; os judeus, não" – o título da coluna de Ricardo Melo (28/7) sintetiza essa versão, que escolhe não dizer seu nome.

O antissemita polido mobiliza um sofisma básico: a distinção entre antissemitismo e antissionismo. Israel, o fruto do sionismo, deve ser destruído, mas nada tenho contra os judeus – eis a afirmação sofística. Israel, contudo, é o Estado judeu: a expressão política de uma nação. A esmagadora maioria dos judeus, em Israel ou fora dele, defende ativamente a existência do Estado de Israel. Um século atrás, a distinção entre antissemitismo e antissionismo era um argumento político admissível; desde pelo menos 1948, não passa de camuflagem do ódio aos judeus.

O sofisma básico é protocolarmente acompanhado por um sofisma auxiliar: Israel é uma criação artificial. O antissemita polido imagina que existam Estados "naturais", um qualificativo apropriado a rios, mares e montanhas, não a obras da história humana. Todos os Estados-Nações, esses produtos do nacionalismo, são "artificiais" (a "França de quinze séculos", fundada em 499, na hora do batismo de Clóvis I, é um mito católico do século XIX). Israel é um Estado construído por colonos, que se estabeleceram em terras previamente povoadas. Alguém sugere extinguir os Estados Unidos, a Austrália ou... o Brasil?

Invariavelmente, junta-se ao sofisma auxiliar a acusação de que Israel promove o "genocídio" dos palestinos. Genocídio é o extermínio deliberado de um povo. A Alemanha de Hitler praticou genocídio contra os judeus, enviando-os às câmaras da morte. O uso abusivo do termo, escolhido por Marco Aurélio Garcia para condenar a ofensiva em curso na Faixa de Gaza, tem um propósito definido: identificar Israel ao nazismo. O antissemita polido almeja apropriar-se da tragédia que vitimou milhões de judeus para convertê-la em ferramenta política de negação da legitimidade do Estado judeu.

O "genocídio palestino" só existe no discurso utilitário dos antissemitas. Na Faixa de Gaza, tanto hoje quanto em 2008 e 2012, o governo israelense faz "uso desproporcional da força" e também comete crimes de guerra em área com estatuto de território ocupado, bombardeando cidades e campos de refugiados. Essa segunda acusação, mais grave, não consta da nota do Itamaraty, pois nossos "anões diplomáticos" preferem circundar a implicação lógica de estendê-la ao Hamas, que lança foguetes desgovernados sobre Israel e utiliza os civis palestinos como escudos humanos para seus combatentes. A ira santa do antissemita polido é sempre cuidadosamente seletiva.

A análise política diferencia as nações de seus governos eventuais: os governos passam, a nação fica. O antissemita polido decreta uma cláusula de exceção a essa regra quando se trata de Israel. Ele não aponta o dedo para o governo israelense, mas traça um círculo abrangente em torno do Estado judeu. Na sua peculiar gramática discursiva, o complemento necessário da distinção entre antissemitismo e antissionismo é a identificação do governo de Israel ao Estado de Israel.

O ódio aos judeus nasceu nas profundezas da Europa medieval e difundiu-se no mundo moderno, como reação ao cosmopolitismo liberal, a partir das monarquias cristãs conservadoras. "O antissemitismo é o socialismo dos idiotas." A frase, atribuída ao socialista alemão August Bebel, evidencia que a moléstia já contaminava a esquerda no outono do século XIX. De lá para cá, sob o impacto do Holocausto, o vírus antissemita sofreu uma mutação, recobrindo-se com a capa de proteína do antissionismo, mas continuou a se multiplicar. Aí está a verdadeira "aberração".

2.8.2014

# "Coisas estúpidas"

Dias atrás, enquanto começavam os ataques aéreos americanos no norte do Iraque, um alto oficial do Pentágono, o general William Mayville, esclareceu seus limites. "De forma nenhuma pretendo sugerir que nós estamos, de fato, contendo ou de algum modo destruindo a ameaça posta pelo Estado Islâmico (ISIS)". Os bombardeios têm os objetivos táticos de romper o cerco aos Yazidis no monte Sinjar e retardar o avanço dos jihadistas rumo a Irbil, oferecendo tempo para os curdos reforçarem as defesas de sua capital. Mas, reconheceu Mayville, "dificilmente afetarão a capacidade militar do ISIS ou suas operações em outras áreas do Iraque e da Síria". Barack Obama substituiu o triunfalismo da Doutrina Bush por algo como uma doutrina de retirada estratégica. As implicações da segunda revelam-se tão desastrosas quanto as da primeira.

Até há pouco, a política externa de Obama sofria apenas críticas públicas dos republicanos, que nunca acertaram as contas com a falência da visão neoimperial de Bush. A proclamação do califado jihadista do ISIS, contudo, provocou uma ruptura na aparente unidade dos democratas – e a ex-secretária de Estado Hillary Clinton expôs o cisma à luz do dia. Numa longa entrevista à publicação *The Atlantic*, a provável candidata presidencial disparou obuses certeiros contra a "doutrina Obama". Hillary disse que "grandes nações precisam de princípios organizadores" e que "não faça coisas estúpidas" não é "um princípio organizador".

"Não faça coisas estúpidas", a expressão irônica cunhada pelo presidente para sintetizar sua política externa, é uma referência óbvia à invasão do Iraque, a "guerra estúpida" de Bush, na definição célebre de Obama. Mas a síntese pela negativa representa, também, uma adesão ao sentimento isolacionista que perpassa a sociedade americana. Uma expressão sofisticada da orientação política isolacionista, que emerge amiúde nos raciocínios de Obama, é a crítica à noção neoconservadora de "difusão da democracia". Os EUA não podem moldar o Oriente Médio, ou o mundo muçulmano, segundo um figurino político desenhado em Washington. Hillary está de acordo com isso, mas rejeita as duas alternativas polares: "quando você está se entrincheirando e recuando, não tomará decisões melhores do que quando está avançando de modo agressivo e beligerante".

A centelha da cisão foram as decisões sobre a guerra civil na Síria, o evento crucial que congelou a Primavera Árabe. Como revelou em *Hard Choices*, seu livro de memórias sobre os quatro anos à frente do Departamento de Estado, Hillary alinhou-se com as propostas de Robert S. Ford, o embaixador que indicara para a Síria, finalmente rejeitadas pela Casa Branca. Inutilmente, Ford tentou convencer o governo americano a respaldar as correntes moderadas da oposição interna síria, fornecendo armas e treinamento para suas improvisadas forças militares. Temendo as consequências de longo prazo do compromisso estratégico, Obama preferiu operar quase exclusivamente no tabuleiro diplomático.

A "coisa estúpida" seria, na análise do presidente, transferir armas que poderiam terminar nas mãos dos jihadistas. Entretanto, como registra Hillary, estúpido foi contribuir, pela inação, para o fracasso do Exército dos Sírios Livres. "O insucesso em ajudar a criar uma força combatente viável dos que estiveram na origem dos protestos contra Assad – correntes islamistas, secularistas e intermediárias – abriu um grande vácuo, que os jihadistas agora ocuparam", pontuou a ex-secretária de Estado. A instalação de um califado do ISIS em Mossul, que ameaça provocar a implosão definitiva do Iraque, é uma prova de que a "guerra ao terror" não se concluiu com a eliminação de Osama Bin Laden – e um indício clamoroso do erro estratégico de Obama na Síria.

As convicções de Obama sobre política externa foram esculpidas durante os anos loucos de George W. Bush, por oposição à arrogância unilateralista dos neoconservadores, e cimentaram-se na hora de sua chegada à Casa Branca, quando o colapso financeiro forçou o país a desviar o olhar para a reconstrução econômica interna. "Não faça coisas estúpidas" é um reflexo dessa experiência. Contudo, não é exato acusar o presidente de fechar os EUA na concha do isolacionismo – ou mesmo de incapacidade de formular uma estratégia geral de política externa. A estratégia existe, mas passa ao largo do Oriente Médio e subestima as ameaças postas pelo jihadismo.

Confrontado com a ascensão histórica da China, Obama promove um "giro estratégico" na direção da Ásia, uma orientação de largo alcance que se articula em iniciativas políticas, econômicas e militares. As retiradas do Afeganistão e do Iraque são componentes lógicos dessa estratégia, que também se encontra na raiz das hesitações em confrontar a Rússia no teatro da crise ucraniana. Mas "coisas estúpidas" acontecem em rápida sequência no Oriente Médio – e o desengajamento da maior potência do mundo potencializa as instabilidades geopolíticas.

A escolha errada na Síria fechou dramaticamente o leque de opções no Iraque. Mesmo assim, Obama ainda tem a oportunidade de ordenar uma campanha massiva de bombardeios aéreos contra o ISIS, no Iraque e na Síria, enquanto manobra na esfera diplomática para, com o auxílio paradoxal do Irã, costurar uma coalizão governamental inclusiva em Bagdá. Mas o "não faça coisas estúpidas" paralisa a Casa Branca, que opera por impulsos reativos, a reboque dos eventos. Os ataques aéreos "muito limitados", nas palavras de Obama, junto com o desesperado fornecimento de armas aos curdos, apenas prolongam os estertores do Iraque, que se inscrevem na moldura de uma guerra regional entre sunitas e xiitas.

Hillary está dizendo que um sinal vermelho não é uma doutrina estratégica. "Coisas estúpidas", conta-nos a história, costumam acompanhar o desengajamento das grandes potências.

14.8.2014

# Ruptura da ruptura

Morremos porque um dia Deus puniu nossa desobediente ousadia de buscar o conhecimento, tornando-nos humanos. Eduardo Campos morreu em meio a uma trajetória política, mas, sobretudo, na hora crucial de um percurso de ruptura intelectual. Na campanha ao Planalto, o neto de Miguel Arraes e antigo protegido de Lula tentava completar algo como uma libertação pessoal, definindo seu lugar na cena brasileira. Um acaso trágico, ruptura súbita de uma ruptura progressiva, interrompeu a escritura do capítulo final da história.

"Versão moderna de um coronel nordestino tradicional" – a síntese ambígua escolhida em 2012 pela *The Economist* para classificá-lo talvez servisse como uma fotografia banal, mas não captava o fluxo da vida. O "coronel" cerca-se dos seus, distribuindo os destroços da coisa pública ao séquito dos "compadres". Campos, pelo contrário, distinguiu-se no governo de Pernambuco por um esforço persistente, nem sempre bem-sucedido, para insular a máquina estatal dos interesses das camarilhas. Quando seus restos mortais baixarem à sepultura de Arraes, será tão legítimo celebrar a ruptura quanto a continuidade.

Campos provou que o Bolsa Família não congela a política. Dois anos depois de, com o respaldo de Lula, obter 83% dos votos na reeleição ao governo estadual, sua liderança catapultou Geraldo Júlio a um improvável triunfo na disputa municipal do Recife contra o candidato lulista. Naquela hora, convenceu a si mesmo, e ao mundo político, de que já não precisava ser um apêndice do presidente de fato. Ingrato, oportunista, traíra? Os epítetos lançados pelo PT, até quarta-feira incorporados à campanha dilmista e ainda reverberados pelos "companheiros de viagem", circulam na esfera da difamação. Campos ambicionava o poder, como qualquer político, mas sua ruptura refletia divergências de princípio.

No Brasil, vezes demais, sacrificamos a clareza no altar dos afetos. Um "lulismo sem Dilma", como parecia propor o candidato Campos, não era uma narrativa política viável, mas um tributo pago pelo presente ao passado – e uma renúncia voluntária à crítica justa. O fato, porém, é que o ex-ministro de Lula rejeitava a sujeição do interesse nacional à ideologia ("Nós não podemos ter diplomacia de partido. Nós temos de ter uma diplomacia de país"), acreditava na meritocracia ("Eu fiz salário variável na educação, na saúde, na segurança pública") e esboçava um desafio à partidocracia ("A nossa perspectiva é que os cargos comissionados, algo como metade deles, sejam exclusivos dos servidores de carreira").

Aprender e evoluir não é trair. Na sua ruptura, Campos pisou a fronteira do tabu ao concluir que os programas de transferência de renda devem funcionar como ponto de partida, não de chegada, e sugerir uma "política social 2.0". "Vemos as filhas do Bolsa Família se transformarem nas mães do Bolsa Família. Queremos vê-las transformando-se em avós do Bolsa Família?", indagou com uma coragem incomum entre os políticos. O "ciclo da pobreza", explicou, só será ultrapassado pela qualificação dos serviços universais de educação e saúde. Ele não disse, nem precisaria, que os beneficiários políticos do "ciclo da pobreza" entrincheiraram o país no castelo da "política social 1.0".

O "menino de Arraes", na expressão cunhada por um rival em Pernambuco, pendurou o retrato do avô na parede, mas mordeu a maçã da desobediência, procurando uma trilha ainda não devassada. Em sua campanha ao Planalto, martelo e pregos à mão, ainda hesitante, escolhia um lugar adequado para o retrato de Lula na galeria do passado. Nessa tendência a se desviar encontram-se as fontes da saraivada de recriminações que lhe dirigiam as páginas de propaganda lulopetistas, apagadas às pressas logo depois da queda do Cessna PR-AFA.

Ruptura da ruptura, história incompleta. Cada um pode imaginar seu final preferido.

16.8.2014

# Fogueiras da Razão

Política, ao menos na democracia, é diálogo. A condição para o diálogo é a disposição genuína de ouvir – isto é, de mudar de ideia. O fanático não dialoga, prega. Ele pretende converter o interlocutor, mas não contempla a hipótese de rever suas próprias convicções. No fundo, almeja um poder absoluto: moldar o outro segundo o figurino de crenças que selecionou como verdadeiro. O artigo "Desvendando Marina", de Rogério Cezar de Cerqueira Leite (*Folha de S.Paulo*, 31/8), não desvenda a candidata do PSB/Rede, mas atesta a virulência antidemocrática dos fanáticos da Razão.

O articulista classifica Marina Silva como uma fundamentalista cristã. No universo da ciência política, o conceito de fundamentalismo religioso aplica-se às correntes que exigem a subordinação das instituições públicas e da vida civil aos dogmas de uma fé. Os fundamentalistas querem substituir o livro das leis (o contrato constitucional) pela Lei do Livro (a Bíblia, o Corão ou a Torá). Marina não é, portanto, uma fundamentalista – e, assim como a teoria da evolução, tal conclusão não é uma questão de opinião.

O pensamento científico assenta-se sobre modelos e evidências, abrindo-se ao teste da falseabilidade. Do alto de uma torre erguida com a argamassa da arrogância, o fanático da Razão viola as regras que simula seguir, operando por espasmos de subjetividade. Cerqueira Leite escandaliza-se com as "crenças íntimas" de Marina, mas nem tenta apontar nas propostas políticas da candidata alguma contaminação fundamentalista. Marina defende a laicidade do Estado, sugere submeter o tema do aborto a plebiscito e alinha-se com a decisão do STF sobre a união civil de homossexuais. São posições semelhantes às de Dilma e Aécio, que também não reproduzem o catecismo do movimento LGBT. No fim, o "desconforto" do Inquisidor da Razão é com a liberdade de religião.

As grandes fogueiras da Igreja apagaram-se no passado, ainda que suas brasas continuem queimando aqui e ali. No Ocidente, as fogueiras do último século foram acesas por Estados totalitários que falavam a linguagem da Razão. A URSS de Stálin e a China de Mao eliminaram milhões de pessoas em nome da Ciência da História, que decifrara o enigma do futuro da humanidade. A Alemanha de Hitler construiu as engrenagens do exterminismo sobre o alicerce da Ciência da Raça, que prometia a salvação nacional no Reich de mil anos. O fanático da Razão, tanto quanto o da religião, quer um governo que administre as almas, não as coisas. Na democracia, contudo, as almas não fazem parte da esfera de autoridade do Estado.

A pecha de fundamentalista religiosa lançada contra Marina circula no submundo da internet, propagada por blogueiros governistas sustentados por patrocínios de empresas estatais. Simultaneamente, e de acordo com uma calculada lógica da duplicidade, o governo ensaia reativar um projeto de lei que concede benefícios tributários às Igrejas. Mas o Inquisidor da Razão parece não sentir "desconforto" com a privatização partidária da máquina pública nem com a transgressão do princípio elementar da separação entre Estado e religião. Ele se incomoda, de fato, com "crenças íntimas".

Sou agnóstico. Acho graça nos mitos religiosos da Criação – e aborreço-me com pregadores que tem a exagerada pretensão de retificar minhas "crenças íntimas". Só existem superficiais diferenças de linguagem entre eles e os intragáveis pregadores do ateísmo, que querem matar Deus, erradicando-o da mente dos seres humanos. Uns e outros sonham com um Estado inquisitorial, aparelhado para desentranhar as "ideias daninhas" que envenenam seus concidadãos.

Marina já não é uma esfinge. A candidata divulgou um extenso programa de governo, atravessado por tensões e não isento de contradições. Melhor criticá-lo que acender uma fogueira com os galhos secos da árvore da intolerância.

6.9.2014

# Os perdedores

A semente transgênica e o Código Florestal; a hidrelétrica e a licença ambiental; os evangélicos e os jovens libertários; o Estado e as ONGs; os serviços públicos e os tributos; a "nova política" e o Congresso; a política e os partidos; o PSB e a Rede. Na candidatura de Marina Silva, não é difícil traçar círculos de giz em torno de ângulos agudos, superfícies de tensão, contradições represadas. O PT preferiu investir na indignidade, na mentira, na difamação. Por isso, perdendo ou ganhando, já perdeu.

As peças incendiárias de marketing, referenciadas no pré-sal e na independência do Banco Central, inscrevem-se na esfera da delinquência eleitoral. A primeira organiza-se em torno de uma mentira (a suposta recusa de explorar o pré-sal), de cujo seio emana um corolário onírico (a "retirada" de centenas de bilhões de reais supostos e futuros da educação). A segunda converte em escândalo um modelo que pode ser legitimamente combatido, mas está em vigor nos EUA, no Canadá, no Japão, na União Europeia, na Grã-Bretanha e no Chile – e que, no Brasil, surgiu embrionariamente sob Lula, durante a gestão de Henrique Meirelles.

Na TV, o partido do governo acusa a candidata desafiante de conspirar com banqueiros para lançar os pobres no abismo da miséria. O fenômeno vexaminoso não chega a causar comoção, pois tem precedentes. Contra Alckmin (2006) e Serra (2010), o PT difundiu as torpezas de que pretendiam privatizar a Petrobras e cortar os benefícios do Bolsa Família, ambas já reprisadas para atingir Marina. A diferença, significativa apenas no plano eleitoral, está na circunstância de que, agora, a ignomínia entrou no jogo antes do primeiro turno. A semelhança, por outro lado, evidencia que o PT aposta na ignorância, na desinformação, na pobreza intelectual – enfim, no fracasso do país.

Algo se rompeu quando eclodiu o escândalo do mensalão. Naquela hora, os intelectuais do PT depredaram a praça do debate político, ensinando ao partido que a saída era qualificar a imprensa como "mídia golpista" e descer às trincheiras de uma guerra contra a opinião pública. A lição deu frutos envenenados. O STF converteu-se em "tribunal de exceção", e os políticos corruptos, em "presos políticos". Os críticos passaram a ser classificados como representantes da "elite branca paulista" (se apontam as incongruências da "nova matriz econômica"), "fascistas" (se nomeiam como ditadura todas as ditaduras, inclusive as "de esquerda") ou "racistas" (se objetam às leis de preferências raciais).

O projeto de um partido moderno de esquerda dissolveu-se num pote de ácido que corrói a convivência com a opinião dissonante. Do antigo PT, partido da mudança, resta uma sombra esmaecida. As estatísticas desagregadas das sondagens eleitorais revelam o sentido da regressão histórica. A presidente-candidata tem suas fortalezas no Nordeste e no Norte, nas cidades pequenas e entre os menos escolarizados, mas enfrenta forte rejeição no Centro-Sul, nas metrópoles e entre os jovens. Não é um "voto de classe", como interpretam cientistas políticos embriagados com um economicismo primário que confundem com marxismo. É um voto do país que, ainda muito pobre, depende essencialmente do Estado. A antiga Arena vencia assim, espelhando um atraso social persistente.

Obviamente, a regressão tem causas múltiplas, ligadas à experiência de doze anos de governos lulopetistas que estimularam o consumo de bens privados, mas não produziram bens públicos adequados a um país de renda média. A linguagem, contudo, ocupa um lugar significativo. O país moderno, cujos contornos atravessam todas as regiões, sabe identificar a empulhação, a mistificação e a truculência.

Na sua fúria destrutiva, a campanha de Dilma explode pontes, queima arquivos. O PT pode até triunfar nas eleições presidenciais, mas já perdeu o futuro.

20.9.2014

# Eduardo e umas bolachas

Eu já o esperava, como combinado, diante de sua casa, em São Paulo. O senador chegou depois das onze da noite, vindo de Brasília. Esfaimado, investigou os armários vazios e a geladeira, idem. Encontrou apenas um pacote com meia dúzia de bolachas de água e sal. Por insistência dele, sentados à mesa da cozinha, dividimos as bolachas, junto com um café de cafeteira elétrica. Eduardo Suplicy, definitivamente, não parece um Matarazzo. Depois de 24 anos, ele deixa o Senado. É um ponto-final – e não só para ele.

O encontro em volta das bolachas deu-se a meu pedido, em setembro de 2009. O livro da blogueira Yoani Sánchez estava na gráfica, mas o regime cubano negava-lhe autorização de viagem. Suplicy poderia convencer o Senado a convidá-la para um lançamento do livro, pressionando Havana a conceder-lhe o direito de ir e vir. O senador desviou a conversa para os alardeados milagres do castrismo na saúde pública, compelindo-me a retrucar que os anuários estatísticos da ONU colocavam Cuba em posição invejável quanto a indicadores de saúde vários anos antes da chegada de Fidel ao poder. No passo seguinte, disse-lhe que a teoria da "ditadura benigna", ritualmente aplicada pela esquerda a Cuba, não combinava com seu perfil político.

Xeque-mate. Suplicy ainda solicitou ler os originais. Respondi que, no máximo, teria acesso ao prefácio assinado por mim. O livro, ele leria após a publicação, pois os direitos de Yoani não poderiam depender do seu julgamento sobre as opiniões dela. Dias depois, em dobradinha com o então senador Demóstenes Torres, Suplicy extraiu o convite na Comissão de Constituição e Justiça do Senado. Demóstenes iludia a todos, inclusive a mim, ocultando sua sociedade com um bandido atrás da máscara de parlamentar imaculado. O Eduardo das bolachas também elaborara uma *persona* política, mas não tinha esqueletos no armário.

Suplicy já era, cinco anos atrás, uma figura estranha no seu partido, algo como a relíquia de uma era histórica encerrada. Pouco antes da segunda campanha presidencial de Lula, em 1994, um editorial da revista teórica do PT classificara Cuba como uma ditadura – e explicara que não existem ditaduras defensáveis. O senador à minha frente era um registro daquele tempo e daquele partido. Desde a ascensão de Lula ao Planalto, Suplicy perdeu o gosto pela investigação de denúncias de corrupção, convertendo-se num disco de vinil riscado, a repetir a estrofe da renda mínima. Fora isso, permaneceu fiel a si mesmo, enquanto seu partido mudava até tornar-se irreconhecível para milhões de antigos eleitores. Nesse descolamento encontra-se a causa da derrota do Matarazzo rebelde.

A derrota tem um número: 2,8 milhões de eleitores abandonaram Suplicy entre 2006 e domingo passado. Não é culpa dele, mas uma das expressões do recuo geral do PT em São Paulo. Seguindo sua lógica própria, orientada pela emoção, o Eduardo das bolachas permaneceu fiel à sigla e à estrela: os símbolos de um tempo pleno de esperanças. Seguindo outra lógica, pautada pela razão, seus eleitores permaneceram fiéis aos princípios traídos pelo PT, negando a sujeição fetichista do presente ao passado. No anoitecer de seu mandato derradeiro, o senador tem a oportunidade de confrontar as duas lógicas e revisitar, de olhos abertos, esse segmento crucial da história política do país.

Tolamente, na madrugada, antes da despedida, eu disse a ele que sua intervenção pelo direito de viagem da blogueira provocaria recriminações num PT rendido aos anacronismos da esquerda latino-americana. Suplicy escutou, mal disfarçando o enfado. Li a resposta óbvia, escrita no seu olhar: "Conte-me algo que não sei". O Eduardo das bolachas falaria ao Senado, em nome de nossas convicções comuns, mesmo contrariando seu partido. Mas não mudaria de partido, nem mesmo em nome de suas convicções.

11.10.2014

# A bolsa e a vida

Conceitualmente, o Bolsa Família não nasceu com Lula, nem com FHC, mas no laboratório político do Banco Mundial. O "objetivo abrangente" de redução da pobreza, proclamado em 1991 por Lewis Preston, presidente do banco, seria alcançado por meio de políticas focadas de transferência de renda. Era uma resposta estratégica ao pensamento de esquerda, concentrado em reformas sociais, e um programa de ação para o ciclo aberto pela queda do Muro de Berlim. FHC a adotou sem o entusiasmo dos conservadores, encarando-a como um emplastro civilizatório que não substituiria iniciativas fortes do Estado nas esferas da educação e da saúde. Lula não só a abraçou como serviu-se dela para ancorar eleitoralmente seu sistema de poder.

Quando Lula fulminou o Bolsa Escola com o epíteto de "bolsa esmola", operava no registro tradicional do pensamento de esquerda. Na hora da chegada ao poder, sob a inspiração de José Graziano da Silva, perseverou naquele registro e lançou o Fome Zero, que não era um programa de transferência de renda. Graziano analisara de modo realista os rumos da formação do complexo capitalista do agronegócio, em duas obras significativas, publicadas na década de 1980, mas sonhava com o florescimento de uma agricultura familiar autônoma. No esquema do Fome Zero, sob o amparo estatal, pequenos produtores locais forneceriam os alimentos para a mesa dos pobres. O Bolsa Família surgiu dos escombros do Fome Zero.

O experimento utópico do Fome Zero nem decolou. No início, seus escassos críticos sofreram o bombardeio ideológico de acadêmicos de esquerda encantados com o lulismo. Contudo, depois de 388 dias de inércia, Lula demitiu Graziano do Ministério Extraordinário e promoveu o giro pragmático que conduziria à unificação dos programas de transferência de renda de FHC (a "bolsa esmola") no Bolsa Família. Naquele momento, cessaram as resistências de esquerda à estratégia conservadora de combate à pobreza e, no lugar delas, emergiu o coro dos contentes, a proclamar a aurora de uma nova era.

Lula descobriu uma virtude político-eleitoral da expansão das transferências diretas de renda: o impulso ao consumo popular (de material de construção, eletrodomésticos e celulares) propiciava-lhe a chance de congelar a agenda de reformas na educação e na saúde públicas. O Bolsa Família tornou-se o núcleo de um conjunto de políticas focadas que abrangem, notadamente, o crédito consignado e as bolsas do Prouni. Nas eleições, o espectro da supressão dos benefícios monetários passaria a figurar como linha de ataque permanente do PT contra qualquer adversário. Simplificado ao extremo, o tema tão decisivo do combate à pobreza convertia-se em monopólio de um partido.

Os tucanos sentiram o golpe, girando em círculos à procura de uma resposta. Desorientados, chegaram a ensaiar, nos piores momentos, a reprodução da primitiva réplica original de Lula. O prumo começou a ser reencontrado por Aécio Neves, que anunciou o compromisso de entalhar o programa na pedra da lei, fazendo-o "política de Estado, não de governo". Transferir o Bolsa Família do campo minado da disputa partidária para o das políticas públicas nacionais será um passo adiante, do ponto de vista da disputa eleitoral democrática. Mas, do ponto de vista conceitual, ainda estaríamos atrás do patamar atingido no governo FHC.

"Vemos as filhas do Bolsa Família se transformarem nas mães do Bolsa Família", alertou Eduardo Campos meses antes de sua morte trágica, para indagar: "Queremos vê-las transformando-se em avós do Bolsa Família?". O círculo da pobreza e da dependência não pode atravessar gerações, sob pena de darmos razão ao Lula ancestral que clamava contra o "bolsa esmola". Já é tempo de avançar além da receita do Banco Mundial, rumo à qualificação dos direitos sociais universais. A bolsa não é a vida.

18.10.2014

# Heróis da resistência

A verdade jurídica é una e definitiva: uma sentença transitada em julgado. A verdade histórica é múltipla e temporária: o fruto da narrativa dos historiadores. No Brasil, as comissões da verdade oscilam no espaço vazio que as separa, sem produzir as consequências práticas da primeira nem as luzes da segunda. A lista de perseguidos pela ditadura militar elaborada pela Comissão da Verdade da USP (*Folha de S.Paulo*, 27/10) evidencia os equívocos desse projeto de fabricação de uma verdade estatal sobre nosso passado recente.

Olhos fixos num ponto indefinido, cabelos compridos, barba por fazer, número 9.442 da ficha do Dops (Departamento de Ordem Política e Social), eu, aos dezoito, estou na foto. Detido duas ou três vezes, por algumas horas, junto com outros estudantes, durante manifestações contra o regime, agora recebo um selo oficial de herói da resistência. Não "desapareci", obviamente, e não fui preso, torturado ou exilado. Devo, como tantos oportunistas, tentar converter esse selo em direito pecuniário, reivindicando uma "bolsa anistia" que será paga por todos os brasileiros?

A "verdade administrativa" é uma violação da verdade histórica, pois nasce de métodos de generalização que apagam contextos e circunstâncias. Minha foto estampada na *Folha* não é de 1964, quando a perseguição da ditadura conduziu FHC ao exílio, nem de 1973, quando o estudante de geologia Alexandre Vanucchi Leme "desapareceu" no DOI-CODI, mas de 1977. As torturas sistemáticas tinham sido abolidas no ano anterior, após os assassinatos no cárcere de Vladimir Herzog e Manuel Fiel Filho. O regime ingressava em lento declínio. Qual é o sentido histórico de uma lista indiferenciada de 664 figuras uspianas reunidas sob o rótulo de "perseguidos"?

Naquele ano, ainda calouro, participei da redação do efêmero jornal estudantil *Avesso*. Na segunda ou terceira edição, enchemos a capa com uma das imagens icônicas de Mao Tse-tung celebrizadas durante a Revolução

Cultural chinesa. O contraste entre a capa e o conteúdo libertário dos textos compunha uma crítica irônica, mas feroz, à esquerda stalinista. O coronel Erasmo Dias, secretário estadual da Segurança Pública, apreendeu alguns exemplares e concedeu entrevista para acusar-nos de "maoismo". Havia divertimento gratuito em meio à tensão.

Janice Theodoro, uma das coordenadoras da comissão da USP, é historiadora notável e, como seus colegas, certamente opera com as melhores intenções. Contudo, a lógica inflexível da "verdade administrativa" distorce a verdade histórica, coagulando narrativas míticas. Entre as oito fotos selecionadas pela *Folha* estão a minha e a de Eduardo Giannetti, que estudava economia, mas já ostentava um semblante de filósofo. A opção preferencial por colunistas do jornal revela as armadilhas da recepção midiática de uma "verdade" não filtrada pelas técnicas historiográficas.

As nossas comissões da verdade cumprem a função política de difundir a falsa percepção de que o Estado democrático ajusta as contas com a ditadura militar. Por essa via, oculta-se o mais relevante: desistimos de punir os crimes cometidos contra os direitos humanos. No Chile e na Argentina, os chefes dos regimes ditatoriais experimentaram sentenças de prisão: a verdade jurídica ergueu marcos nas memórias nacionais. No Brasil, pelo contrário, a Lei de Anistia promulgada pela ditadura sedimentou-se na forma de um pacto político sagrado, protegendo as autoridades militares que comandaram a máquina de repressão, bem como seus aliados e financiadores civis.

De Sarney a Dilma, passando por Collor, FHC e Lula, sucessivos governos inclinaram-se à Lei de Anistia, que impede o Judiciário de cumprir o dever de processar e sentenciar. Uma abdicação leva a outra: em nome da verdade, no lugar de interpretações históricas criteriosas, erguemos panteões de heróis da resistência. No fim, saímos mal na foto.

1.11.2014

# A era da restauração

Quase 38 milhões de brasileiros, 19% da população total, nasceram depois que Lula subiu a rampa do Planalto, em 2003. O mais extenso período de poder de um partido na história da democracia no país não é, contudo, um fenômeno desviante.

O ciclo da "globalização chinesa", marcado pela inflação de preços das *commodities* e por uma explosão dos fluxos de investimentos estrangeiros, impulsionou as economias dos países emergentes, propiciando a estabilização de sistemas de poder como os de Vladimir Putin (Rússia), de Recep Erdogan (Turquia), do kirchnerismo (Argentina) e do chavismo (Venezuela). A "era do lulopetismo" inscreve-se nessa moldura internacional.

Atribui-se a Golbery do Couto e Silva, o "mago" esclarecido da ditadura militar, a profecia de que Lula seria o coveiro da esquerda brasileira. O PT difundiu sua influência como "partido da mudança", mas converteu-se em "partido da ordem" às vésperas da conquista do Palácio do Planalto, por meio da "Carta aos brasileiros".

Nos seus doze anos de governo, desceu mais um degrau, congraçando-se com as máfias políticas tradicionais e tornando-se o "partido da velha ordem". O mapa eleitoral sinaliza a transformação regressiva – e o encerramento de uma era. Dilma 2 está fadado a ser um governo de crise: a tensa dissolução do pouco que resta das expectativas exageradas que se depositaram no lulopetismo.

Lulismo não é igual a petismo. Na planície, Lula usava o registro do PT: os trabalhadores. No Planalto, substituiu o registro de classe pelo do populismo: o povo pobre. A troca do substantivo anunciava uma renúncia. No lugar de reformas sociais, políticas de redução da pobreza inspiradas na cartilha do Banco Mundial. A expansão dos programas de transferência direta de renda criados por Fernando Henrique Cardoso produziu efeitos sociais positivos e enraizou o sistema de poder do lulopetismo na base da pirâmide eleitoral. Em contrapartida, esvaziou o discurso de esquerda. Golbery tinha razão.

O PT nasceu no rastro da crítica de esquerda à herança varguista. O lulismo triunfante reapropriou-se da imagem de Vargas, engajando-se na modernização do varguismo. Uma atualização da CLT (Consolidação das Leis do Trabalho) incluiu as centrais sindicais no edifício do sindicalismo oficial. Atrelados ao PT, os movimentos sociais passaram a receber financiamento estatal. Sob o rótulo da "democracia participativa", por meio de uma estrutura de "conselhos populares" esculpida no Planalto, projeta-se no horizonte a sombra de um neocorporativismo. O lulopetismo patrocina a conciliação entre as velhas oligarquias políticas e uma nova elite dirigente.

Lula 1 persistiu no modelo macroeconômico implantado por FHC. Lula 2 investiu na ruptura, articulada pelo vácuo aberto com a crise financeira global: a "nova matriz econômica". Durante alguns anos, a ala "desenvolvimentista" do PT experimentou as delícias do capitalismo de Estado. Por meio da Petrobras, sedimentou-se a aliança profana da coalizão governista com as grandes empreiteiras. O BNDES ganhou de Eike Batista a alcunha de "melhor banco de investimentos do mundo". No apogeu do lulopetismo, a bolha de crédito e consumo assegurou a eleição de uma sucessora cinzenta.

A "nova matriz" esgotou-se no lago infectado da recessão e do desequilíbrio macroeconômico. Dilma 2 navegará em águas turvas. Agora, o Brasil testará os compromissos do PT com os princípios e as instituições da democracia.

2.11.2014

## "Bolivariano", você disse?

Gilmar Mendes será, daqui a dois anos, o único ministro do STF não indicado pelo lulopetismo. À *Folha de S.Paulo* (3/11) ele alertou para o risco de que o Supremo se transforme numa "corte bolivariana". Seria o lulopetismo uma versão descolorida do "bolivarianismo"?

A "revolução bolivariana" definiu como meta política a unificação da América Latina contra os EUA e, como meta econômica, a implantação de um sistema estatista. O lulopetismo não compartilha tais metas. Na economia, procura modernizar o capitalismo de estado varguista. Na política, almeja apenas uma perene hegemonia. O regime chavista é revolucionário; o lulopetismo é populista e conservador. Sob o chavismo, a Venezuela tenta ser o que Cuba tenta deixar de ser, afundando no vórtice de uma crise terminal. Sob o lulopetismo, o Brasil reitera seus próprios anacronismos, desperdiçando oportunidades históricas.

Há uma diferença crucial de origem. O movimento "bolivariano" é fruto da ruptura: nasceu do colapso da democracia oligárquica venezuelana, no "Caracazo", o levante popular de 1989, e consolidou-se após o frustrado golpe antichavista de 2002. O lulopetismo, pelo contrário, é fruto da continuidade: surgiu com a redemocratização e conquistou o Palácio na moldura da estabilização da democracia. O chavismo substituiu a desmoralizada elite política venezuelana; o lulopetismo integrou-se às elites políticas tradicionais, até converter-se no fiador principal de seus negócios e interesses.

Palavras servem para iludir. Os ataques "bolivarianos" da campanha de Dilma contra Aécio funcionaram como toque de reunir para os movimentos sociais, o PSOL e os intelectuais de esquerda. Confrontado com o risco de derrota, o lulopetismo precisava recuperar uma franja periférica do eleitorado que se dispersava. Concluída a disputa, o governo realiza o giro ortodoxo, abandonando a "nova matriz econômica". O estelionato, anunciado pela elevação dos juros, tem roteiro conhecido: recomposição de preços de combustíveis, choque de tarifas de energia, ajuste fiscal. Os chavistas vestem-se de vermelho o tempo todo; Lula e Dilma trocam o vermelho pelo branco assim que as urnas se fecham.

Palavras têm alguma importância. Na sua Resolução Política pós-eleitoral, o PT toca os acordes de uma marcha "bolivariana" para acusar a oposição de representar o "retrocesso neoliberal", articular "manobras golpistas" e fomentar "o machismo, o racismo, o preconceito, o ódio, a intolerância". O lulopetismo, um fruto da democracia, não aprendeu até hoje a regra de ouro do pluralismo político: a legitimidade da oposição. O seu único traço comum com o "bolivarianismo" encontra-se nessa hostilidade visceral à convivência democrática entre "verdades" distintas e concorrentes. O PT não é "bolivariano", mas carrega no seu DNA a convicção pervertida dos antigos partidos comunistas: imagina-se portador da Chave da História.

O alerta de Gilmar Mendes, formulado como um equívoco conceitual, deve ser refraseado. Sob o influxo das nomeações lulopetistas, o STF não se transformará numa "corte bolivariana", pois não será posto a serviço de um projeto político revolucionário. Contudo, depois da experiência do "mensalão" e na hora da eclosão do escândalo na Petrobras, o governo procurará submeter o Supremo a um torno mecânico implacável, convertendo-o em Tribunal da Absolvição.

O contexto faz a diferença. Na "pátria bolivariana", a independência dos Poderes só existe como preceito constitucional irrelevante; no Brasil, apesar de tudo, o preceito conserva sua força, como evidencia o decreto legislativo que fulminou os "conselhos participativos". Compete ao Senado avaliar as indicações presidenciais para o STF. Diante de uma opinião pública atenta, os senadores encararão o dever de vetar a nomeação de "juízes do Partido". A Venezuela não é aqui.

8.11.2014

# Cinzas de Iguala

O México, como o Brasil, não é para principiantes. A tragédia de Iguala, no estado de Guerrero, está coberta por uma espessa neblina de desinformação. Perfurando-a, descortina-se um panorama de crises empilhadas e uma encruzilhada crucial na política internacional hemisférica.

Na escala local, o episódio envolve três atores: a prefeitura, uma máfia do narcotráfico e os 43 estudantes da Escola Normal Rural de Ayotzinapa, assassinados com requintes de crueldade. O prefeito da cidade ordenou a detenção policial das vítimas, que foram entregues aos criminosos da gangue Guerreros Unidos e "desapareceram", incinerados e lançados a um rio. Barbárie.

A associação entre autoridades locais e chefes do tráfico, e a consequente infiltração de policiais municipais pelo crime organizado, é um fenômeno dos últimos quinze anos. Mais antigo é o fenômeno da radicalização de estudantes de pedagogia no México meridional, região mais pobre do país. As escolas normais, criadas pelo Estado para integrar os filhos de indígenas na estrutura do funcionalismo, como professores de escolas públicas, converteram-se em incubadoras de movimentos sociais e focos de difusão do extremismo político. O massacre de 26 de setembro foi um ato destinado a aterrorizar os militantes que incomodam o poder local e, de algum modo, parecem ter se interposto no caminho dos negócios do narcotráfico.

Na escala nacional, o episódio evidencia a disfuncionalidade do aparato de segurança do Estado mexicano, posto à prova pela "guerra contra o tráfico". A mobilização das Forças Armadas na repressão direta às gangues, iniciada no governo de Felipe Calderón (2006-2012), não surtiu os efeitos previstos, mas provocou uma escalada de violência pontuada por denúncias de torturas sistemáticas e pela descoberta de inúmeras sepulturas clandestinas.

As responsabilidades diretas do governo federal não devem ser minimizadas, mas o núcleo do desastre deriva de responsabilidades indiretas.

No México, as polícias municipais, controladas pelos prefeitos, tornaram-se ferramentas de alianças entre autoridades locais e o crime organizado. Iguala marca o ápice de uma trajetória de infiltração desses aparelhos pelos narcotraficantes. A cidade é um reduto do PRD, partido de centro-esquerda de oposição ao governo federal. O estado de Guerrero é governado pelo mesmo PRD desde 2005. As manifestações contra o PRI, partido do presidente Enrique Peña Nieto, inscrevem-se no tabuleiro da manipulação oportunista do massacre. Peña Nieto cortou a espiral de violências descontroladas. Mesmo assim, não tem o direito de circundar a crise desatada em setembro. A punição dos assassinos e de seus sócios políticos não encerrará o assunto. Depois de Iguala, o México não pode mais esconder sua "guerra suja" atrás dos tapumes coloridos de uma relativa prosperidade econômica.

Na escala hemisférica, o episódio revela a falência estratégica da "guerra às drogas". O Plano Colômbia, de 1998, transferiu as rotas do tráfico do Caribe para o Istmo Centro-Americano, corroendo as instituições estatais e os aparelhos policiais na América Central e no México. De lá para cá, a teia do narcotráfico ampliou-se pela incorporação definitiva do Brasil, na dupla condição de grande mercado consumidor (como os Estados Unidos) e, cada vez mais, de importante rota de passagem (como o México). Contudo, desgraçadamente, ainda nem começou um debate interamericano sobre as alternativas ao fracasso da abordagem militar.

15.11.2014

# Quinhentos anos de corrupção

De repente, como um raio no céu claro, o governo foi tomado por extraordinário interesse pela corrupção – no passado. Na Austrália, Dilma Rousseff ensaiou "listar uma quantidade imensa de escândalos no Brasil que não foram investigados". A historiadora amadora, porém, só fingia falar sobre o passado: "Talvez esses escândalos que não foram investigados sejam responsáveis pelo que aconteceu na Petrobras". Ah, sim!, trata-se, então, do presente.

Governantes deveriam exercitar a prudência ao especular sobre corrupção em governos anteriores. Se eles têm conhecimento de denúncias fundamentadas, a lei os obriga a deflagrar uma investigação policial e judiciária. Se não o fazem, a fim de manipular halos de suspeita em seu benefício político, incorrem no crime de prevaricação. Os áulicos, por outro lado, não sendo autoridades, podem especular alegremente. Nesses dias de Lava Jato, é fácil identificá-los por seus frêmitos de indignação moral com a corrupção pregressa.

O passado que preferem é o recente: o governo FHC. Do nada, adoradores do estatismo começaram a honrar a memória do incauto Paulo Francis privatista de 1996, submetido a processo intimidador depois de afirmar que "os diretores da Petrobras" constituíam "a maior quadrilha que já atuou no Brasil". Mas, num *tour de force*, os neo-historiadores da corrupção já se aventuram em tempos anteriores, reavivando a memória da ditadura militar, que converteu em potências a Odebrecht, a Camargo Corrêa, a Mendes Júnior e a Queiroz Galvão, além de servir de berço para a OAS e a UTC. Logo, sua ira santa nos conduzirá ao estouro da bolha do Encilhamento, sob Deodoro da Fonseca, e às aquisições de escravos traficados ilegalmente por Paulino José de Souza, então ministro do Exterior, no Segundo Reinado.

O foco nos "500 anos de corrupção" não se destina a recordar que a corrupção nasceu antes de 2003, pois o óbvio dispensa explicação. A finalidade é entorpecer-nos, normalizando o escândalo em curso. Eles almejam dissolver a corrupção investigada na corrupção falada e o presente singular (a colonização partidária da Petrobras) no genérico histórico (a captura do poder público por interesses privados). Somos assim, sempre fomos, sussurram, inoculando-nos o soro da letargia, enquanto o ministro da Justiça critica a "politização" do escândalo (não a da Petrobras!). A corrupção mora na índole do povo brasileiro: "Cada um de nós tem um dedão na lama", assegura um célebre empresário, enquanto a presidente antecipa que pretende violar a lei sobre declaração de inidoneidade ("A gente não vai colocar um carimbo na empresa").

Não há lei que puna a corrupção da linguagem. Nos tempos bons, o lulopetismo anuncia-se como o Ato Inaugural: "Nunca antes na história deste país". Nos tempos ruins, exibe-se como vítima da Tradição: "Nunca foi diferente na história deste país". Mas a contradição sempre tem o potencial para se superar como dialética. Na Austrália, Dilma se esqueceu do tão recente "mensalão" para rotular o "petrolão" como o "primeiro escândalo da nossa história que é investigado". Os áulicos já a seguem (afinal, é para isso que existem), saudando o Ano Zero da guerra à corrupção.

"Dilma agora lidera todos nós", anuncia o empresário dos dedos sujos de lama – que, casualmente, tem como maior cliente a estatal Correios. A narrativa do Ano Zero descortina possibilidades ilimitadas. Dilma "não sabia de nada"? Esqueça. Nos doze anos em que dirigiu a Petrobras diretamente (como presidente do Conselho de Administração) ou indiretamente (como ministra e presidente da República), os partidos da "base aliada" privatizaram a estatal, desviando dezenas de bilhões de reais. Não é que a Líder dos Imundos "não sabia". Sabia – mas, sábia, deixou a operação se alastrar para, no Ano Zero, pegar todos os bandidos juntos. Ah, bom!

22.11.2014

# Idade da Pedra

É de Zaki Yamani, ex-ministro do Petróleo da Arábia Saudita, uma sábia sentença: "A Idade da Pedra não terminou por falta de pedras – e a Idade do Petróleo terminará muito antes do fim do petróleo". As reservas de hidrocarbonetos não são um valor constante: crescem com o preço do barril. A Idade do Petróleo será encerrada pela substituição do combustível por outras fontes de energia, sob o influxo da elevação dos preços do barril. A estratégia saudita é retardar a diversificação energética, evitando escaladas duradouras de preços. O petróleo barato tem consequências políticas tão relevantes quanto o petróleo caro – inclusive para nós.

Na Opep, os sauditas rejeitaram a proposta de redução da produção. Sob o pano de fundo do *boom* na produção americana em bacias de xisto, da desaceleração chinesa e da estagnação europeia, a paralisia da Opep reforça a tendência de um ciclo de preços baixos. Descontada a inflação, o barril a setenta dólares de hoje repete preços vistos pela última vez, brevemente, em julho de 2009. Antes, valores inferiores ao atual predominaram durante duas décadas, entre 1984 e 2004. Se a nova tendência de baixa persistir, as placas tectônicas da geopolítica global experimentarão profundos deslocamentos.

A natureza estratégica e as características econômicas da produção de petróleo favorecem a estatização, completa ou parcial, da indústria petrolífera. O petróleo caro é, por isso, uma fonte de poder de regimes nacionalistas e/ou autoritários. Nos ciclos longos de alta dos preços (1974-83 e 2005-14), as rendas abundantes do petróleo estabilizam as elites dirigentes dos países exportadores. O "putinismo" na Rússia e o chavismo na Venezuela ilustram o fenômeno. A inversão do ciclo rompe a precária coesão social, desafiando o edifício da ordem.

No Brasil, a alta dos preços evidenciou a atração exercida pelo petróleo sobre o lulopetismo. A conversão da Petrobras em empresa global foi interpretada como oportunidade de controle de chaves mágicas de poder, nos tabuleiros da política e das finanças. Daí a troca do regime de concessão pelo de partilha, a capitalização bilionária da Petrobras com recursos públicos e o loteamento partidário de seus cargos de direção. A queda dos preços escancara as dimensões do estrago, cujos sintomas já transpareciam nos espelhos da dívida e do valor acionário da estatal, e ameaça a remuneração dos investimentos no pré-sal.

O fetichismo do petróleo tem amplas implicações. O cosmopolitismo define riqueza como criatividade social, um bem intangível que depende dos intercâmbios com o mundo exterior. O nacionalismo, pelo contrário, identifica a riqueza aos recursos naturais, ou seja, a substâncias físicas confinadas em territórios circundados por fronteiras. Na narrativa nacionalista, o governo exerce a função de defender a riqueza nacional (o petróleo, os minérios, o ouro simbolizado pelo amarelo de nossa bandeira) contra a ganância do "inimigo externo". Os discursos eleitorais do lulopetismo sobre a pátria e o pré-sal inscrevem-se nesse padrão.

Sob o feitiço do petróleo, o governo formulou uma estratégia nacional de defesa que atribui à Marinha a missão de resguardar a "Amazônia Azul", como se a guerra no mar pudesse substituir o conceito de movimento pela proteção estática de uma linha imaginária traçada na água. Hipnotizados pelo pré-sal, abandonamos o programa de biocombustíveis, junto com sua extensa cadeia de inovações. Ofuscados pelo brilho do tesouro enterrado, penduramos uma urgente revolução educacional no fio ainda não tecido dos *royalties* do petróleo.

O barril a setenta dólares confunde as cartas do baralho russo na Ucrânia, reativa as negociações nucleares com o Irã e anuncia violências na Venezuela. Deveria, ainda, servir-nos de alerta: já passa da hora de encerrar nossa Idade da Pedra política.

6.12.2014

# Página virada

Eric Fair, linguista especializado em árabe, trabalhou como interrogador na prisão de Abu Ghraib, convertendo-se em torturador. Depois, atormentado, passou a escrever sobre a sua história. "Eu fracassei em desobedecer a uma ordem indigna, fracassei em proteger um prisioneiro sob minha custódia e fracassei em manter os padrões de decência humana. Comprometi meus valores. Nunca vou me perdoar." A memória, para Fair, é um obstáculo ao perdão. Nos EUA e no Brasil, o Estado almeja fazer da memória o instrumento do perdão. É o caminho seguro rumo ao esquecimento.

O Senado americano publicou extratos de um relatório devastador sobre a política de tortura na "guerra ao terror". Hoje, admite-se oficialmente que o governo de George W. Bush violou leis nacionais e tratados internacionais, erguendo uma rede de centros secretos de tortura em diversos países. Barack Obama declarou que a publicação deveria "ajudar-nos a relegar essas técnicas ao passado". É um gesto de saudação aos valores, antes de enterrá-los na cova da Razão de Estado.

A Comissão Nacional da Verdade (CNV) publicou um relatório sem revelações dramáticas, mas com uma lista dos responsáveis pelas torturas e "desaparecimentos" durante a ditadura militar. A CNV acatou parte da sua missão, contando uma história enviesada, que oculta as vítimas dos grupos de resistência armada, mas insurgiu-se contra a outra parte, recomendando a responsabilização criminal dos torturadores. Em nome da Razão de Estado, o governo brasileiro recepciona a engenharia política da memória e rejeita a exigência moral de produção de justiça.

Os Estados Unidos combatiam um inimigo externo: uma organização terrorista amparada pelo Estado afegão. Mesmo assim, na prisão, não existem "dois lados", mas prisioneiros indefesos. "Um homem sem rosto olha para mim do canto da cela. Ele implora por ajuda, mas temo me mover. Ele começa a chorar e grita – mas, quando acordo, descubro que os gritos são meus." Nos pesadelos de Eric Fair, a tortura não tem uma desculpa política. O relatório do Senado evita, decentemente, usar o álibi do "outro lado" para relativizar os crimes de Estado.

No Brasil, não houve guerra e inexistia a figura do inimigo externo. Por aqui, um regime ilegal aterrorizava opositores políticos, desarmados ou armados, por meio do aparelho clandestino de torturas. O propósito não era obter informações sobre ações de terror, mas aterrorizar e calar por meio do exemplo. A expressão "dois lados" é a senha invariável utilizada pelos defensores do "perdão" e do "esquecimento" – isto é, de fato, da cristalização da impunidade. Eles não são capazes de enxergar seu próprio rosto no homem sem face que grita num canto.

"Anistia é esquecimento, virada de página, perdão para os dois lados", proclamou Marco Aurélio Mello. Segundo o ministro do STF, a Lei de Anistia não é uma lei qualquer, passível de revisão constitucional ou anulação parlamentar, mas um pilar sagrado do Estado brasileiro. Na sua fórmula, o "perdão" não é um fruto da memória, mas do "esquecimento". De certo modo, ele tem razão: não existe memória sem sentença – e o "perdão" equivale à absolvição.

Um mês atrás, Eric Fair exibiu fotos das torturas em Abu Ghraib a seus alunos universitários, que reagiram com "gestos vagos" ou "apenas bocejaram". A foto de Vladimir Herzog enforcado em sua cela não provoca mais que isso entre a maioria dos jovens brasileiros. A verdade daquelas imagens só pode se transformar em memória pela mediação de sentenças judiciais. "A menos que esse relatório conduza a processos, a tortura continuará a ser uma opção política para futuros presidentes", prognosticou Kenneth Roth, da Human Rights Watch. O Brasil tortura tanto nas suas prisões porque escolheu o "esquecimento".

"Eu não mereço perdão", escreveu Eric Fair. Bush e Médici, menos ainda.

13.12.2014

# O gambito de Brandt

Raúl Castro celebra a libertação dos espiões cubanos e os arautos do castrismo, dentro e fora da ilha, descrevem as notícias históricas como um triunfo do regime de Havana. Até mesmo a blogueira Yoani Sánchez, uma aguda analista, flertou com a narrativa oficial, ainda que para deplorar o desenlace. Contudo, em alguns dias, os agentes de inteligência cubanos perderão a aura de heróis nacionais, desaparecendo na obscuridade, e a fumaça da propaganda se dissipará. O reatamento de relações entre os EUA e Cuba começa a remover o principal fator de legitimação política da ditadura castrista. Barack Obama aplica à ilha o gambito de Brandt, negando a um regime totalitário o privilégio de identificar a pátria à tirania.

No xadrez, gambito é a oferta de uma peça em troca de uma vantagem posicional. O primeiro-ministro alemão Willy Brandt anunciou, em 1969, a Ostpolitik ("política do Leste"), que conduziria ao Tratado Básico de 1972 entre a Alemanha Ocidental (RFA) e a Alemanha Oriental (RDA). No gambito, Brandt renunciou à abordagem conflitiva, propiciando a normalização de relações. Foi acusado de traição, pois o reconhecimento da RDA parecia representar o congelamento da divisão alemã. De fato, porém, os intercâmbios entre as duas Alemanhas expuseram o fracasso do regime comunista ao escrutínio dos cidadãos da RDA. As raízes do levante cívico de 1989, concluído pela queda do Muro de Berlim, encontram-se na aposta da Ostpolitik.

A reedição do gambito não é uma operação maquiavélica, mas um gesto inscrito na moldura das circunstâncias. Pesaram sobre Obama a saúde debilitada de Alan Gross, o técnico americano preso na ilha, e a decisão latino-americana de convidar Cuba para a Cúpula das Américas. Washington levou em conta a embrionária abertura econômica de Castro e o papel desempenhado pelos cubanos no combate à epidemia do ebola. Entretanto, o cálculo geopolítico está expresso no discurso presidencial: "os países têm mais chances de experimentar transformações duradouras se suas populações não são submetidas ao caos".

Castro optaria pelo conflito eterno, se pudesse. Mas a crise na Venezuela, que se acerca do colapso, converteu-se em elemento decisivo da equação cubana desde a deflagração das reformas de mercado – e acabou empurrando o regime à mesa de negociações com Washington. O relaxamento do embargo confere um novo fôlego à decrépita economia cubana. Em contrapartida, os senhores da ilha terão de encarar a perda do inimigo indispensável. O espectro do poderoso inimigo externo esculpiu a mentalidade de segurança nacional que paralisa a política dentro de Cuba. A identificação da pátria ao castrismo e da divergência à traição repousa sobre o perene "estado de guerra". Se ele é retirado de cena, a ditadura se vê despida de seu ilusório conteúdo nacional, reduzindo-se a uma indesculpável tirania.

Cuba não é um país, mas uma narrativa histórica. Na Europa, a faca da Revolução Russa cortou a esquerda em duas partes e a longa noite do stalinismo ensinou aos social-democratas o valor da liberdade política. Na América Latina, a narrativa da resistência castrista ao cerco americano funcionou como pedagogia negativa, reforçando as inclinações autoritárias de uma esquerda já emplastrada pelo nacionalismo. Do outro lado do Atlântico, o totalitarismo cristaliza-se na figura repulsiva de Stálin; por aqui, esconde-se sob a fantasia da rebeldia e veste-se com uma camiseta de Che Guevara. O gambito aplicado por Obama tem o potencial de inundar a caverna ideológica na qual, há meio século, abriga-se a esquerda latino-americana.

Conheci Havana no tenebroso Período Especial, em 1994. Logo, o Pluto e o Mickey passearão no Malecón. Perderemos as imperturbadas paisagens de uma cidade petrificada. Em troca, um sopro de brisa fresca atravessará a América Latina.

20.12.2014

# Petrobras em três tempos

Eike Batista profetizou que um dia as ações da OGX valeriam tanto quanto as da Petrobras. Segundo uma amarga e já célebre ironia que circula na internet, a profecia está prestes a se realizar, mas de um modo inesperado. Sob Lula e Dilma, a estatal do petróleo converteu-se na demonstração de um teorema: a identificação da pátria a um partido conduz à destruição em massa de riqueza social.

No princípio, era o tempo do mito. "O petróleo é nosso", lema da cruzada que se concluiu pela criação da Petrobras, extraía a sua força de uma narrativa clássica pela qual a nação assume a forma de coisas palpáveis: tesouros naturais engastados no subsolo. De acordo com a gramática mítica, a soberania nacional equivale ao monopólio estatal da exploração dessas substâncias cobiçadas por estrangeiros poderosos. A Petrobras somos nós, portanto.

O mito não tem tempo. É um registro eterno, imorredouro. Pereniza-se diante de nós, nas milionárias campanhas de publicidade da estatal – que são, de fato e ilegalmente, propaganda política do governo e do PT. Reacende-se periodicamente, nas campanhas eleitorais, como uma falsa, mas repetitiva, acusação de lesa-pátria contra oposicionistas que conspirariam para privatizar a Petrobras, desfazendo o tecido da nação.

No tempo das finanças, a Petrobras nunca foi nós. Organizada como Estado paralelo, imune à fiscalização pública e à concorrência empresarial, a estatal tornou-se um veículo de corrupção endêmica: a lendária, valiosa "caixa-preta". Nesse registro, desde o princípio, a Petrobras são eles: os donos do Estado e seus sócios no mundo empresarial.

"Sempre foi assim", escrevem agora os áulicos de sempre e alguns convertidos recentes, não para denunciar os crimes do passado, mas para normalizar os do presente, ocultando sua singularidade. Sob Lula e Dilma, a corrupção endêmica evoluiu até o estágio de corrupção epidêmica e, por meio da distribuição partidária de diretorias, a estatal converteu-se em ferramenta de sustentação de um projeto de poder. A Petrobras são eles: o PT, o PMDB e o PP.

No Evangelho de Tomé, o "tesouro imperecível" encontra-se "onde as traças não se aproximam para comê-lo nem os vermes o destroem". Se o petróleo é um fetiche, o pré-sal é o fetiche absoluto. No Evangelho de Lula e Dilma, o pré-sal, "dádiva de Deus" ou "bilhete premiado", abrirá "as portas do futuro" e será "fonte de felicidade material e espiritual", trazendo "mais casas, mais comida e mais saúde".

Na foto icônica, um Lula de macacão laranja pousa a mão suja de petróleo nas costas do macacão laranja de Dilma. A inauguração do pré-sal é o dia do encontro dos dois tempos: naquele 21 de abril de 2006, impulsionado pelo motor da arrogância, Lula violou um tabu, profanando o mito. A Petrobras não somos nós nem eles, mas eu, estava dizendo o presidente, no cenário de campanha eleitoral da Plataforma P-50. Então, uma maldição silenciosa, implacável, desceu sobre a estatal.

A maldição engendrou o tempo da falência. Vergada sob o peso dos investimentos compulsórios exigidos pelo regime de partilha, a Petrobras consome o capital espectral aportado por títulos do Tesouro, ou seja, pelo trabalho das gerações futuras. Hoje, na conjuntura da retração dos preços do barril de petróleo e da apreciação do dólar, seu valor de mercado oscila em torno de um terço do valor de uma dívida multibilionária e seu patrimônio líquido é um enigma dentro de um segredo envolto no mistério de um balanço inauditável.

No "bilhete premiado" de Lula está escrito menos casas, menos comida, menos saúde. Depois da louca euforia do pré-sal, a Petrobras já não somos nós, nem eles, nem ele: é a dívida de nossos filhos e dos nossos netos que ainda não nasceram. Lembre-se disso a cada vez que escutar as marchinhas nacionalistas tocadas pelos menestréis da esperteza.

27.12.2014

# Raqqa, aqui

Enquanto, na França, dezenas de milhares saíam às ruas para dizer "Eu sou Charlie", professores universitários brasileiros saíam de suas tocas para celebrar o terror. Não começou agora: é uma reedição das sentenças asquerosas pronunciadas na esteira do 11 de setembro de 2001. São sinais notáveis da contaminação tóxica de nossa vida intelectual e, especificamente, da célere conversão de departamentos universitários em latas de lixo do pensamento.

A mensagem dos franceses foi um tributo à vida e à civilização. "Eu sou Charlie" não significa que concordo com qualquer uma das sátiras do *Charlie Hebdo*. Significa que concordo com a premissa nuclear das sociedades abertas: a liberdade de expressão é, sempre, a liberdade daquele com quem não concordo. Isso, porém, nunca entrará na cabeça de nossos mensageiros da morte.

Seu discurso-padrão começa com uma condenação ritual do ato terrorista: "É claro que não estou defendendo os ataques", esclareceu de antemão uma dessas tristes figuras, antes de entregar-se à defesa na forma previsível da condenação das vítimas "justiçadas". "Não se deve fazer humor com o outro", sentenciou pateticamente Arlene Clemesha, que ostenta o título de professora de história árabe na USP, para concluir com uma adesão irrestrita à lógica do terror jihadista. É preciso, disse, "tentar entender" o significado do ataque: "um atentado contra um jornal que publicou charges retratando o profeta Maomé, coisa que é considerada muito ofensiva para qualquer muçulmano".

Clemesha é só uma, numa pequena multidão acadêmica consagrada à delinquência intelectual. No mesmo dia trágico, Williams Gonçalves, professor de relações internacionais na Uerj, esqueceu-se do cínico aceno prévio para expor logo sua aguda visão sobre o "controle social da mídia" e, de passagem, candidatar-se a porta-voz oficial do Estado Islâmico: "Quem faz uma provocação dessas", explicou, referindo-se aos cartunistas assassinados, "não poderia esperar coisa muito diferente". O curioso, nas Clemeshas e nos

Gonçalves, é que eles rezam pela mesma cartilha que Marine Le Pen, apenas com sinal invertido. O nome dessa cartilha é "choque de civilizações".

Na onda de islamofobia que varre a França, surfam dois lançamentos recentes. O livro *Le suicide français* [O suicida francês], do jornalista ultraconservador Éric Zemmour, alerta sobre a destruição da cultura francesa por vagas sucessivas de imigração muçulmana. O romance *Submissão*, de Michel Houellebecq, imagina a França governada por um partido islâmico no ano agourento de 2022. Segundo a gramática do "choque de civilizações", o Islã não cabe na França: um muçulmano só pode ser um francês se, antes, renunciar à sua fé. Os nossos Gonçalves e Clemeshas estão de acordo com isso – mas preferem que, para acolher os muçulmanos, a França renuncie a suas leis e a seus valores, entre os quais a laicidade do Estado. E, no entanto, apesar de Zemmour, Houellebecq, Clemesha, Gonçalves e Le Pen, milhares de muçulmanos franceses exibiram nas ruas os cartazes com a inscrição "Eu sou Charlie"...

Karl Marx escreveu cartas elogiosas a Abraham Lincoln. Leon Trótski contou com a colaboração inestimável do filósofo liberal John Dewey para demolir as falsificações dos Processos de Moscou. Entre um evento e outro, o socialista August Bebel qualificou o antissemitismo como "o socialismo dos idiotas". Em outros lugares e outros tempos, o pensamento de esquerda confundiu-se com o cosmopolitismo e produziu as mais comoventes defesas das liberdades civis. No Brasil de hoje, com honoráveis exceções, reduziu-se a um pátio fétido habitado por *black blocs* iletrados, mas fanaticamente antiamericanos e antissemitas.

"Não se deve fazer humor com o outro", está escrito na lápide definitiva que cobre o túmulo do humor. Raqqa, a sede do califado, é aqui. "Eu sou Charlie."

10.2.2015

# Ocidentalismo

Edward Said definiu o "orientalismo" como o empreendimento de construção de um Oriente (árabe-muçulmano) imaginário por intelectuais ocidentais. O Oriente dos orientalistas, originalmente exótico e indecifrável, converte-se ao longo do tempo na fonte do irracionalismo e do perigo. Hoje, ironicamente, o "orientalismo" ganha uma imagem espelhada no "ocidentalismo", que também é obra de intelectuais ocidentais. O Ocidente imaginário que eles descrevem configurou-se com o imperialismo e evoluiu na forma de uma máquina implacável de exploração econômica, opressão social e exclusão etnorreligiosa. Esse Ocidente maligno, explicam-nos, é responsável por toda a violência do mundo, inclusive pelo terror jihadista.

Os ocidentalistas negam a existência de uma história não ocidental. Na hora dos atentados do 11 de setembro de 2001, espalharam a fábula de que a Al-Qaeda foi parida na maternidade da CIA. Diante dos atentados em Paris, limparam a cena do crime, apagando as digitais das organizações jihadistas. Os nomes da Al-Qaeda no Iêmen e do Estado Islâmico não aparecem nas suas análises das carnificinas, atribuídas a pobres-diabos oprimidos pelo Ocidente: "alguns radicais" (Frei Betto) ou meros "lobos solitários" (Arlene Clemesha) que não passam de "maconheiros cabeludos" (Tariq Ali).

Os ocidentalistas organizam sua narrativa em torno da verossimilhança e do silogismo, investindo na carência de informação histórica da opinião pública. Nas versões que difundem, a culpa pelos atentados recai sobre a guerra suja de George W. Bush (Ali), mesmo se a jihad começou antes dela, ou sobre o colonialismo francês na Argélia (Clemesha), mesmo se os jihadistas qualificam os nacionalistas argelinos como infiéis e blasfemos. A regra de ouro é descartar todos os fatos que não cabem no molde do "ocidentalismo". Uma "moral dos fins", típica de ideólogos, justifica a manipulação, a distorção e a pura mentira, que desempenham a função de "meios" incontornáveis.

Os ocidentalistas são cultores do relativismo moral: defendem o princípio "ocidental" da liberdade de expressão para si mesmos, mas juntam suas vozes às dos fundamentalistas religiosos para acusar o Ocidente de libertinagem. No Corão, inexiste a proibição da figuração de Maomé. Amparado apenas no cânone islâmico que proíbe o culto a seres humanos, o veto não passa de uma interpretação abusiva de elites político-religiosas consagradas ao controle social. Contudo, segundo os ocidentalistas, o *Charlie Hebdo* estava "provocando os muçulmanos com blasfêmias ao profeta" (Ali), numa "atitude muito ofensiva" (Clemesha). O atentado jihadista deve, portanto, ser entendido como "uma resposta a algo que ofendia milhares de fiéis muçulmanos" (Frei Betto). Na versão deles, os terroristas fizeram justiça, reagindo à inação dos governos ocidentais acumpliciados com os detratores do Islã.

Os ocidentalistas não se preocupam com a consistência argumentativa. Eles dizem que os terroristas alvejaram o *Charlie Hebdo* como reação às charges do profeta, mas calam sobre o ato de terror complementar, no mercado *kosher*. Depois dos cartunistas, os jihadistas foram atrás dos judeus, comprovando que não lhes interessa o que você faz, mas o que você é. Entretanto, o "ocidentalismo" nunca distingue motivos de pretextos, inspirando-se nos editoriais de jornais governistas controlados por Estados autoritários para persistir nas invectivas contra os cartunistas.

Os ocidentalistas são parasitas intelectuais das correntes minoritárias de intolerância, xenofobia e islamofobia do Ocidente. O primeiro-ministro Manuel Valls declarou que "a França está em guerra contra o terrorismo e o jihadismo, não contra o Islã e os muçulmanos". Angela Merkel disse que "o Islã é parte da Alemanha". A sorte do "ocidentalismo" é que existem Marine Le Pen e o Pegida.

17.1.2015

# Corpo de delito

Joaquim Levy é um homem de preto; Aldemir Bendine, não. Ao nomear Levy, Dilma Rousseff abdicou do comando da política econômica. A escolha de Bendine, pelo contrário, indica que Dilma não queimou todas as bandeiras. O executivo subserviente ao Planalto, alçado à presidência do BB por Lula, não equivale a Sérgio Gabrielli, mas é algo como uma Graça Foster sem a experiência no setor petrolífero. A presidente almeja conservar o controle direto sobre a Petrobras. Ela não compreende a raiz da crise – e ainda imagina que pode ter um almoço grátis.

Gabrielli, o anjo que presidiu a Petrobras entre 2005 e 2012, desfiou a versão lulopetista sobre a crise. Ao jornal *Valor*, o "amigo do povo" disse que a oposição inflaciona episódios periféricos de corrupção com as finalidades de destruir a estatal e abrir o pré-sal à exploração gananciosa das empresas petrolíferas internacionais. O jornalismo oficialista reproduz a essência do diagnóstico fantasioso, com a prudente ressalva ocasional de que, talvez, a corrupção seja mais que insignificante. A opção por Bendine evidencia a adesão de Dilma a esse conto de fadas.

Na entrevista de Gabrielli, existe uma noz de verdade: por maiores que sejam, os números do "petrolão" empalidecem sobre o pano de fundo da movimentação financeira da Petrobras. Os desvios de bilhões de dólares em contratos superfaturados, abastecimento de partidos e formação de patrimônios privados catalisaram o desenlace, mas o colapso financeiro da estatal estava escrito nas estrelas. A sua raiz encontra-se na diretriz política definida pelos "amigos do povo" desde, pelo menos, a descoberta das jazidas do pré-sal. A Petrobras ingressou em espiral falimentar porque se metamorfoseou de empresa pública em ferramenta do neonacionalismo reacionário.

O crime, premeditado, foi cometido em meio aos acordes do verde-amarelismo balofo e entre imagens de Lula e Dilma com macacões laranja e as mãos sujas de petróleo. No corpo de delito, destacam-se os superinvestimentos no pré-sal, a sangria de capital provocada pela política de conteúdo nacional, a diversificação improdutiva e, por fim, os subsídios embutidos nos preços de combustíveis. A corrupção aparece na cena do crime, mas apenas como um detalhe significativo: a chave de decifração das alianças de negócios entre o lulopetismo e as grandes empreiteiras.

A Petrobras dos "amigos do povo" deveria monopolizar os campos do pré-sal, estender as operações de baixo retorno em refino, transporte e petroquímica, estimular a produção interna de plataformas e equipamentos, além de corrigir os desequilíbrios inflacionários da "nova matriz econômica". O delírio ufanista, sustentado por preços do barril superiores a 100 dólares, desmanchou-se no compasso da reversão do ciclo do mercado petrolífero. Enquanto assenta-se a poeira de uma mentira persistente, despontam os esqueletos brancos de uma dívida monumental, de refinarias perdulárias, do casco destroçado da Sete Brasil e de um balanço sem assinatura.

Dilma teve meses para refletir sobre o fracasso, mas preferiu o caminho da negação. Na hora decisiva, desperdiçou uma última oportunidade de queimar a sua bandeira mais querida, apontando um homem de preto para resgatar a estatal, que continua a possuir excepcionais competências na prospecção e extração de petróleo em águas profundas. A seleção de Bendine atesta o poder encantatório da ideologia. Tanto quanto sua amiga Graça Foster, Dilma acredita no oportuno conto de Gabrielli – e ilude-se imaginando que o cortejo macabro dos Costas, Duques e Baruscos não passa de um infortúnio casual.

Na esfera do direito, discute-se se o impeachment requer dolo ou apenas culpa. Na arte da política, sabe-se que uma condição necessária é a perda da legitimidade para governar. Deve ser por isso que Eduardo Cunha anda todo pimpão.

7.2.2015

# A democracia contra o ajuste fiscal

Na campanha eleitoral, Dilma Rousseff garantiu que não daria um "cavalo de pau" em sua desastrosa política econômica. Logo depois, convocou Joaquim Levy para promover um severo ajuste fiscal. Na campanha, acusou Aécio Neves e Marina Silva de cercarem-se de "banqueiros" para conspirar contra as "conquistas do povo". Agora, como parte do ajuste concebido por seu "banqueiro", dirige ao Congresso um pacote de cortes de benefícios trabalhistas e previdenciários. Num editorial (15/2), a *Folha* pede que, em nome da credibilidade das finanças nacionais, o Congresso aprove o arrocho. A mensagem subjacente é que a política pode ser o reino da irresponsabilidade, com a condição de que a economia seja o da responsabilidade. Ou, em outra versão, que a função patriótica dos parlamentares é arcar com os custos do estelionato eleitoral praticado pela presidente.

Em nota oficial, o PT condenou os cortes almejados pelo governo. Em princípio, isso significa que o Congresso é chamado a convalidar o pacote contra os votos do principal partido governista. Há algo de divertido nessa ideia, que forma o núcleo oculto do editorial. O PMDB e os demais partidos da base, junto com o PSDB e os outros partidos de oposição, exerceriam o "patriotismo" de aprovar medidas impopulares, enquanto o PT seria oportunamente "derrotado", mas permaneceria na trincheira da defesa do "povo". Há um modo melhor de virar a democracia pelo avesso?

Dilma jamais admitiu a falência da política econômica de seu primeiro mandato. No discurso da segunda posse, cantou as delícias do país de suas fantasias, lançou a culpa pela recessão no cordeiro sacrifical da crise externa e reiterou as acusações contra a malvada oposição "neoliberal". Seus auxiliares esclareceram que Levy é um desvio de rota circunstancial, um curativo na ferida exposta, não o sinal de uma mudança de rumo. O BNDES prepara um socorro de 3,5 bilhões de dólares à Sete Brasil. A Petrobras continua sob a direção de um "companheiro". Por qual motivo os parlamentares devem se associar à política da negação, que articula uma austeridade sem reformas de fundo?

Ontem, o governo dizia que os benefícios trabalhistas e previdenciários representavam um patrimônio intocável de conquistas sagradas do povo. Hoje, argumenta que o pacote de cortes destina-se a corrigir desvios, evitando fraudes. Ficamos sabendo, portanto, que os governos lulopetistas iludiram o país durante doze anos, que a gerente implacável conviveu pacificamente com os abusos ao longo de todo o seu mandato – e que os patriotas do Planalto descobriram, repentinamente, as malversações de dinheiro público bem na hora do inadiável aperto das contas! Por que os parlamentares têm o dever de colocar suas assinaturas no pé da página desse discurso farsesco?

Não estamos em guerra ou sob o impacto de alguma catástrofe natural. O Brasil ainda se encontra longe do abismo da inadimplência que ronda a Argentina e a Venezuela. O apelo à "salvação nacional", pilar subterrâneo do editorial da *Folha*, é mais um sintoma da erosão de sentido da linguagem política nessa era de lulopetismo. Os governantes que recorrem à mentira para alcançar triunfos eleitorais devem pagar o preço de suas escolhas. Os parlamentares trairão seus eleitores se oferecerem um cheque em branco para Dilma, trocando o pacote do arrocho pelas tradicionais prebendas na administração pública. No lugar disso, eles têm a oportunidade de exigir que o governo comece a reconhecer a verdade, condição indispensável para enfrentar a crise.

O fracasso de Dilma 1, multiplicado pelo escândalo na Petrobras, abriu uma fresta para a entrada de uma lufada de ar puro na câmara de nossa democracia. O nome desse ar despoluído é a promessa de independência do Congresso. O voto sobre o corte de benefícios será o primeiro teste real dessa promessa.

21.2.2015

# A hora e a história

O governo Dilma 2 acabou antes de começar. Batida pelo turbilhão da crise que ela mesma engendrou, a presidente perdeu, de fato, o poder, que é exercido por dois primeiros-ministros informais: Joaquim Levy comanda a economia; Eduardo Cunha controla as rédeas da política. Na oposição, entre setores da base aliada e, sobretudo, nas ruas, a palavra "impeachment" elevou-se, de murmúrio, à condição de grito ainda abafado. É melhor pensar de novo, para não transformar o Brasil num imenso Paraguai.

Nos sistemas parlamentares, um voto de desconfiança do Parlamento derruba o gabinete, provocando eleições antecipadas. No presidencialismo paraguaio, regras vagas de impeachment conferem aos congressistas a prerrogativa de depor um chefe de Estado que não enfrenta acusações criminais. Um parecer de Ives Gandra Martins sustenta a hipótese de impedimento presidencial por improbidade administrativa, mesmo sem dolo. Na prática, equivale a sugerir que Dilma poderia ser apeada com a facilidade com que se abreviou o mandato de Fernando Lugo. A adesão a essa tese faria o Brasil retroceder do estatuto de moderna democracia de massas ao de uma democracia oligárquica latino-americana.

Não são golpistas os cidadãos que fazem circular o grito abafado. Dilma Rousseff tornou-se um fardo pesado demais. Lula deu o beijo da morte no segundo mandato da presidente ao lançar sua candidatura para 2018 antes ainda da posse. No ato farsesco de "defesa da Petrobras", o criador da criatura emitiu sinais evidentes de que, em nome de sua campanha plurianual, prepara-se para assumir o papel um tanto ridículo de crítico do governo. Diante de uma presidente envolta na mortalha da solidão, os partidos oposicionistas parecem aguardar uma decisão das ruas. Fariam melhor oferecendo um rumo político para a indignação popular.

Antes de tudo, seria preciso dizer que, na nossa democracia, a hipótese de impeachment só se aplica quando há culpa e dolo. O complemento honesto da sentença é a explicação de que, salvo se houver novas e dramáticas informações da Lava Jato, inexiste base política e jurídica sólida para abrir um processo de impedimento da presidente. Contudo, só isso não basta, pois o país não suportará mais quatro anos de "dilmismo", essa mistura exótica de arrogância ideológica, incompetência e inoperância.

"Governe para todos – ou renuncie!" No atual estágio de deterioração de seu governo, a saída realista para Dilma é extrair as consequências do fracasso, desligando-se do lulopetismo e convidando a parcela responsável do Congresso a compor um governo transitório de união nacional. O Brasil precisa enfrentar a crise econômica, definir a moldura de regras para um novo ciclo de investimentos, restaurar a credibilidade da Petrobras, resgatar a administração pública das quadrilhas político-empresariais que a sequestraram. É um programa e tanto, mas também a plataforma de um consenso possível.

"Governe para todos – ou renuncie!" O repto é um exercício de pedagogia política, não uma aventura no reino encantado da ingenuidade. As probabilidades de Dilma romper com o lulopetismo são menores que as de despoluição da baía de Guanabara até a Olimpíada. Isso, porém, não forma uma justificativa suficiente para flertar com o atalho do impeachment. Se a presidente, cega e surda, prefere persistir no erro, resta apontar-lhe, e a seu vice, a alternativa da renúncia, o que abriria as portas à antecipação das eleições.

Dilma diz que a culpa é de FHC. Lula diz que é da imprensa, enquanto reúne-se com o cartel das empreiteiras. A inflação fará o ajuste fiscal. Por aqui, os camisas negras usam camisas vermelhas. A justa indignação da hora faz do impeachment uma solução sedutora. Mas a história não é a hora. Dilma vai passar, cedo ou tarde. Ela não vale o preço da redução do Brasil a um Paraguai.

28.2.2015

# Os fundamentalistas

"Nós dois lemos a Bíblia dia e noite, mas tu lês negro onde eu leio branco." Joaquim Levy deveria tomar emprestada a frase de William Blake para sintetizar suas relações com o antecessor, Guido Mantega. Os evangelhos da Igreja da Expansão Fiscal, de Mantega, dizem que o desenvolvimento nasce do endividamento público. Já os evangelhos da Igreja da Ortodoxia Fiscal, de Levy, asseguram que, pelo contrário, o desenvolvimento emana do equilíbrio das contas públicas. Dilma Rousseff, a exterminadora do futuro, trocou um fundamentalismo por outro, complementar.

Desenvolvimento é aumento da produtividade econômica sistêmica, ou seja, da capacidade social de produzir riqueza. A política fiscal não passa de um instrumento, entre outros, para sustentar (ou sabotar) o incremento da produtividade. Os arautos da Igreja da Expansão Fiscal entregam-se à propaganda enganosa quando sustentam que o governo adotou a política econômica dos candidatos da oposição nas eleições presidenciais. Os conselheiros econômicos de Aécio e de Marina propunham uma série de reformas destinadas a reativar o crescimento pela ponta dos investimentos. Um ajuste fiscal escalonado ao longo do tempo funcionaria apenas como amparo da nova política econômica. Nada a ver com a recessão inútil engendrada pelo governo.

No mundo invertido do lulopetismo, o governo fez política fiscal expansionista na etapa ascendente do ciclo (2010) e, como consequência, faz política fiscal contracionista na etapa cadente do ciclo (2015). O ajuste fiscal, na hora errada, tornou-se compulsório – mas, mesmo assim, não seria preciso praticar a cirurgia sem assepsia. Dilma gosta da palavra "rudimentar", empregada há pouco por Levy. É o melhor qualificativo para as políticas econômicas simétricas de seus dois mandatos.

Levy age como um secretário do Tesouro, não um ministro da Fazenda. Sob a sua batuta, cortes de despesas e escorchantes aumentos de tributos e preços administrados converteram-se em finalidades de política econômica. A recessão provocada por sua insensata ofensiva fiscalista reduzirá as receitas e, no fim, o "sucesso" do ajuste derivará essencialmente da alta da inflação. A receita da Igreja da Ortodoxia Fiscal não serve ao país, mas amolda-se ao projeto eleitoral de Lula, que prevê a reativação da farra fiscal "manteguiana" nos anos derradeiros de Dilma 2.

As vacas sagradas do lulopetismo não saíram do pasto. O governo suga o sangue dos outros, mas não sinaliza um corte radical nos cargos de nomeação política. A Petrobras venderá patrimônio na bacia das almas, mas aferra-se ao inviável regime de partilha. Enquanto a Fazenda fecha a torneira do déficit público, o BNDES prepara-se para reabrir a torneira da dívida pública, salvando a Sete Brasil e as empreiteiras do "petrolão". O sumo pontífice da austeridade fiscal é um Gilberto Kassab das finanças: o pistoleiro liberal contratado pelo estatismo populista.

O motor da economia são as expectativas. Um ajuste fiscal inscrito numa política de reformas de longo prazo poderia reconstruir a confiança e estimular investimentos. O ajuste pró-cíclico de Levy, uma bandeira cravada na superfície lunar do "dilmismo", só aprofundará a recessão inevitável. A maioria da bancada parlamentar petista diz que votará contra os pacotes do ajuste. O Congresso deveria, por bons motivos, fazer o que, por maus motivos, os petistas simulam que farão.

"Se os economistas conseguirem se fazer vistos como pessoas humildes e competentes, no nível dos dentistas, isso seria esplêndido!", escreveu John Maynard Keynes em 1930. Ele queria dizer que a política econômica não existe para confirmar, ou desmentir, os dogmas dos economistas, mas para afastar-nos da miséria, da carência e do desespero. Mantega e Levy, sacerdotes de Igrejas vizinhas, não tratam cáries: arrancam dentes.

7.3.2015

# Chefe de facção

Sondagens de opinião são ferramenta eficiente no marketing comercial e, embora superestimadas, têm seu valor no marketing político. Usá-las, porém, na interpretação de cenários sociológicos complexos equivale a praticar cirurgias delicadas com faca de cozinha. Ouvindo manifestantes do dia 15 de março, o Datafolha concluiu que a mensagem predominante foi o repúdio à corrupção. O óbvio, no caso, é quase uma falsificação. Nas ruas, os alvos evidentes eram Dilma Rousseff e o PT. Os protestos, de dimensões históricas, foram muito além da generalidade sugerida pelo instituto de pesquisa.

As jornadas de junho de 2013, deflagradas pela repressão a pequenas passeatas contra reajustes de tarifas dos transportes públicos, não foram "pelos vinte centavos". O tema da corrupção, emoldurado pela paisagem da farra da Copa, é que movia multidões sem broches partidários ou insígnias de "movimentos sociais". Naquele mês louco, contudo, os protestos dirigiam-se contra toda a elite política, responsabilizada pelo desvio de recursos públicos que deveriam ter como destino a educação, a saúde e os transportes urbanos. O dia 15 de março refinou a crítica, associando a corrupção a um governo e um partido. É por isso que o Planalto treme.

Nas democracias, apuradas as urnas, o derrotado congratula o vencedor. O gesto simboliza o reconhecimento do eleito como representante de todos, inclusive dos que não votaram nele. O 15 de março assinalou a deslegitimação de Dilma. Os manifestantes disseram que ela não é mais vista como a presidente de todos, mas como a chefe (ou subchefe?) de uma facção. A conclusão deriva tanto do escândalo na Petrobras quanto do estelionato eleitoral. Na leitura das ruas, Dilma aceitou a transformação da estatal em ferramenta de financiamento de um sistema de poder e mentiu aos brasileiros sobre a economia.

O Brasil experimentou um levante contra uma engrenagem específica de corrupção: a subordinação do Estado a uma facção política. A queda vertiginosa dos índices de aprovação do governo revela que o dia 15 de março espelha os sentimentos de uma maioria esmagadora, em todas as regiões e classes de renda. As estratégias de reação do governo, sopradas por Lula, interditam os estreitos caminhos de restauração da legitimidade perdida.

"Nós contra eles." O "diálogo" de Dilma é com o PMDB e o lulopetismo, não com a sociedade. Numa ponta, tentando refazer o tecido da base aliada no Congresso, a presidente entrega o poder a Eduardo Cunha e Renan Calheiros. A demissão de Cid Gomes, o boquirroto, é um marco na instalação desse parlamentarismo bastardo, que equivale a um segundo estelionato eleitoral. Na outra ponta, o Planalto manobra para aquecer a base militante petista, piscando um olho para os órfãos da reviravolta na política econômica. O documento sigiloso da Secretaria de Comunicação da Presidência (Secom) ilustra esse impulso desastroso, que é o caminho mais curto rumo ao impeachment.

O texto dos sábios da Secom é uma confissão de culpa. Nele, recomenda-se violar os preceitos constitucionais sobre a publicidade oficial, concentrando a propaganda federal em São Paulo para "levantar a popularidade do Haddad" e, assim, "recuperar a popularidade do governo Dilma". Paralelamente, sugere-se centralizar o comando da "guerrilha na internet", coordenando as ações do governo, do PT e dos blogueiros chapa-branca (os "soldados de fora", na precisa definição da Secom). É a primeira admissão oficial de que a máquina estatal foi capturada por uma facção política, discriminando os cidadãos segundo a cor da camisa que vestem.

Dilma perambula, de olhos vendados, à beira do abismo. O anteparo que ainda existe é a mureta erguida entre as ruas e os partidos de oposição, um vestígio persistente das jornadas de junho. A chefe de facção perdeu o controle sobre o seu destino.

21.3.2015

# A segunda fundação do PT

Mais de dois anos antes da primeira eleição presidencial de FHC, que assinalou a segunda derrota de Lula na tentativa de chegar ao Planalto, a revista *Teoria e Debate*, publicada pelo PT, estampou na sua edição 18 (maio/jun./jul. 1992), um artigo sobre Cuba, do então deputado estadual Marcos Rolim.

Nele, o parlamentar petista fazia uma pergunta crucial: "O que, afinal, significa uma 'posição crítica' frente ao regime de Fidel?". E respondia com um diagnóstico, e outra indagação, carregada de ironia: "Quer dizer [...] que, em que pese não estarmos de acordo com isto ou aquilo, somos a favor daquele regime e queremos colaborar com ele para que corrija certos 'defeitos'. Por este caminho, poder-se-ia começar pelo 'detalhe' da liberdade, quem sabe?".

O "detalhe" da liberdade assombrou o PT desde seu nascimento. Fundado quase junto com o levante do Solidariedade, em 1980, o PT apoiou os grevistas poloneses mas também enviou dirigentes para "escolas de quadros" no Leste Europeu. Alguns deles, inclusive o metalúrgico Djalma Bom, estavam na sede do Partido Comunista da Alemanha Oriental bem na hora da queda do Muro de Berlim, em novembro de 1989.

Na edição 14 da mesma *Teoria e Debate* (abr./maio/jun. 1991), Eugênio Bucci escrevia que "o PT só não se tornou o último partido comunista do mundo porque isso não passou pela sua base, instintiva, mobilizada e antiburocrática".

Um dos criadores e primeiro editor da revista, Bucci tinha razão sobre o comunismo, mas exprimia apenas uma utopia possível nas linhas seguintes do texto, que definiam o PT como "um partido social-democrata".

De fato, ao contrário, no intervalo entre a queda do Muro de Berlim e a segunda derrota presidencial de Lula, o PT escolheu não ser um partido social-democrata. A opção negativa nunca foi explícita em termos teóricos ou programáticos, mas provocou um dramático estreitamento intelectual.

Rolim desfiliou-se do partido em 2009 e, no ano seguinte, colaborou na formulação de programas de campanha de Marina Silva. Bucci afastou-se do PT depois de 2007, desferindo ácidas críticas ao partido, que se organizam em torno do "detalhe" da liberdade.

Suas trajetórias ilustram uma debandada silenciosa que envolveu incontáveis quadros militantes ligados às origens do petismo. De certo modo, paradoxalmente, o PT converteu-se no "último partido comunista do mundo" enquanto abraçava-se às elites políticas tradicionais e aos maiores conglomerados empresariais do país.

A social-democracia era muito mais do que uma possibilidade teórica para o PT.

Pierre Mauroy, ex-primeiro-ministro de François Mitterrand, presidiu a Internacional Socialista (IS) entre 1992 e 1999. Pouco antes, os conflitos faccionais no PS francês tinham-no aproximado de Lionel Jospin, que viria a ocupar a chefia de governo em 1997. Jospin era oriundo da mesma corrente trotskista que o franco-argentino Luis Favre, futuro marido de Marta Suplicy e, na época, um quadro petista de algum destaque.

Os dois ex-trotskistas acalentavam a ideia de levar o PT para a IS, cuja representação no Brasil era ocupada pelo PDT de Leonel Brizola. A articulação avançou até um ensaio de oferecimento da vice-presidência da IS a Lula, mas não prosperou: à social-democracia "europeia", o PT preferiu a esquerda latino-americana.

O Foro de São Paulo nasceu em 1990, de um acordo entre Lula e Fidel Castro, como uma rede ampla de partidos de esquerda da América Latina, destinada a oferecer suporte político ao regime cubano.

Fidel operava no cenário desesperador do Período Especial, marcado pela desaparição da URSS, levando a ilha ao racionamento e à fome entre 1989 e 1994. Lula enxergava na rede uma plataforma para a difusão internacional de sua própria influência.

Defendida por José Dirceu, a opção pela aliança com Cuba não era compatível com a adesão à IS, ainda mais naqueles anos em que os partidos social-democratas europeus insistiam em condenar a crescente repressão doméstica promovida pela ditadura castrista.

A tradição nacionalista, estatista e populista da esquerda latino-americana não combinava com as origens do PT. Os sindicalistas do ABC contestavam o imposto sindical, base da CLT varguista, e ergueram a bandeira da liberdade sindical para criar a CUT.

A crítica de esquerda ao capitalismo de Estado brasileiro, formulada durante o "milagre econômico" de Médici e Geisel, revelara que as empresas estatais não funcionavam como ferramentas de desenvolvimento social. Contudo, paralelamente à aliança com Cuba, os dirigentes petistas começaram a recuperar os dogmas da esquerda latino-americana.

Como falar de "socialismo" logo depois da queda do Muro de Berlim? Que resposta oferecer às proclamações triunfantes sobre a globalização?

Fernando Collor e seu sucessor, Itamar Franco, esboçavam um programa de privatizações. O inesperado triunfo de FHC em 1994, obtido por meio do Plano Real numa eleição que parecia destinada a transferir a presidência para Lula, empilhava todos os enigmas ideológicos diante do partido.

A resposta petista foi um curioso recuo intelectual rumo a trincheiras cavadas por outros. Dela, surgiu a polaridade PT-PSDB que fixou a geometria da política brasileira nas últimas duas décadas.

Durante os estertores do governo Collor, o deputado Luiz Gushiken, líder sindical bancário que pertencia ao círculo mais próximo de Lula, publicou um artigo premonitório na edição 19 da *Teoria e Debate* (ago./set./out. 1992).

O programa de privatização, escreveu, "está destruindo o patrimônio público e fará surgir um Estado quase incapaz de influenciar o desenvolvimento econômico".

Como alternativa, num futuro governo petista, ele sugeria a seleção de setores "estratégicos" da economia nos quais concentrar uma "intervenção intensa e localizada" do Estado, capaz de "induzir o crescimento" dos demais setores.

Os fundos de pensão das estatais não eram mencionados no texto. Mas Gushiken já identificara nesses vastos depósitos de poupança uma fonte de capitais para a "intervenção intensa e localizada" que preconizava.

Tais recursos, privados, são geridos paritariamente pelas empresas estatais e pelos funcionários pensionistas. Os sindicatos dirigidos pelo PT deveriam apoderar-se da representação dos trabalhadores na governança corporativa dos fundos. Quando o partido chegasse ao Planalto, obteria o controle absoluto sobre os recursos, podendo direcioná-los para os investimentos estratégicos de um renovado capitalismo de Estado.

"Para o PT, que pretende governar o Brasil no ano que vem, está afastada a hipótese de participar dessa administração federal", escreveu Dirceu, em fevereiro de 1993, na *Teoria e Debate*.

No momento do impeachment de Collor, a direção petista decidiu apostar todas as fichas num triunfo eleitoral que seria facilitado pela crise inflacionária em curso. O Plano Real e a dura derrota de 1994 encerraram uma etapa. Sob o comando de Dirceu, o partido se reinventaria para chegar ao poder.

A segunda fundação do PT realizou-se como uma dupla negação. No plano programático, pela rejeição da crítica original à herança varguista da esquerda brasileira. No plano organizacional, pela edificação de uma máquina político-partidária profissional, em substituição ao "partido da militância".

O "último partido comunista do mundo" não almejava o socialismo, mas a modernização do capitalismo de Estado local. Seu inimigo seria o PSDB, que encarnava o projeto de ruptura com essa tradição e passaria a ser identificado pelo rótulo do "neoliberalismo".

O programa econômico, os métodos de administração, as coalizões políticas e as alianças empresariais implementados, não sem oscilações, nos três sucessivos governos lulopetistas foram gestados naquela segunda fundação do PT. A crise atual marca o esgotamento do modelo neovarguista, que implode em câmera lenta.

De partido da ruptura, o PT transformou-se em partido da ordem e, em seguida, no partido da velha ordem.

No espelho da linguagem, a crise aparece como uma declaração histórica anacrônica. Desde que subiu a rampa do Planalto, Lula trocou a referência de classe (os "trabalhadores") pela vaca sagrada do populismo (os "pobres").

A incorporação das centrais sindicais às estruturas da CLT e a cooptação estatal dos "movimentos sociais" foram acompanhadas pela recuperação das figuras de Vargas e Jango Goulart. Na nova narrativa do lulopetismo, Lula emerge como a realização tardia, mas gloriosa, de promessas redentoras interrompidas pela ação da "elite".

O empreendimento historiográfico equivale à montagem de uma galeria de fotografias em sépia.

Na convocatória para o v Congresso Nacional do PT, lançada no início de 2013, a defesa dos governos Lula articulava-se ao redor do argumento de que "as denúncias de corrupção sempre foram usadas pelos conservadores para desestabilizar governos populares, como os de Vargas e Goulart".

Diante das repercussões do escândalo na Petrobras, os dirigentes petistas alardeiam um suposto "udenismo" das oposições, enquanto os intelectuais associados ao partido alertam sobre o fantasma da "repetição de 1964". O partido do futuro não para de falar sobre o passado.

22.3.2015

# A estrela fica

A prisão de João Vaccari simboliza a "prisão preventiva do próprio PT", declarou Aécio Neves, do PSDB, secundado pelo deputado Rubens Bueno, líder do PPS, para quem o episódio "representa o PT na cadeia". Mais prático, o senador Ronaldo Caiado, líder do DEM, sugeriu que os desdobramentos poderiam resultar na perda do registro partidário do PT. A ideia de eliminação do PT, evocada pioneiramente por Jorge Bornhausen, do antigo PFL, em 2005, encontra eco entre setores dos manifestantes do dia 15 de março e do 12 de abril. Nessas circunstâncias, o dever de ensinar aos exterministas como funciona uma democracia não pode ser terceirizado ao próprio PT.

As condenações de José Dirceu, José Genoino e Delúbio Soares, bem como a prisão preventiva de Vaccari, evidenciam que, no núcleo dirigente do PT, incrustou-se uma organização criminosa. A se julgar pelas receitas da empresa de consultoria de Dirceu e pelas movimentações bancárias da família Vaccari, a corrupção tradicional, essa "velha senhora" (Dilma Rousseff), está entre as atividades da quadrilha. O seu foco, porém, é a corrupção de novo tipo, "netinha peralta da velha senhora" (Roberto Romano), destinada a cristalizar um bloco de poder. Mas nada disso autoriza a impressão de um carimbo policial na estrela do PT.

O PT não se confunde com a organização criminosa nele incrustada. O partido, semeado no chão da luta contra a ditadura militar, não é uma sigla de conveniência como as criadas por Gilberto Kassab, o despachante do Planalto para negócios cartoriais. É sua militância e sua base de filiados, responsável por eleições internas que mobilizam centenas de milhares de cidadãos. É, sobretudo, sua base eleitoral, constituída por vários milhões de brasileiros. O PT é parte do que somos.

Sibá Machado, líder petista no Senado, classificou como "política" a prisão de Vaccari. Os políticos presos do PT ergueram os punhos para declarar-

-se prisioneiros políticos. André Vargas repetiu o gesto no Congresso, diante de Joaquim Barbosa, para dizer que o PT não reconhece a legitimidade do STF. O Partido cindiu o país em "nós" e "eles", reproduzindo no plano da linguagem o que fazem, por meios policiais, regimes autoritários de esquerda. O Partido celebra tiranias, aplaude violações de direitos políticos em Cuba e na Venezuela, clama pela limitação da liberdade de imprensa no Brasil, fabrica listas negras de críticos, qualificando-os como "inimigos da pátria". Mas a aversão petista ao equilíbrio de poderes e à pluralidade política não justifica o erro simétrico, que é crismar o PT como "inimigo da pátria".

Na mensagem ao v Congresso Nacional do PT, a direção partidária interpreta o "sentimento antipetista" como reação conservadora "às ações políticas de inclusão social" dos governos Lula e Dilma. Vendando os olhos dos militantes, embalando-os numa ilusão complacente, os dirigentes postergam uma difícil, mas inevitável, revisão crítica. De fato, o "sentimento antipetista" expressa a vontade de evitar a identificação entre Estado e Partido. Já a manipulação exterminista desse sentimento não passa de uma cópia invertida do desejo petista de anular o direito à divergência.

No Palácio, o PT perdeu o patrimônio moral indispensável para defender a democracia. Hoje, triste ironia, são os críticos do PT que podem desempenhar o papel de advogados da sua existência como ator legítimo. Pedir o impeachment da presidente, por bons ou maus motivos, não atenta contra a ordem democrática. Sobram razões para gritar por um governo sem o PT, algo que serviria tanto ao Brasil quanto ao PT, que só na planície será capaz de entender as virtudes do pluralismo político. Por outro lado, cultivar a ideia da supressão do PT revela o impulso autoritário de amputar nossa história.

Vaccari é caso de polícia; o PT, não. A estrela fica.

18.4.2015

# Fontes dos textos

A nação segundo Lula, *Folha de S.Paulo*, 2/12/2004.
Estadunidenses, *Folha de S.Paulo*, 13/1/2005.
Siga o dinheiro, *Folha de S.Paulo*, 17/2/2005.
O caudilho da corporação, *Folha de S.Paulo*, 24/2/2005.
À sombra de Guantánamo, *Folha de S.Paulo*, 17/3/2005.
Ministério da Classificação Racial, *Folha de S.Paulo*, 14/4/2005.
Preto no branco, *Folha de S.Paulo*, 28/4/2005.
Falência da nova esquerda, *Folha de S.Paulo*, 14/7/2005.
A Europa no espelho, *Folha de S.Paulo*, 6/10/2005.
Em território inimigo, *Folha de S.Paulo*, 20/10/2005.
O véu e a república, *Folha de S.Paulo*, 17/11/2005.
O impeachment que não houve, *Folha de S.Paulo*, 8/12/2005.
Todos os homens do presidente, *Folha de S.Paulo*, 5/1/2006.
A abolição da Abolição, *Folha de S.Paulo*, 11/5/2006.
Lehman Brothers, Marx & Sons, *O Estado de S. Paulo* e *O Globo*, 16/10/2008.
A manchete errada, *O Estado de S. Paulo* e *O Globo*, 30/10/2008.
Cidade das metáforas, *O Estado de S. Paulo* e *O Globo*, 22/1/2009.
Joana d'Arc e Petrobras, *O Estado de S. Paulo* e *O Globo*, 28/5/2009.
Barack contra a jihad, *O Estado de S. Paulo* e *O Globo*, 11/6/2009.
Leviatã, *O Estado de S. Paulo* e *O Globo*, 12/11/2009.
Uma estátua equestre para Lula, *O Estado de S. Paulo* e *O Globo*, 10/12/2009.
O terceiro Chávez, *O Estado de S. Paulo* e *O Globo*, 4/2/2010.
Tréplica a Alan Woods, *artigo inédito*
Fotografias de Havana, *O Estado de S. Paulo* e *O Globo*, 4/3/2010.
Lula celebra Geisel em Belo Monte, *O Estado de S. Paulo* e *O Globo*, 29/4/2010.
Os vinte anos de um editorial, *O Estado de S. Paulo* e *O Globo*, 24/6/2010.
Os caçadores e o elefante, *O Estado de S. Paulo* e *O Globo*, 22/7/2010.
Herói sem nenhum caráter, *O Estado de S. Paulo* e *O Globo*, 23/12/2010.
Dilma, interrompida, *O Estado de S. Paulo* e *O Globo*, 6/1/2011.

Iguais a nós, *O Estado de S. Paulo* e *O Globo*, 3/2/2011.
Na tenda de Kadafi, *O Estado de S. Paulo* e *O Globo*, 3/3/2011.
A maldição do pré-sal, *O Estado de S. Paulo* e *O Globo*, 17/3/2011.
Palestina mutilada, *O Estado de S. Paulo* e *O Globo*, 15/9/2011.
Quanto vale a Europa?, *O Estado de S.Paulo* e *O Globo*, 13/10/2011.
Havel, cebolas e cenouras, *O Estado de S. Paulo* e *O Globo*, 19/1/2012.
O julgamento da história, *O Estado de S. Paulo* e *O Globo*, 2/8/2012.
A cor do gato, *O Estado de S. Paulo* e *O Globo*, 8/11/2012.
Niemeyer, a arquitetura da destruição, *O Estado de S. Paulo* e *O Globo*, 20/12/2012.
Nosso amigo, o usurpador, *O Estado de S. Paulo* e *O Globo*, 17/1/2013.
Não se preocupe, embaixador, *O Estado de S. Paulo* e *O Globo*, 28/2/2013.
Protesto, *O Estado de S. Paulo* e *O Globo*, 20/6/2013.
A Copa de Lula, *O Estado de S. Paulo* e *O Globo*, 4/7/2013.
A mensagem da "segunda Tahrir", *O Estado de S. Paulo* e *O Globo*, 18/7/2013.
Da arte de iludir, *O Estado de S. Paulo* e *O Globo*, 1/8/2013.
Direita e esquerda, *Folha de S.Paulo*, 26/10/2013.
O Pensador Coletivo, *Folha de S.Paulo*, 2/11/2013.
Fim de ciclo, *Folha de S.Paulo*, 9/11/2013.
Bom dia, tristeza, *Folha de S.Paulo*, 16/11/2013.
De volta ao Araguaia, *Folha de S.Paulo*, 23/11/2013.
Os limites da Europa, *O Globo*, 5/12/2013.
Partidobras S.A., *O Globo*, 19/12/2013.
A dupla identidade de E. Snowden, *Folha de S.Paulo*, 21/12/2013.
Inventores de guerras, *Folha de S.Paulo*, 28/12/2013.
A guerra do gentio, *O Globo*, 2/1/2014.
O arco, a flecha e o avião, *Folha de S.Paulo*, 11/2/2014.
Declínio do declinismo, *O Globo*, 16/1/2014.
De Damasco a Kiev, *Folha de S.Paulo*, 25/1/2014.
Dilma, a penitente, *O Globo*, 30/1/2014.
#VaiTerCopa, *Folha de S.Paulo*, 15/2/2014.
"Morte aos gays!", *Folha de S.Paulo*, 1/3/2014.
A cena que Garcia viu, *Folha de S.Paulo*, 8/3/2014.
Estado de exceção, *O Globo*, 13/3/2014.

O mundo de Putin, *Folha de S.Paulo*, 15/3/2014.
Vocês que amam tanto as estatais, *Folha de S.Paulo*, 22/3/2014.
A maldição da linguagem racial, *O Globo*, 27/3/2014.
Os idos de março (e o 1º de abril), *Folha de S.Paulo*, 29/3/2014.
Eu sei o que você escreveu ontem, *Folha de S.Paulo*, 5/4/2014.
Controle-se, Mino!, *Folha de S.Paulo*, 19/4/2014.
Um por todos, todos por um, *O Globo*, 10/4/2014.
Dilma é Lula?, *Folha de S.Paulo*, 26/4/2014.
"Nós temos que fazer distinções", *Folha de S.Paulo*, 3/5/2014.
Raízes do Boko Haram, *Folha de S.Paulo*, 10/5/2014.
A "imagem do Brasil", *Folha de S.Paulo*, 31/5/2014.
Quarenta garotos, *O Globo*, 5/6/2014.
Supercorporativismo, *Folha de S.Paulo*, 7/6/2014.
O califado de Mossul, *Folha de S.Paulo*, 14/6/2014.
A lista do PT, *O Globo*, 19/6/2014.
Pátria e partido, *Folha de S.Paulo*, 28/6/2014.
A narrativa ausente, *O Globo*, 3/7/2014.
Anão diplomático, *O Globo*, 31/7/2014.
O sofisma antissemita, *Folha de S.Paulo*, 2/8/2014.
"Coisas estúpidas", *O Globo*, 14/8/2014.
Ruptura da ruptura, *Folha de S.Paulo*, 16/8/2014.
Fogueiras da Razão, *Folha de S.Paulo*, 6/9/2014.
Os perdedores, *Folha de S.Paulo*, 20/9/2014.
Eduardo e umas bolachas, *Folha de S.Paulo*, 11/10/2014.
A bolsa e a vida, *Folha de S.Paulo*, 18/10/2014.
Heróis da resistência, *Folha de S.Paulo*, 1/11/2014.
A era da restauração, *Folha de S.Paulo*, 2/11/2014.
"Bolivariano", você disse?, *Folha de S.Paulo*, 8/11/2014.
Cinzas de Iguala, *Folha de S.Paulo*, 15/11/2014.
Quinhentos anos de corrupção, *Folha de S.Paulo*, 22/11/2014.
Idade da Pedra, *Folha de S.Paulo*, 6/12/2014.
Página virada, *Folha de S.Paulo*, 13/12/2014.
O gambito de Brandt, *Folha de S.Paulo*, 20/12/2014.

Petrobras em três tempos, *Folha de S.Paulo*, 27/12/2014.
Raqqa, aqui, *Folha de S.Paulo*, 10/1/2015.
Ocidentalismo, *Folha de S.Paulo*, 17/1/2015.
Corpo de delito, *Folha de S.Paulo*, 7/2/2015.
A democracia contra o ajuste fiscal, *Folha de S.Paulo*, 21/2/2015.
A hora e a história, *Folha de S.Paulo*, 28/2/2015.
Os fundamentalistas, *Folha de S.Paulo*, 7/3/2015.
Chefe de facção, *Folha de S.Paulo*, 21/3/2015.
A segunda fundação do PT, *Folha de S.Paulo*, 22/3/2015.
A estrela fica, *Folha de S.Paulo*, 18/4/2015.

# Índice remissivo

## A

ABC paulista 64, 268
Abolição da Escravatura (Brasil) 43-4
abolicionismo 43-4
Abong (Associação Brasileira de ONGs) 22
Abu Ghraib (prisão) 25-6, 72-3, 86, 246-7
ação afirmativa (programas políticos) 29-30, 48, 82
Ação Penal 470 (mensalão) 141
Afeganistão 57, 84, 160, 190, 206, 223
Afif Domingos, Guilherme 133
África 20, 27, 82-3, 91, 154, 170-1, 183, 195-6
África do Sul 29, 62, 127
Agência Nacional de Petróleo 98
Ahmadinejad, Mahmoud 55
AI-5 (Ato Institucional nº 5) 173, 184
Al Jazeera 212
Al-Assad, Hafez 94
Albright, Madeleine 151, 196
Alckmin, Geraldo 56, 62, 214, 228
Alemanha 34, 62, 79, 102-3, 127, 169, 177, 191-2, 202, 218-9, 227, 248, 255, 266
Alencar Gomes da Silva, José 41
Ali, Tariq 31-2, 254
Al-Qaeda 57, 59, 197, 206, 254
Altman, Breno 122
Al-Zawahiri, Ayman 206
Amazônia 75, 158-9, 245
América Latina 11-3, 114, 116, 238, 249, 267,
Amorim, Celso 68, 88
Anderson, Benedict 99
Anistia Internacional 21
antiamericanismo 12, 19, 20, 52, 55, 66, 79, 85, 88, 160-1, 190, 211, 253
Antigo Regime 19
antissemitismo 52, 55, 59, 66, 93, 219-20, 253
apartheid 29, 62

Arábia Saudita 57, 94, 130, 244
arabismo 51-3, 90-5, 99-101, 129-31, 153, 254
Arafat, Yasser 51
Arendt, Hannah 105
Argentina 165-7, 172, 235-6, 259
Arraes, Miguel 224-5
Ash, Timothy Garton 14, 60
Ashton, Catherine 164
Assad, Bashar 163, 222
Assange, Julian 84-6
Atlantic, The (revista) 221
Augustin, Arno 162
Azevedo, Reinaldo 138

## B

Baader-Meinhof (grupo) 168, 202
Bagdá 206-7, 223
Baker, James 191-2
Banco Central do Brasil 17, 39, 228
Banco do Brasil 42
Banco Mundial 21, 136, 232-3, 236
Barbosa, Joaquim 181-3, 209, 272
Barreto, família (cinema) 63-4
Batista, Eike 116, 135, 167, 237, 250
Batista, Fulgêncio 14, 73
BBC (British Broadcasting Corporation) 195
Bebel, August 220, 253
Begin, Menachem 52
Bélgica 195
Belo Monte (hidrelétrica) 75-7
Ben Ali, Zine 90-2
Bendine, Aldemir 256-7
Ben-Gurion, David 52
Benjamin, César 64
Bento de Sousa e Castro, Antônio 43
Berlin, Isaiah 25-6

Bernardo, Paulo 54
Bin Laden, Osama 32, 57, 59, 91-2, 222
*black blocs* 169, 200-3, 210, 253
Blair, Tony 31-2
Blake, William 262
Blatter, Joseph 128
BNDES (Banco Nacional de Desenvolvimento Econômico e Social) 13, 76, 96, 127, 135, 162, 180, 193, 237, 258, 263
Bocchini, Ivã (Funai) 159
Boff, Leonardo 25
Boko Haram 197-8
bolchevismo 78-9, 105, 147
Bolívar, Simón 66
bolivarianismo 13, 19, 67-8, 70, 117, 161, 172-3, 238-9
Bolsa Família 214, 224-5, 228, 232-36
Bolsonaro, Jair 133, 149, 188
Bom, Djalma 266
Bonaparte, Napoleão 33, 139
Bornhausen, Jorge 271
Bosi, Alfredo 12
Bouazizi, Mohamed 90
Bourbon, dinastia 63
Brandt, Willy 248
Brasília 108, 114-5, 123, 127, 199, 217, 230
Brejnev, Leonid 136
Bresser-Pereira, Luiz Carlos 12
Brigadas Vermelhas 202
Brizola, Leonel 267
Bruxelas 33, 104, 146, 163-4, 178
Bucci, Eugênio 266-7
Bueno, Rubens 271
Bush, George W. 26, 32, 46-7, 57-60, 72-3, 151, 206-7, 221-2, 246-7, 254

C

Cabello, Diosdado 117-8
Caiado, Ronaldo 271
Cairo 57-9, 90-2
Calderón, Felipe 240
Calheiros, Renan 133, 135, 265
Callado, Antonio 184
Camargo Corrêa (construtora) 242

Camboja 19, 26, 195
Campos, Eduardo 140, 213, 224-5, 233
Campos, Roberto 185
Cantalice, Alberto 208-12
capitalismo 43, 46, 48, 55-6, 60-2, 67, 76-7, 105, 110-1, 123, 135, 161-2, 165, 179-80, 193, 202, 232, 237-8, 268-9
Caracazo (Venezuela) 238
Cardoso, Fernando Henrique 62, 88, 110, 136, 210, 214, 232-5, 237, 242, 261, 266, 268
Carlos VII, rei 54
Carpeaux, Otto Maria 184
"Carta aos brasileiros" (Lula) 236
Carta Interamericana de Direitos Humanos 120
Carta, Mino 184, 186-8
*CartaCapital* (revista) 186-8
Carvalho, Gilberto 89, 120, 124, 127, 205
Casa Branca (EUA) 20, 222-3
Casa de las Américas (Cuba) 12
castrismo 72, 74, 118, 174-6, 230, 248-9, 267
Castro, Fidel 13-4, 71, 73, 86, 94-5, 136, 174, 267
Castro, Raúl 73, 86, 118, 120, 248-9
Cavalcante, Alcinéa 86
CBF (Confederação Brasileira de Futebol) 128
Ceausescu, Nicolau 136
Ceca (Comunidade Europeia do Carvão e do Aço) 102
Ceresole, Norberto 66
Cerqueira Leite, Rogério Cezar de 226
Chang, Jung 121
*Charlie Hebdo* (publicação) 252, 255
Chaui, Marilena 11
Chávez, Hugo 55, 61, 66-71, 77, 86, 95, 117-9, 161, 172, 175
chavismo 66-8, 70, 117-8, 174, 236, 238, 244
Chesf (Companhia Hidro Elétrica do São Francisco) 76
China 19, 26, 61, 85, 111-3, 121, 143, 172, 223, 227
Chirac, Jacques 38
CIA (Central Intelligency Agency) 95, 254
*cidade radiosa, A* (Le Corbusier) 115
*Cisnes selvagens: três filhas da China* (Jung Chang) 121
*City Journal* (jornal) 114

Clemesha, Arlene 252-5
Clinton, Bill (William) 48, 151, 195
Clinton, Hillary 90-1, 221
CLT (Consolidação das Leis do Trabalho) 135, 238, 268-9
Código Florestal Brasileiro 228
Coelho, Marcus Vinícius 148-50
*colapso da modernização, O* (Robert Kurz) 161
Collor de Mello, Fernando 13, 40, 75, 88, 124, 133, 135, 235, 268-9
Comissão da Verdade da USP 234-5
Comissão de Constituição e Justiça do Senado 230
Comissão de Direitos Humanos da ONU 25
Comissão Nacional da Verdade 185, 189, 246
Comitê de Atividades Antiamericanas 211
Complexo da Maré (RJ) 35
comunismo 11-3, 61, 64, 72, 94, 105-7, 116, 135, 142-3, 184, 248, 266-7, 269
*Conexão Cuba Honduras* (filme) 107
Congo 153-4, 196
Congresso de Viena (1815) 102
Congresso Nacional 39, 46, 108-10, 132, 134, 140, 143, 148-9, 182, 205, 215, 228, 258-9, 261, 263, 265, 272
Conselho de Segurança da ONU 18, 95, 153, 190, 196
Conselho Nacional de Educação 183
Constituição Federal (Brasil) 81, 98, 216
Cony, Carlos Heitor 184
Copa das Confederações 126, 169, 200, 209
Copa do Mundo de Futebol (2014) 123, 125-8, 168-9, 199-200, 203, 208-10, 215, 264
Corão 226, 255
corporativismo 18, 23-4, 135, 204-5, 237, 269
*Correio da Manhã* (jornal) 184
Correios (Brasil) 39, 243
corrupção 39, 53, 85, 88, 108-9, 113, 119, 124, 132, 142, 145, 149, 186, 198, 210, 214, 229, 231, 242-3, 250, 256-7, 264, 270-1
Costa Neto, Valdemar 41
Coutinho, Luciano 162
Couto e Silva, Golbery do 13, 65, 236-7
Crimeia 145-7, 177-8, 190-2, 217
Cruz Vermelha 196

Cuba 12-4, 19, 25-6, 67, 71-4, 84-5, 107, 117, 120-2, 136, 173-6, 217, 230-1, 238, 248-9, 266-8, 272
*ver também* Havana
Cunha, Eduardo 257, 260, 265
Cúpula das Américas 248
Curdistão 207
CUT (Central Única dos Trabalhadores) 54, 268

D

D'Arc, Joana 54-5
Dada, Idi Amin 95
Dallari, Dalmo 23-4
Dalrymple, Theodore 114
Damas de Branco (Cuba) 73, 122
Darwish, Mahmoud 99
Datafolha 264
Declaração de Praga 107
DEM (Democratas) 271
Denikin, Anton 147
Deodoro da Fonseca, marechal 242
Deops/Dops (Departamento de Ordem Política e Social) 64, 234
*Der Spiegel* (jornal) 84
Dewey, John 253
Dia da Consciência Negra 43
Dias, Antônio Erasmo 235
Dieterich, Heinz 55, 66-7
dilmismo 190, 224, 261, 263
Dines, Alberto 184
dinkas (etnia africana) 153-4
Dirceu, José 39, 42, 109, 124, 142-3, 267, 269, 271
direitos humanos 21, 25, 71-4, 88, 120, 131, 173, 183, 189, 216-7, 235
ditadura militar brasileira 23, 65, 67, 71-2, 75, 87, 118, 123-4, 135, 143, 149, 168, 179, 184-5, 187-8, 216, 234-6, 242, 246, 271
DOI-CODI 234
Doutrina Bush 20, 26, 221
Doyle, Mark 195-6
Duranty, Walter 78-80

E

*É meia-noite no século* (Victor Serge) 105
*Economist, The* (revista) 194, 224

Educafro (programa educacional) 30
Egito 90-4, 131, 212
*El País* (jornal) 84
Elam (Escola Latinoamericana de Medicina) 174
ElBaradei, Mohamed 92
Eletrobras 76, 155
Engels, Friedrich 13, 66
*Enterrados vivos* (Héctor Maseda) 73
*era dos extremos, A* (Hobsbawm) 80
Erdogan, Recep 236
escravismo 43-4, 49, 79, 186, 242
Eslováquia 107
espionagem 85, 151-2, 248
*Estado de S. Paulo, O* (jornal) 14, 69, 86, 184, 187, 201, 210
*Estado e a revolução, O* (Lênin) 67
Estado Islâmico 130, 198, 206, 221, 252, 254
  *ver também* ISIS
Estado Novo 204-5
Estado Palestino 99-101
  *ver também* Palestina
Estados Unidos 19-21, 25, 29, 32, 37, 45, 47-9, 52-3, 58-9, 61, 72, 77, 80, 85-6, 91-2, 94, 97, 102, 111, 121, 134, 136-7, 151, 160-1, 164, 170-1, 190-1, 195, 207, 211-2, 219, 221-2, 228, 238, 241, 246, 248
estatismo 179-80, 193-4, 238, 242, 263, 268
Estatuto da Igualdade Racial 81
Europa 11-2, 14, 19, 32-6, 60-1, 94, 102-5, 145-7, 163-4, 170-1, 178, 191, 202, 220, 249
  *ver também* UE (União Europeia)
Evans, Peter 179
Exército dos Sírios Livres 222

F

Fabius, Laurent 151
Fair, Eric 246-7
Faixa de Gaza 52-3, 217-20
fascismo 12, 55, 61, 64, 66, 80, 131, 135, 169, 173, 184-5, 229
Fatah 53, 101
Fatah al-Sisi, Abdel 129
Feliciano, Marcos 133, 171
Ferrer, Darsi 73

FHC
  *ver* Cardoso, Fernando Henrique
Fiel Filho, Manuel 234
Fifa (Federação Internacional de Futebol) 126-8, 168-9, 200, 215
Figueiredo, Luiz Alberto 172
Fischer, Joschka 34
FMI (Fundo Monetário Internacional) 88, 178, 194
*Folha de S.Paulo* 11, 14-5, 31, 64, 138, 165, 184, 187, 189, 194, 226, 234-5, 238, 258-9
Fome Zero (programa) 18, 232
Ford, Robert S. 222
Foro de São Paulo 267
Fórum Econômico Mundial 165
Fórum Social Mundial 21-2
Foster, Graça 193, 256-7
FPR (Frente Patriótica de Ruanda) 196
França 20, 34, 37-8, 54, 63, 65, 91, 102-3, 115, 134-5, 161, 176, 187, 196, 219, 252-3
Francis, Paulo 242
Franco, Itamar 88, 268
Franklin, Benjamin 151
Frei Betto 12, 25, 254-5
Frente Nacional (França) 161
Friedman, Milton 111
Fukuyama, Francis 60
Funai (Fundação Nacional do Índio) 155, 159
Fundação Ford 29
fundamentalismo islâmico 58-9, 91-2, 129-31, 163, 226, 255
Fundo Europeu de Estabilidade Financeira 104
Fuvest (Fundação Universitária para o Vestibular) 20

G

Gabrielli, José Sérgio 193, 256-7
Galvão, Dado 107
Gama, Luís 43
Gandra Martins, Ives 260
Garcia, Marco Aurélio 72, 98, 172-3, 216-9
Garotinho, Rosinha 35-6
Geisel, Ernesto 75-7, 135, 168, 179, 185, 268
Genoino, José 64, 108-9, 142-4, 271

Genro, Tarso 13, 27-8, 176
Genscher, Hans-Dietrich 191-2
Geórgia 146, 177-8, 191-2
Giannetti da Fonseca, Eduardo 235
globalização 21, 31-2, 47, 55, 59, 110-1, 139, 160-2, 236-7, 244, 268
*Globo, O* (jornal) 14, 69, 181, 184, 187, 210
Golfo Pérsico 206-7
Golpe de 1964 172, 184, 186-7
Gomes, Cid 265
Gonçalves, Williams 252-3
González, Alberto 26
Gorbatchov, Mikhail 191-2
Goulart, João 186, 269-70
Grã-Bretanha 34, 72, 80, 206, 228
Graham, Paul 188-9
Grajew, Oded 22
*Granma* (jornal) 72
Graziano da Silva, José 232
Greenpeace 21
Gross, Alan 248
Guantánamo (prisão) 20, 25-6, 72-3, 86
*Guardian, The* (jornal) 79, 84, 129
Guerra da Bósnia 34, 192
Guerra dos Seis Dias 93
Guerra Fria 74, 80, 102-3, 191
guerra no Afeganistão 57, 84, 160, 190, 223
guerra no Iraque 31-2, 46, 91, 160, 206-7, 221-3
Guerreros Unidos (México) 240
Guevara, Che 13, 174, 249
Guimarães, Ulysses 118, 184
Gul, Abdullah 33-4
Gurgel, Roberto 108
Gushiken, Luiz 42, 268

H
Habermas, Jürgen 19
Haddad, Fernando 199, 265
Haiti 18, 20, 35
Hamas 51, 53, 59, 101, 217, 220
Hanford, John 37
*Hard Choices* (Hillary Clinton) 222
Havana 13, 72, 74, 117, 120-1, 174-5, 230, 248-9
 ver também Cuba

Havel, Václav 105-7
Heisbourg, François 190
Herzog, Vladimir 72, 185, 234, 247
Hitler, Adolf 25, 33, 55, 79-80, 102-4, 146, 190, 219, 227
Hobsbawm, Eric 80
Hobson, John A. 55
Hollande, François 151-2
Holston, James 115
homossexualidade 170-1
Honecker, Erich 136
Horwitz, Steven 46
*Hotel Ruanda* (filme) 195
Houellebecq, Michel 253
Humaitá (Amazonas) 155, 157-9
Human Life International (ONG) 170
Human Rights Watch 247
Huntington, Samuel 160
Hussein, Saddam 94, 206
hutus (etnia africana) 154, 195-6

I
IBGE (Instituto Brasileiro de Geografia e Estatística) 27, 159
Ídris, rei 94
IEA-USP (Instituto de Estudos Avançados da USP) 12
Iluminismo 19, 27
impeachment (presidencial) 39-40, 119, 124, 257, 260-1, 265, 269, 272
imperialismo 12, 27, 52, 55, 93-4, 170-1, 254
In Defence of Marxism (site) 69
Indochina 85
Instituto Ethos 22
Instituto Federal da Bahia 156
Instituto Internacional de Estudos Estratégicos 190
Irã 53, 61, 67, 72, 84-5, 88, 92, 207, 223, 245
Iraque 25, 31-2, 35, 46, 91, 94, 160, 206-7, 221-3
Irmandade Muçulmana 57, 59, 91, 92, 129, 198
IS (Internacional Socialista) 267
Isabel, princesa 43
ISIS (Estado Islâmico do Iraque e do Levante) 206-7, 221-3

Isla de Pinos (prisão) 73
islamismo 31, 37, 53, 57-9, 90-2, 129-31, 153, 198, 222, 253, 255
Israel 51-3, 59, 91, 93-4, 99-101, 216-20
Itaipu (hidrelétrica) 75-7
Iugoslávia 192

## J

Jackson, Jesse Louis 48, 50
Jardim, Antônio da Silva 43
Jaua, Elías 119
Jefferson, Roberto 39
Jerusalém 51-3, 100
jihad 31-2, 34, 57, 59, 91-2, 130, 161, 163, 197-8, 206-7, 221-3, 252, 254-5
João Paulo II, papa 37
Joffe, Josef 160
Jogos Pan-Americanos do Rio de Janeiro 13, 209
Jonathan, Goodluck 198
Jones, Gareth 79
jornadas de junho (2013) 136, 140, 199, 264-5
José de Souza, Paulino 242
Jospin, Lionel 267
judaísmo 51-3, 99, 161, 217-20
Justiça Eleitoral 134, 149-50

## K

Kadafi, Muamar 93-5
Kaplan, Robert David 19
Kassab, Gilberto 133, 263, 271
Keynes, Maynard 263
Kfouri, Juca 126
Kiev (Ucrânia) 145-7, 163-4, 177-8
Kiir, Salva 153
Kim Il-sung 94
King Jr., Martin Luther 29, 48-9
Kirchner, Cristina 165, 236
Koestler, Arthur 105
Kohl, Helmut 103-4
Kolakowski, Leszek 13, 106
Kollos, Mariam 131
Kosovo 190
Kremlin 78-90, 146, 163-4, 177, 190

Kruschev, Nikita 161, 178
Kundera, Milan 105
Kurz, Robert 161

## L

Lake, Anthony 195-6
Lampedusa, Giuseppe T. 132
Lava Jato (operação) 242, 261
Lavisse, Ernest 54
Le Corbusier 114-5
*Le Monde* (jornal) 84
Le Pen, Jean-Marie 55
Le Pen, Marine 161, 253, 255
Lehman Brothers (banco) 45, 161
Lei Áurea 43
Lei de Anistia 71, 185, 235, 247
Lênin, Vladimir I. 55, 66-7, 70
Leon, Richard 152
*leopardo, O* (Lampedusa) 132
Lessa, Carlos 17
Levy, Joaquim 256, 258, 260, 262-3
Lewis, Bernard 58-9, 90-1
liberalismo econômico 45, 61
Líbia 93-4
Limbaugh, Rush 50
Lincoln, Abraham 253
Lineu (Carolus Linnaeus) 181
Link, Walter 97
Londres 31-2, 79, 95, 197, 206
López, Leopoldo 173
Lucchesi, Adriano 126
Lugo, Fernando 260
Luís XIV, rei 63, 65
Lula (Luiz Inácio Lula da Silva) 11-3, 17-8, 22, 24, 29, 39, 41-2, 54, 56, 62-5, 68, 72-6, 81, 84, 86, 87-9, 95-6, 98, 109, 116, 120, 124-6, 128, 135-6, 139-40, 143-4, 156, 162, 165-8, 172, 175-6, 180, 182, 184-6, 193-4, 204-5, 208-10, 212-6, 224-5, 228, 231-3, 235-7, 239, 250-1, 256, 260-1, 263, 265-70, 272
*Lula, o filho do Brasil* (livro e filme) 63-5
lulismo 14, 62, 78, 87-8, 109-10, 135, 139-40, 155-7, 165, 167, 186, 204, 213-4, 217, 224, 232, 236-7
Lupi, Carlos Roberto 54
luta de classes 55, 167
Luxemburgo, Rosa 70-1

## M

**macarthismo** 211-2
**Machado, Sibá** 271
**Machar, Riek** 153
**Maduro, Nicolás** 117-8, 172, 175
**Magno, Carlos** 33, 54
**Mais Médicos** 174-6
**Maisonnave, Fabiano** 158
**Makhno, Nestor** 147
**Maleconazo** (revolta) 174
**Malhães, Paulo** 186
*Manifesto comunista* (Marx e Engels) 13, 61
**Manning, Bradley** 85
**Mantega, Guido** 54, 166-7, 193, 262-3
**Maomé** 252, 255
**Marcuse, Herbert** 202-3
**Mariam, Mengistu** 95
**Martins, Franklin** 84, 88, 209
**Martins, Ricardo Poppi** 120
**Marwa, Mohammed** (Maitatsine) 198
**Marx, Karl** 13, 45-6, 55, 66, 253
**marxismo** 14, 25, 45-7, 55, 67, 69-71, 79, 106, 161, 166, 203, 229
**Maseda, Héctor** 73
**Mauroy, Pierre** 267
**MAV** (Militância em Ambientes Virtuais) 137-8
**Mayville, William** 221
**Mbaye Diagne** 195
**McCarthy, Joseph** 212
**MCCE** (Movimento de Combate à Corrupção Eleitoral) 132-4
**Médici, Emílio Garrastazu** 116, 168, 184-9, 247, 268
**Meinhof, Ulrike** 168-9
**Meir, Golda** 53
**Meirelles, Henrique** 17, 166, 228
**Mello, Marco Aurélio** 247
**Melo, Ricardo** 219
**Memorial da América Latina** (SP) 114, 116
**Menchú, Rigoberta** 25
**Mendes Júnior** (construtora) 242
**Mendes, Gilmar** 238-9
**Mendonça, José Eduardo** (Duda) 41-2
**mensalão** 40-1, 108-10, 125, 141-3, 165, 228, 239, 243
**MEP** (Movimento pela Emancipação do Proletariado) 64
**Mercosul** 68, 119, 162
**Merkel, Angela** 102, 104, 151, 177, 255
**México** 66, 128, 240-1
**Michnik, Adam** 105
**Miranda, coronel Hudson** 35-6
**Mitterrand, François** 103, 267
**Moniz, Edmundo** 184
**Monnet, Jean** 102-3
**Moody's** 194
**Moravia, Alberto** 116
**Morrison, Toni** 48
**Morsi, Mohamed** 129-31
**Moscou** 53, 78, 80, 91, 105, 145-7, 177-8, 192
**Mossul** (Iraque) 206-7, 222
**MPL** (Movimento Passe Livre) 123-4, 201, 203
**MST** (Movimento dos Trabalhadores Rurais Sem Terra) 17
**Mubarak, Hosni** 90-1, 93, 129-31, 209
**Mugabe, Robert** 136
**Muggeridge, Malcolm** 79
**multiculturalismo** 37-8, 155-7
**Mumford, Lewis** 114
**Munanga, Kabengele** 83
**Muro de Berlim** 13, 26, 46-7, 60, 90, 161, 191, 232, 248, 266, 268
**Museveni, Yoweri** 170
**Mussolini, Benito** 55

## N

**Nabuco, Joaquim** 43
**nacionalismo** 12, 17, 19, 27, 51-7, 62-3, 66, 77, 97, 99-100, 102, 147, 161, 180, 184-5, 219, 244-5, 249, 251, 254, 256, 268
**narcotráfico** 240-1
**Nascimento, Abdias do** 73
**Nasser, Gamal Abdel** 57, 91, 93-4, 129
**nazismo** 12, 34, 52-3, 62, 79, 105, 107, 164, 177, 218, 220
**neoliberalismo econômico** 45, 47, 185, 269
**Netto, Delfim** 184
**Neves, Aécio** 140, 213-4, 233, 258, 271
**Neves, Tancredo** 118

*New Deal* 45
*New Left Review* (revista) 31
*New York Times, The* (jornal) 78-9, 84
Neymar Júnior 124
Nicholl, David 72
Niemeyer, Oscar 25, 114-6
Nigéria 197-8
Nixon, Richard M. 48, 136
Noblat, Ricardo 181-3
Nora, Pierre 56
*Nós, o povo* (Garton Ash) 60
NSA (Agência de Segurança Nacional, EUA) 151-2

O
OAB (Ordem dos Advogados do Brasil) 148-50
OAS (construtora) 242
Obama, Barack 48-50, 57-9, 68, 85, 91-2, 151, 163, 171, 177, 207, 211-2, 221-3, 246, 248-9
Oban (Operação Bandeirante) 189
OCDE (Organização para a Cooperação e Desenvolvimento Econômino) 21
Odebrecht (construtora) 77, 242
OEA (Organização dos Estados Americanos) 68
OLP (Organização para a Libertação da Palestina) 99-101
Opep (Organização dos Países Exportadores de Petróleo) 244
Operação Turquesa (Ruanda) 196
Organização Pan-Americana de Saúde 175
orientalismo 58, 90-3, 254
Oriente Médio 34, 51-2, 91-2, 99, 207, 222-3
*Origens do totalitarismo* (Arendt) 105
Orwell, George 105, 136, 151
Ostpolitik (Alemanha) 248
Otan (Organização do Tratado do Atlântico Norte) 102, 178, 190-2

P
Pacto de Varsóvia 191-2
Pacto Molotov-Ribbentrop 107
Palácio do Itamaraty 81, 114, 190, 217, 220
Palácio do Planalto 13-4, 42, 54, 68, 89, 120, 123, 132-4, 139-40, 143, 210, 212, 215-6, 224-5, 231, 236-7, 256, 259, 264-6, 269, 271

Palestina 51-3, 59, 99-100, 130
   *ver também* Estado Palestino
Palin, Sarah 50
Palmares, Zumbi dos 43-4
Palmor, Yigal 216-8
Palocci Filho, Antonio 17, 64, 89, 141, 165
pan-africanismo 170-1
Paraguai 119, 260-1
Paraná, Denise 63-4
Partido Comunista cubano 12, 120
Partido Comunista da Alemanha Oriental 266
Partido Comunista chinês 161
Partido Comunista da Grã-Bretanha 80
Partido Democrata (EUA) 48, 212
Partido Republicano (EUA) 161
Pasadena (refinaria) 179-80
Patrocínio, José do 43
Paz da Westfália (tratados) 102, 151
PCC (Primeiro Comando da Capital) 201
PCdoB (Partido Comunista do Brasil) 24, 120, 123, 133, 143
PDD-25 (Presidential Decision Directive 25) 195
Peña Nieto, Enrique 241
Pena, Sérgio D. 158
Pentágono 26, 85, 221
Peralva, Osvaldo 184
Pereira, Silvio 108
Pérez Esquivel, Adolfo 25
petismo 11, 14, 108-9, 124-5, 132-6, 165-6, 168, 180, 193-4, 199-200, 204-5, 214-5, 218, 225, 229, 236-9, 243-5, 256-7, 259, 261-3, 265, 267-8, 272
*Petit Lavisse* (Ernest Lavisse) 54, 56
Petrobras 42, 54, 56, 76, 87, 96-8, 179-80, 193, 228, 237, 239, 242-5, 250-1, 256-61, 263-4, 270
PFL (Partido da Frente Liberal) 271
Phelan, Stephen 170-1
Pinochet, Augusto 14, 111
Pizzolato, Henrique 42
PL (Partido Liberal) 41
Plano Colômbia 241
Plano Real 88, 268-9
Plano Schuman 102
Plano Voisin 114

PMDB (Partido do Movimento Democrático Brasileiro) 17, 109, 132, 251, 258, 265
*poder dos sem poder, O* (Havel) 105
Pol Pot 26, 195
Pollán, Laura 73
Polônia 13, 79, 92, 105-6, 190, 266
Pompéia, Raul d'Ávila 43
populismo 12-3, 17, 23, 67, 180, 236, 238, 263, 268-9
Poty, Ubiratan 155
Powell, Colin 50
PP (Partido Progressista) 17, 251
PPS (Partido Popular Socialista) 271
praça da Independência (Kiev) 145, 164
praça Tahrir (Cairo) 129
praça Taksim (Istambul) 130
Praga 107, 135-6
PRD (Partido da Revolução Democrática, México) 241
pré-sal (área petrolífera) 96-98, 228, 245, 251, 256-7
Preston, Lewis 232
PRI (Partido Revolucionário Institucional, México) 64, 241
Primavera Árabe 129, 131, 222
Primavera de Pequim 112
"Primavera Negra" (Cuba) 13, 73
Primeira Guerra Mundial 80
Primeira Internacional Comunista 66
Processos de Moscou (1936-38) 25, 70, 79-80, 253
Proclamação da República 43
Prodi, Romano 21
*Programa de transição* (Trótski) 13
Prouni (Programa Universidade para Todos) 30, 233
PSB (Partido Socialista Brasileiro) 140, 213, 226, 228
PSDB (Partido da Social Democracia Brasileira) 17, 140, 213-5, 258, 268-9, 271
PSOL (Partido Socialismo e Liberdade) 133, 203, 238
PSUV (Partido Socialista Unido da Venezuela) 66-7

PT (Partido dos Trabalhadores) 11-5, 17, 39, 41-2, 53, 63-4, 69-70, 75, 77, 89, 108-10, 119-20, 122-3, 125, 132-5, 137, 141, 143-4, 148-9, 161, 193-4, 199, 203, 205, 208-16, 224, 228-9, 231, 233, 236-7, 239, 250-1, 258, 264-72
PTB (Partido Trabalhista Brasileiro) 17
Putin, Vladimir 105, 145-7, 151-2, 163-4, 177-8, 190-1, 209, 217, 236, 244

Q
Queiroz Galvão (construtora) 242
Quércia, Orestes 187
Qutb, Muhammad 57, 59
Qutb, Sayyid 57, 161

R
racialismo 81, 83
racismo 21, 27-9, 34, 181, 239
Rasmussen, Anders Fogh 190
RCTV (Rádio Caracas Televisión) 68, 86
Reagan, Ronald 45, 47
Rede Sustentabilidade 140, 149, 226, 228
Reis, Márlon 132, 134
Renan, Ernest 99, 184
Repórteres Sem Fronteira 211-2
República de Weimar 104
República Tcheca/ Tchecoslováquia 13, 92, 105-7, 190
*Retrato molecular do Brasil* (Sérgio Pena) 158
Revolução Americana 19
Revolução Árabe 91-4, 132-4, 222
"revolução bolivariana" 13, 19, 70-1, 73, 164, 176, 241
Revolução Cubana 13, 174
Revolução Cultural (China) 26, 121, 143, 234-5
Revolução de Veludo (República Tcheca) 107, 135
*revolução dos bichos, A* (Orwell) 105
Revolução Francesa 12, 14, 19, 60
Revolução Industrial 14, 60
Revolução Laranja (Ucrânia) 145-7, 164, 177-8
Revolução Russa (1917) 12, 78, 147, 163, 178, 249
Ribeiro, Darcy 159
Rio de Janeiro 30, 35, 123-4, 203

Rodrigues, João Paulo 17
Rodrigues, Newton 184
Rodrigues, Nina 28
Rodríguez, Carlos Zamora 120
Rodríguez, Ramona 176
Rolim, Marcos 266-7
Roma 33, 95, 103, 146
Romano, Roberto 271
Romário (de Souza Faria) 126-7
Rongji, Zhu 113
Roth, Kenneth 247
Rousseff, Dilma 64, 68, 72, 75, 87-9, 107, 117, 120, 123-5, 127, 132, 140, 148, 151-2, 162, 165-8, 173, 176, 179-80, 185-6, 193-4, 199-200, 208-11, 213-4, 216, 218, 224, 226, 229, 235-9, 242-3, 250-1, 256-65, 271-2
Ruanda 154, 190, 195-6
Rumsfeld, Donald 26
Rusesabagina, Paul 195
Rússia 21, 61, 70, 78-9, 105, 145-7, 151, 164, 172, 177-8, 190-2, 217, 223, 236, 244

S

Saakashvili, Mikhail 192
Sadat, Anuar 91, 93
Said, Edward 254
salazarismo 135
Sánchez, Yoani 86, 107, 120-2, 230, 248
Sant'Anna, Lourival 201
Santos Cruz, Carlos Alberto 153-4
Saramago, José 25-6
Sarney (família) 17
Sarney, José 13, 75, 86, 88, 116, 118, 133, 135, 185, 210, 235
Schopenhauer, Arthur 15, 188
Secom (Secretaria de Comunicação Social) 42, 265
Secretaria da Igualdade Racial (Brasil) 29
Segunda Guerra Mundial 55, 79-80, 102, 114, 164, 218
Serge, Victor 105
Serra, José 148, 210, 214, 228
Sete Brasil (empresa) 257-8, 263
Shannon, Thomas 152

Sidi Bouzid (Tunísia) 90
Silva, Marina 140, 149, 213, 226-8, 258, 262, 267
sindicalismo 11, 54, 61-2, 64, 124, 135, 139, 180, 237, 268
Singer, André 165, 167, 194
Singer, Suzana 14-5, 138
Síria 53, 94, 130, 163, 207, 221-3
Slaughter, Anne-Marie 190
Snowden, Edward 151-2
Soares, Delúbio 39-41, 109, 142, 271
socialismo 11, 20, 47, 53, 55-6, 60-1, 64, 67, 77-8, 80, 90, 94, 106, 110, 130, 166, 172, 179, 220, 253, 268-9
Solano, Esther 201, 203
Solidariedade (sindicato polonês) 13, 266
Stálin, Josef 19, 25, 78, 80, 94, 102-4, 115, 146, 164, 227, 249
stalinismo 13, 70, 78-80, 105-6, 133, 136, 142-3, 235, 249
STF (Supremo Tribunal Federal) 108-10, 141, 144, 148-9, 181-2, 208-9, 226, 229, 238-9, 247, 272
Submissão (Houellebecq) 253
Sudão 95, 153-4
suicide français, Le (Éric Zemmour) 253
Suplicy, Eduardo 230-1
Suplicy, Marta 89, 267

T

Taylor, Charles 95
Teixeira, Ricardo 126, 128
Tendência Marxista Internacional 69-71
Tenharim, Ivan 155-6, 158-9
Teoria e Debate (revista) 266, 268-9
Terceiro Mundo 19
terrorismo 20, 31-2, 34, 50-2, 57-9, 72, 79-80, 92-3, 95, 105, 131, 152, 163, 168, 185, 189, 197-8, 202, 211, 222, 240, 246-7, 252, 254-5
Thatcher, Margaret 47, 139
Theodoro, Janice 235
Thomaz Bastos, Márcio 36
Tikrit (Iraque) 206
Times, The (jornal) 79
Timochenko, Yulia 145
Torres, Demóstenes 230

**totalitarismo** 12-3, 74, 79, 105-7, 113-4, 116, 121, 133, 227, 248-9
**trabalhismo** 12, 17, 31, 175-6, 258-9
**Transamazônica** (rodovia) 155
**Tratado da Aliança Atlântica** 191
**Tratado de Maastricht** 103
*tríplice aliança, A* (Peter Evans) 179
**Trótski, Leon** 13, 66, 69-70, 142, 253
**trotskismo** 13, 67, 69-71, 78, 267
**Tse-tung, Mao** 94, 143-4, 227, 234-5
**Tunísia** 90, 92, 130-1
**Turquia** 33-4, 124, 130, 236
**tútsis** (etnia africana) 154, 195-6

U

**Ucrânia** 79, 145-7, 163-4, 177-8, 190, 192, 209, 217, 223, 245
**Uerj** (Universidade Estadual do Rio de Janeiro) 252
**Uganda** 22, 95, 170, 196
*Última Hora* (jornal) 184
**ultraliberalismo** 18, 29, 37-8, 111, 139
**UNE** (União Nacional dos Estudantes) 24, 30, 61
**União Europeia** 19, 33-4, 102, 145-6, 164, 177, 228
**União Soviética** 13, 19, 53, 71, 78-80, 93, 102, 106, 147, 164, 177, 191-2, 227, 267
**Universidade de Pequim** 121
**Universidade Federal de São Paulo** (Unifesp) 201-2
**USP** (Universidade de São Paulo) 12, 20, 23, 234-5, 252
**UTC** (empresa de engenharia) 242
**Uwiliniyimana, Agathe** 195

V

**Vaccari Neto, João** 271-2
**Valcke, Jérôme** 127
**Valério, Marcos** 41-2
**Valls, Manuel** 255
*Valor Econômico* (jornal) 256
**Vanucchi Leme, Alexandre** 234
**Vargas, André** 138, 272
**Vargas, Getúlio** 14, 18, 54, 110, 179-80, 204-5, 237, 269-70

*Veja* (revista) 120, 184, 186-8
**Venezuela** 61, 66, 68, 70-1, 77, 84, 117-9, 172-3, 175, 217, 236, 238-9, 244-5, 249, 259, 272
**Vianna, Oliveira** 28
**Vietnã** 14, 20, 160
**Virgílio, Arthur** 39
**Vivas, Saverio** 173

W

**Washington D.C.** 34, 85, 91, 95, 99, 152, 163-4, 178, 209, 222, 248-9
**Weber, Max** 154
**Westerwelle, Guido** 164
**Wikileaks** 84-6
**Woods, Alan** 67-9
**Wright, Frank Lloyd** 114

X

**Xiaoping, Deng** 111-2
**xiismo** 206-7, 223

Y

**Yamani, Zaki** 244
**Yanukovich, Viktor** 145, 147, 163, 210
**Yusuf, Mohammed** 197-8

Z

**Zapata, Orlando** 72-4
**Zappa, Frank** 107
**Zelaya, Manuel** 68
*zero e o infinito, O* (Koestler) 105
**Zemmour, Éric** 253

Este livro foi composto na fonte Albertina
e impresso em junho de 2015 pela Corprint,
sobre papel pólen soft 80 g/m².